宜興工业陶

史俊棠 主编

古吴轩出版社

图书在版编目（CIP）数据

宜兴工业陶 / 史俊棠主编. -- 苏州：古吴轩出版社, 2022.6

ISBN 978-7-5546-1963-6

Ⅰ. ①宜… Ⅱ. ①史… Ⅲ. ①陶瓷工业－工业史－宜兴 Ⅳ. ①F426.71

中国版本图书馆CIP数据核字（2022）第091902号

责任编辑：胡敏韬
装帧设计：韩桂丽
责任校对：窦志霞
责任照排：刘 浩

书 名：宜兴工业陶
主 编：史俊棠
出版发行：古吴轩出版社
地址：苏州市八达街118号苏州新闻大厦30F
电话：0512-65233679 邮编：215123
印 刷：苏州市越洋印刷有限公司
开 本：787×1092 1/16
印 张：13.25 插页：6
字 数：247千字
版 次：2022年6月第1版 第1次印刷
书 号：ISBN 978-7-5546-1963-6
定 价：158.00元

《宜兴工业陶》编委会

主　任：史俊棠

副主任：鲍建生　史　昶

编　委：路济民　冯家迪　邱永斌　裴小罗　王美兰

孙炳华　吴俊亮　王立平　程平平　周建国

薛兴荣　王建东　赵　振　王明康

《宜兴工业陶》编著

主　编：史俊棠

编　著：王明康

统　筹：崔听槐　朱耀华

图　片：杨慧玲　王　侠　熊艺伟

篆　刻：王明康

前 言

史俊棠

宜兴具有7300多年的制陶史，历经从原始陶器到釉陶、原始瓷器、瓷器的三个重大突破，从1919年开始，宜兴陶瓷跻身于现代工业文明，工业陶出现至今已逾百年。伴随着科学技术的进步，宜兴不断适应市场需求，成为国内工业陶主要的生产基地，其经济总量占宜兴陶瓷的半壁江山，并且保持着强劲的发展态势。

宜兴工业陶根植于宜兴陶瓷这块肥沃的土壤。100多年前，宜兴工业陶的生产应用从宜兴陶瓷传统的原料制备、成型工艺和烧成技术逐步发展起来。基于宜兴陶瓷悠久的历史、丰富的门类和鲜明的特色，宜兴市陶瓷行业协会在10多年前计划并实施编撰与宜兴相关的陶瓷门类的专著，以系统彰显宜兴陶瓷之风采，先后出版了《宜兴陶瓷史》《宜兴紫砂陶》《宜兴均陶》《宜兴青瓷》《宜兴彩陶》《宜兴美陶》等专著，深得行业内外的关注和欢迎。但这些都局限于日用陶瓷、艺术陶瓷范畴。编撰《宜兴工业陶》是完善宜兴陶瓷系列专著不可或缺的工作，得到了众多工业陶企业的欢迎和支持，众多陶瓷专家、企业家和业内人士纷纷在章节设计、产品分类、资料采集等方面出谋划策，使本书的编撰有了一个良好的开端。

信息、能源、新材料为当代科学技术的三大支柱。工业陶作为一种新材料，以其优异的性能在材料领域独树一帜，被广泛应用于现代科技新领域。特别是近30年来，新材质、新工艺、新产品、新装备层出不穷，发展突飞猛进，这给编撰好《宜兴工业陶》带来了很大的难度：资料存世量少，难以系统收集；产品用途广泛，难以归纳综合；专业技术性强，难以展开描述；涉及企业众多，难以面面俱到。因此，编撰《宜兴工业陶》定位为“厚今、薄古、准确、全面”，以主要企业、主要产品为主线，以点带面，整体反映当今宜兴工业陶的状况。

《宜兴工业陶》主要汇集了宜兴工业陶的发展脉络、原料应用、成型工艺、烧成技术、主要产品、论文集锦以及主要企业、相关人物、近十二年来专利、主要项目和获奖情况，并辅以相关图片，基本达到了编撰此书的初衷，实现了预定目标。

宜兴工业陶的生产企业达800多家，涉及产品成千上万，专业技术涵盖众多领域，由于编写人员专业知识不足，且编写时间有限，本书在内容上难免有所疏忽和遗漏，敬请谅解。《宜兴工业陶》是宜兴市第一次全面系统地记载宜兴工业陶情况的成果，具有存世、借鉴、宣传的作用。

编撰《宜兴工业陶》，正值宜兴工业陶发展100周年。纵观宜兴陶瓷的发展，原始陶器、印纹硬陶、釉陶、六朝青瓷、均陶、紫砂、青瓷、彩陶、美陶，在不同的时代引领风骚。而今，宜兴工业陶唱响了当今宜兴陶瓷发展的最强音，依托科技人才、科技创新、规模企业、先进管理，不断为宜兴陶瓷经济发展谱写新的篇章。

2020年

（作者：中国陶瓷工业协会副理事长、宜兴市陶瓷行业协会会长）

目　录

附 录

后 记

概述

宜兴工业陶，是指宜兴陶瓷在现代以来的发展过程中逐步采用高度精选或合成的原料，具有能精确控制的化学组成，按照便于控制的制造技术，进行结构设计，并且有优异特性的陶瓷材料和制品，又称为工业陶瓷、特种陶瓷、精细陶瓷或先进陶瓷。

（一）

宜兴是我国著名的陶都，具有7300多年的制陶历史，数千年薪火相传，一直是我国陶器的主要生产基地。

宜兴在春秋战国时期已经出现精美的几何印纹硬陶和原始青瓷，到秦汉开始烧造釉陶，其中汉代窑炉于现代被挖掘出的古窑址达16座之多。六朝时期，宜兴青瓷引领南方青瓷。唐宋时期，窑炉密布，出现我国著名的均陶和紫砂陶。进入明清，宜兴陶业空前繁荣，以“蜀山窑”“欧窑”“宜兴窑”驰名于世。中华人民共和国成立以后，宜兴陶瓷进入了全面发展的时期，至2020年，全市拥有各类陶瓷企业1000余家，家庭作坊3000多户，直接从事陶瓷生产的有10万余人，大量烧造均陶、紫砂、美彩陶、彩陶和日用陶。宜兴青瓷引国内瓷器风骚，新材质精陶走向世界各大洲，新型陶瓷材料制品层出不穷，宜兴是我国唯一的综合性陶瓷产区。

宜兴陶瓷有着悠久的历史、世代相传的技艺、雄厚的制陶基础和多种类型的产品结构，在这样的背景下，宜兴工业陶应运而生。

（二）

宜兴工业陶是近代科学技术发展的产物。宜兴地处经济发达的长江三角洲地区，受西方工业文明的影响，发达的宜兴陶瓷产业率先在全国各大陶瓷产区从事工业陶的生产。

早在1919年，宜兴潜洛窑户就试制成功并小规模生产汽灯用陶瓷三脚泥龙头，在与德商的竞争中立住脚跟。1928年，陶工顾浩元、郭佩勋等人制成化工陶瓷面砖和管道，宜兴陶瓷制品开始应用于化工行业。1932年，张兰舟、张金良兄弟从上海美商“勒勃氏瓷器公司”引进技术图纸，建立省内第一座倒焰窑，窑炉的进步促进了工业陶的生产。1936年，窑户崔鹤鸣与上海商人万国安合股开办江苏省第一家低压电瓷厂，主要生产低压瓷件。其时，葛沐春工场采用石膏模型注浆工艺，先后制成双口坛、四口坛、弯管、多孔板、凹槽等异型化工陶器，汪秋生、杨根生等窑户沿用传统手工印坯和粘接方法，制作砂滤器。至1949年，宜兴工业陶已涉及化工、低压电瓷、照明等领域，众多作坊和企业并存，原料配备、成型、烧成工艺日趋成熟，初步形成宜兴工业陶生产体系。

（三）

中华人民共和国成立以后，经过工业整顿、恢复时期，大规模的工业体系建设逐步展开，给宜兴陶瓷领域的发展带来了新的途径。自此至1999年，宜兴工业陶经历了积累、扩展、提升的发展过程。

1955年，宜兴陶业产销联合营业处拨资6000元，建立实验工场，生产化工陶器。1957年，上海天原化工厂陶器车间整体搬迁至宜兴丁山建厂，定名地方国营宜兴化工陶瓷厂。次年，宜兴县丁蜀镇陶瓷技术研究所成立，后逐步发展成为全省性的陶瓷科研单位。至1969年，宜兴工业陶产品已发展了陶瓷泵、耐火材料制品和非金属材料制品。1970年，筹建宜兴半导体厂，其生产被纳入国家计划并开始研发电力半导体器件陶瓷环类产品。至20世纪80年代，宜兴丁蜀镇周边的周墅、川埠、张泽、洑东等乡镇涌现了众多的工业陶企业和作坊，宜兴工业陶企业达到300多家，产品门类不断扩大，已经形成以中型企业为主体的工业陶生产体系，但市场竞争力不强，部分小型企业工艺和管理落后。其间，宜兴工业陶的主要生产企业和研究单位先后进行了堇青石薄壁蜂窝陶载体、陶瓷微调电容、微波电路外壳、PTC陶瓷基片、陶瓷微珠和“氧化铝、氧化锆”等结构陶瓷和功能陶瓷的研制和开发，多次被列入省“八五”“九五”“十一五”科技攻关计划项目。至1999年，形成了化工陶瓷、电工陶瓷、纺织陶瓷、电子陶瓷和耐火材料五大门类。

宜兴工业陶在改革开放中发展壮大，一些科研项目填补了国家的空白，在国内赢得了声誉。1989年9月，新中国成立四十周年之际，宜兴陶瓷进京参展，时任国务院总理李鹏亲临宜兴工业陶展厅参观；1992年10月和1994年2月，原国家科委副主

1992年10月，原国家科委副主任邓楠参观宜兴工业陶

任邓楠和时任国务委员、原国家科委主任宋健先后到宜兴非金属化工机械厂参观工业陶生产现场。

（四）

随着新技术的兴起，新型陶瓷材料的广泛应用给宜兴工业陶的发展带来了机遇。进入21世纪，宜兴工业陶进入了高速发展时期。在这一时期，宜兴工业陶领域中的国有资本全面退出，民营企业兴起，外资企业进入，并且从环保入手，整治小型企业和家庭作坊，企业总数减少，企业规模不断扩大，实力壮大，科技水平提高。宜兴非金属化工机械厂、无锡市南方耐材有限公司、江苏省宜兴电子器件总厂和江苏省陶瓷研究所有限公司等一批老牌企业和单位进一步扩张，引进先进技术和装备，与大专院校科研单位挂钩，宜兴市丁山耐火器材有限公司、无锡市陶都电力器材厂、宜兴摩根热陶瓷有限公司、江苏拜富科技股份有限公司、江苏金石研磨有限公司、宜兴市九荣特种陶瓷有限公司、中耐控股集团有限公司、无锡国威陶瓷电器有限公司、宜兴海登皇格精细陶瓷有限公司、宜兴王子制陶有限公司等一批代表工业陶各个类型的企业的兴起，壮大了宜兴工业陶队伍。在材质应用、原料处理、成型工艺、烧成技术、后续加工等方面全面应用新技术、新装备，多项产品获得国家重点计划支持，工业陶从研究开发到产业化和应用取得了很大进展，产品覆盖面广，技术含量高。在2010年前后，江苏嘉耐高温材料股份有限公司、江苏诺明高温材料股份有限公司、江苏国豪耐火科技有限公司、宜兴宝宜耐火材料有限公司、宜兴瑞泰耐火材料有限公司、江苏君耀耐磨耐火材料有限公司等规模企业的建立，为宜兴陶瓷扩大经济规模、提升产业层次、培育产品优势和推动转型发展提供了强有力的支撑。

（五）

2020年，宜兴工业陶企业规模扩大，产品种类逐渐增多，技术含量逐步提高，经济总量保持两位数的增速。

宜兴工业陶主要发展环保陶瓷、精密结构陶瓷、耐磨陶瓷、绝缘陶瓷、陶瓷粉体、新型特种耐火材料，应用于化工、纺织、冶金、石油、航天、造纸、制药、家电、食品、环保等40多个行业，形成结构陶瓷、功能陶瓷和耐火材料三大类。

宜兴工业陶产业科技含量高，大部分企业有专门的研究所和实验工场，不少产品荣获省和国家高新技术称号及国家发明专利，并被列入“火炬计划”“星火计划”项目，展现了广阔的发展前景。

第一章

宜兴工业陶历史沿革

第一节　宜兴陶业的历史渊源

宜兴有着7300多年的制陶历史，薪火不熄，代代相传，享有“陶都”美誉，是我国重要的陶瓷产区之一。

原始社会新石器时期，宜兴就有了从事制陶业的原始居民，从宜兴境内多次发现的新石器文化遗址挖掘出的陶瓷残器和碎片来看，当时的先民已掌握了烧造各类粗砂质、细泥质陶器的制陶技术。

被中国科学院评为2002年全国六大考古新发现之一的骆驼墩文化遗址，距今7300多年。宜兴归径的骆驼墩是大汉岭下一个覆盘形大台地，在台地发掘的新石器时代陶器遗存有：细泥红泥陶钵、夹砂红陶鼎、腰檐釜、牛鼻式耳罐、陶豆等。这些陶器原料采自地表红假土之类的易熔性黏土，经淘除杂质或掺入适量的沙粒，调练后用手工捏制成型，其吸水率、气孔率较高，烧成温度在1000℃以下。由于窑炉构造简单，封闭不严密，陶土中的氧化铁在烧成过程中得以充分氧化，所以成品大部分呈现红色或者褐色。

其后发掘的距今4000—6000年的西溪文化遗址、涧众文化遗址、元帆文化遗址，遗存更加丰富，制陶地域更加广阔，制陶工艺更加进步。

商代前期，随着泥料拣选和烧成技术的改进，宜兴地区出现了印纹硬陶，其胎质细腻坚硬，烧成温度较高。器形可分为炊器、食器两类。炊器有鬲、鼎等，食器以豆类为多，其中有浅盘形细高柄豆、盆形大喇叭圈足豆、碗形圈足豆。常见纹饰有绳纹、梯格纹、方格纹、雷纹、折线纹、回纹、弦纹和附加纹。从几何印纹的拍印技术看，当时的技术尚不成熟。商代后期，几何印纹硬陶器形更加丰富，印纹出现了两种纹饰组成的复合纹，其印纹深而清晰，进入了成熟印纹硬陶阶段。

西周晚期至春秋早期，宜兴地区出现了原始青瓷。原始青瓷的釉色多呈青黄色，釉层薄而均匀，胎釉结合完好，基本见不到剥釉现象。其时，原始碗数量逐渐增多，同时出现了原始青瓷坛、罐类等大件盛器。

春秋中晚期，原始青瓷器日趋成熟，其胎质坚致，断面呈灰白或黄灰诸色。胎中氧化铁含量一般较低，为1.8%—2.5%，泥质似已经过淘洗处理，烧结情况较好。胎质吸水率仅为0.5%，已接近现代瓷水平，烧成温度一般为1140℃，有的高达1200℃以上，这些充分说明宜兴制陶技术达到了相当高的水平。

秦代至西汉，宜兴窑同时生产釉陶和青瓷，釉陶坯胎中的氧化铅含量在17%—20%。

东汉时期，宜兴地区釉陶烧制普遍，经考古发掘的窑址达16座之多，大部分分布在丁蜀附近的南山北麓，由西向东有狮子墩窑、龙丫窑、馒西窑、馒东窑、马臀窑、新塘边窑、牌坊下窑、顺庆寺窑以及东瓦窑一号、东瓦窑二号。此外，离南山不远的涧众、风水涧台地有3座汉代残窑，陶业生产相当发达。东汉末年至三国时期，青瓷产品胎质坚致细密，胎骨为淡灰色和淡土黄色，釉层均匀，极少流釉，一般为淡青色，其装饰风格明显反映出印纹硬陶和原始青瓷的痕迹。

魏晋南北朝时期，宜兴地区陶瓷发展的重要标志是原始青瓷的逐步成熟。宜兴成为南方青瓷的主要发源地和主要产区之一。宜兴丁蜀镇附近的南山窑的青瓷

化工陶瓷厂（1959年）

化工陶瓷厂的石膏模型注浆工场正在进行拷克注浆（1959年）

胎质颇为坚致，断面呈青灰、黄白诸色，其中氧化铝含量在14%—18%之间，有的甚至达20%，铁、钛氧化物含量约在3%以下，吸水率通常为3%—7%，气孔率为7%—12%，烧成温度1000℃—1260℃，产品接近瓷质。

宜兴唐代涧众青瓷龙窑遗址经南京博物院考证，窑身残长28.4米，窑头宽2.3米，中段宽2.65米，窑高1.5米，窑体容积80余立方米。晚唐以后，由于在当时宜兴地区还没有发现优质的瓷土，又随着“宜均”和紫砂兴起，青瓷的烧制逐步中断。

宋代，宜兴窑场大量烧造缸、坛、罐、砂锅等日用陶器。在宜兴众多的陶器中，均陶釉色呈“红若胭脂、青若葱翠、紫若墨黑”之窑变效果，五彩缤纷，“均釉”与伴生的“堆花”技艺逐渐形成“宜均”，入中华陶瓷名陶之列。同时，出现了壶、罐等独立成体的紫砂器，蔡司霑所著的《霁园丛话》载有对紫砂罐“古雅绝伦”的赞誉。

明清至中华人民共和国成立之前，宜兴陶业在原料制备、成型工艺、窑炉烧成、产品造型、装饰技艺等方面不断发展提升，规模扩大，形成鲜明特色，逐步确立宜兴中国“陶都”之地位。

中华人民共和国成立以后，宜兴陶业在政府的扶持下，一直是宜兴的支柱产业，后逐步成为宜兴的传统产业、特色产业和文化产业。其产业门类齐全、产业体系完备、陶艺特色彰显、文化底蕴深厚，是宜兴的城市名片。

在宜兴从事各类陶瓷生产的企业有1000多家，从业人员有10万多人。宜兴的艺术陶瓷有典雅古朴、工艺精湛的紫砂，有苍翠欲滴、如冰似玉的青瓷，有绚丽多姿、端庄凝重的均陶，有胎质坚致、美观耐用的精陶和釉色斑斓、别具风韵的美彩陶，被称为“五朵金花”。

同时，随着新技术的兴起，陶瓷新材料的研究和应用，宜兴陶业为满足新技术对陶瓷材料特殊性能的要求，充分利用宜兴陶业优势，全面进行工业陶的研发和生产，成为“陶都”宜兴新的亮点，在全市陶瓷工业总量中占了半壁江山。

第二节　宜兴工业陶发展脉络

宜兴工业陶是宜兴众多陶瓷中的一个类型。工业陶由于其发展时间较短，在中国陶瓷界有工业陶瓷、先进陶瓷、精细陶瓷、特种陶瓷等多种称呼。按其特性和用途，分为结构陶瓷和功能陶瓷两大类。宜兴工业陶应用范围广阔、涉及领域众多，其产品大致种类有环保陶瓷、纺织陶瓷、精密结构陶瓷、耐磨陶瓷、绝缘陶瓷、陶瓷粉体和耐火材料等。随着宜兴工业陶产品结构的长期演进，目前其产品结构主要由结构陶瓷、功能陶瓷和耐火材料三大类组成。

清末民初，西方工业文明逐步进入长三角地区，宜兴已开始生产工业用陶瓷。

1919年，潜洛窑户张兰舟经过反复试验，终于制成汽灯用三脚泥龙头，与垄断市场的德商进行激烈竞争，终以售价低廉而取胜。

1928年，宜兴陶工顾浩元、郭佩勋等人制成化工陶瓷面砖和管道。

1932年，张兰舟、张金良兄弟从美商“勒勃氏瓷器公司”引进技术图纸，建立省内第一座倒焰窑。

1936年，潜洛窑户崔鹤鸣与上海商人万国安合股开办省内第一家低压电瓷厂，定名鹤鸣陶瓷厂，生产低压电瓷。

其时，宜兴工业陶主要产品有面砖、干燥台、6英寸管道、真空过滤器和双口坛、四口坛、180度弯管、多孔板、凹槽、船盆等异型化工陶瓷，涉及照明、化工、低压电瓷等领域，众多作坊和企业并存。应用当时较为先进的工艺流程，其成型工艺采用石膏模注浆，手工印坯和粘接等方式，工业陶生产体系初步形成。

中华人民共和国成立以后，人民政府扶持宜兴陶业的发展，工业陶得到重点支持。1955年，宜兴陶业产销联合营业处投资6000元，设立实验工场，生产真空过滤储酸方缸等产品，销往上海市有关化工厂。1957年，上海、宜兴两地签订合同，决定将上海天原化工厂陶器车间整体迁至宜兴丁山，扩建成地方国营宜兴化工陶瓷厂（宜兴非金属化工机械厂前身），主要生产泵机及陶瓷阀门等产品。1958年，荣建耐火厂、协兴耐火厂等5家小厂合并成立丁蜀镇耐火器件合作工厂（宜兴丁山耐火器材厂前身），年产普通耐火材料4000多吨。是年，宜兴县丁蜀镇陶瓷技术研究所（江苏省陶瓷研究所前身）成立。

20世纪60年代，工业陶逐步发展。1963年，宜兴化工陶瓷厂由轻工部投资30万元，研制成功用于造纸工艺的耐酸耐高温砖，年产500吨。同年，宜兴丁山耐火器材厂已生产黏土、高铝、刚玉、碳化硅4种材质的产品，耐火制品发展到30多个品种。

20世纪70年代，国内大力发展化肥、石油、化工生产，宜兴非金属化工机械厂由国家先后投资300多万元建成104米隧道窑、矩鞍形填料生产线、化工陶瓷机械装配线以及化工陶瓷研究所。先后制成天文陶瓷镜面、矩鞍形填料、铬刚玉刮刀、纺织瓷件、瓷辊、陶瓷隔膜阀、水环式陶瓷真空泵、陶瓷砂浆泵，这些产品分别在不同企业发挥特殊作用。

1970年，宜兴县丁蜀镇和宜兴陶瓷公司联合成立多晶硅、单晶硅会战小组，与浙江大学合作，制成低压电阻0.8—1.2欧和高压电阻50—90欧的单晶硅。1970—1971年，多晶硅、单晶硅会战小组扩建为宜兴半导体厂。其后，宜兴半导体厂和中国科学院上海电子科学研究所联合开发集成电路封装外壳获得成功，企业遂更名为宜兴电子器件厂。

1979年，宜兴非金属化工机械厂为维纶长丝生产设备“YC20苤化机”配套的关键部件“YC201型瓷辊”研发成功。

20世纪八九十年代，宜兴境内工业陶生产企业数量急剧增加，主要为乡（镇）村办企业，企业数量达600多家。其时，宜兴非金属化工机械厂逐步完善瓷辊生产专用设备，建立专业生产线，产品规格发展到30多种，宜兴电子器件厂制成陶瓷微

宜兴化工陶瓷厂的木质电动粉碎机在工作（1959年）

细电容、微波电炉外壳和用于光电数字显示的光电陶瓷组合器，年产量近40万只。

1985年，宜兴非金属化工机械厂采用工程陶瓷材料制成的GTB-10型气流粉碎机通过江苏省石油化工厅鉴定并投产。同年，江苏省科学技术委员会组织宜兴非金属化工机械厂等单位试制堇青石薄壁蜂窝陶载体。11月26日，该载体通过江苏省科学技术委员会鉴定。

1987年，宜兴电子器件厂被国家列为“七五”期间重点技术改造单位，并由电子工业部和国防科工委投资120万元，进行多层布线陶瓷母板和陶瓷密封载体的技术改造。微波电路陶瓷外壳、陶瓷密封载体和彩电基片分别通过省级技术鉴定，厚膜电路彩电基片从单片发展到4连、8连片，替代了同类进口产品。是年，该厂被电子工业部评为彩电国产化工作先进单位。同时建成年产100万片压电陶瓷蜂鸣生产线，产品全部销往国外。

1992年3月，江苏省陶瓷研究所生产的PTC陶瓷基片获江苏省科技成果四等奖。PTC陶瓷是新兴的功能陶瓷的一个新品种，在冰箱、彩电等家用电器领域有着广泛的用途。通过该所研制，已基本形成系列配套的格局，年产量约1000万片，其质量指标与日本三菱公司同类产品并列。这一年，该所被命名为“江苏省功能陶瓷科研中试基地”。

宜兴非金属化工机械厂与我国香港地区和德国合资创办的宜兴海登皇格精细陶瓷有限公司，投资1250万元，年产2.4—3.2米氧化铝瓷辊40万支。1996年5月，该厂又与日本株式会社清新企业、日本共荣商事株式会社合资创办了宜兴清新粉体机械有限公司，总投资70万美元，年产4个系列27个规格的160台（套）超微气流粉碎机，产品销往全国20多个省区市，并出口至日本、泰国、马来西亚、伊朗等国。

江苏省陶瓷研究所自1980年开始，专业从事“氧化铝、氧化锆”等结构陶瓷的研制与开发，先后承担并完成江苏省“八五”“九五”“十一五”科技攻关计划项目，主要生产的品种有：陶瓷真空管壳、陶瓷振打棒、99氧化铝长板、抛光陶瓷轴套、精加工氧化铝零件、耐磨陶瓷衬、陶瓷球阀、陶瓷柱塞以及氧化锆偏心轴等。

1998年6月，由江苏省陶瓷研究所承担的中国轻工总会科研项目“脱水用复合多孔陶瓷过滤板”的研究，在宜兴丁蜀镇通过由国家轻工局组织的科技成果鉴定。

自2000年开始，宜兴工业陶产业结构发生重大变化，国有、集体资本全面退出，新企业不断出现，新技术、新设备大量引进，新产品不断涌现。

2000年，宜兴电子器件厂从美国引进2条微电子陶瓷外壳生产线研制并生产陶瓷双列直插外壳、陶瓷扁平外壳、陶瓷针栅阵列外壳。该厂生产的陶瓷无引线片式载体外壳获江苏省科技厅高新技术认定证书，半导体集成电路陶瓷外壳获中国军用电子元器件质量认证合格证书。

是年，无锡市锡阳实业公司生产的4—6毫米陶瓷微珠被国家科委认定为国家重点产品，无锡南方耐材有限公司因其连铸用铅铝碳质耐火制品（连铸三大件）、滑板砖、精炼钢包用透气砖和座砖等成为行业、国家标准主要制定单位。

江苏省陶瓷研究所先后进行了大规格特种陶瓷的研制和开发、纳米二氧化锌抛光后质的制备研究及有关功能陶瓷方面的研究。

至2005年，宜兴吉泰电子有限公司、华威微电子有限公司等6家合资或者民营的电子陶瓷企业，已具备较强的产品开发、设计和大批量生产的能力，其中钟山微

古龙窑

电子封装有限公司是宜兴电子器件总厂和香港钟山有限公司合资创建的专业生产企业，是信息产业部定点的科研生产基地，主要产品有多层母板陶瓷基片、霍尔电路陶瓷外壳、混合电路陶瓷外壳等。该公司多次完成国家重点工程配套任务，受到中央军委、国务院、国防科工委和信息产业部的嘉奖和表扬。鑫宇特种精细陶瓷厂和伊特陶瓷有限公司是生产氧化铝精细陶瓷及组装件的骨干企业，其电子陶瓷、氩弧焊陶瓷喷嘴以及半导体器件用陶瓷外壳，远销意大利、美国、英国、南非、日本等国。

山拓（宜兴）支撑剂有限公司采用国外先进的多层树脂包裹技术，对优质的陶粒和天然石英砂进行覆膜。

江苏一方科技发展有限公司，主要生产1.8米×1.2米或更大规格的轻质玻化陶瓷板。这种陶瓷板，具有隔音、防火、保温的效果，满足墙面建材市场的需要。

宜兴九州研磨介质有限公司生产的复合锆质陶瓷喷丸，是继铸钢喷丸、钢丝喷丸、玻璃喷丸之后发展起来的新型喷丸介质材料。具有较高的抗磨损性能和抗冲击性能，可以达到钢丸和玻璃丸无法达到的喷丸强化效果。

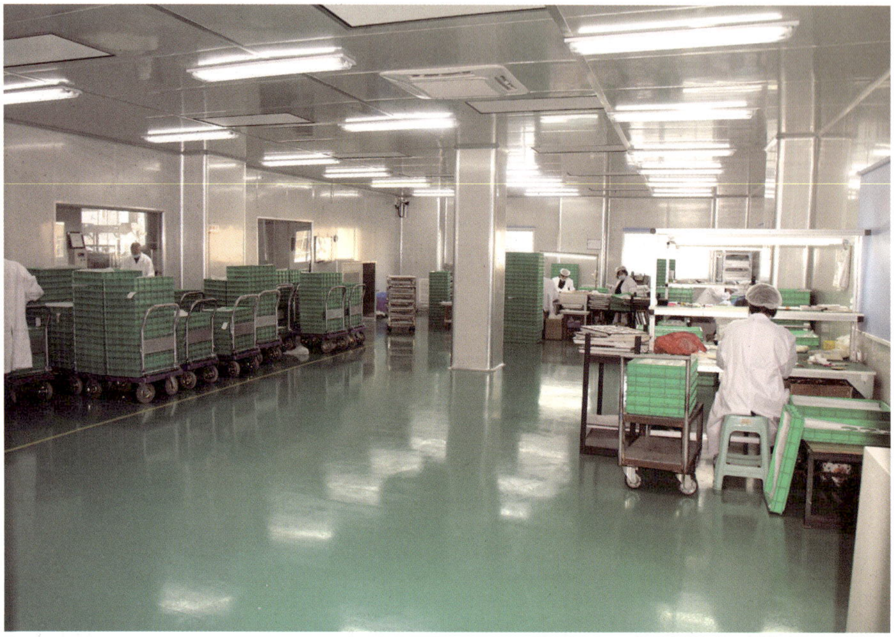

车间内景

宜兴全市纺织瓷件企业计有30余家，重点为国内纺织行业引进的高速纺织机、空气变形机、加捻机、气流纺织机、喷气织机和剑杆织机等设备配套生产近200种规格的瓷件，产品行销全国19个省区市，并有部分出口。其中杜塞拉姆工程陶瓷有限公司、星光陶瓷有限公司、查林纺配瓷件厂、佳丰瓷件厂、兴峰瓷件厂主要生产氧化钛、氧化锆、氧化铝等导丝瓷件，产品计有6大门类，1000多个规格品种。江苏省陶瓷研究所成功研制的化纤精纺陶瓷摩擦片是涤纶牵伸加弹机上假捻器中的主要零件，也是决定涤纶丝最终质量的关键零件，它具有强度高、耐磨损、使用寿命长和白粉沉积最少等特点，适用于高速精纺涤纶粗旦丝。该产品经过淮阴涤纶长丝厂、上海石化总厂涤纶厂、上海合成纤维厂等单位使用，其主要性能和工艺指标基本达到德、法两国同类产品水平。

宜兴电子器件总厂主要研制、生产集成电路陶瓷外壳和晶体振荡器陶瓷外壳。

进入2010年，宜兴工业陶进入全面发展时期，宜兴非金属化工机械厂、无锡市南方耐材集团、江苏省陶瓷研究所有限公司、宜兴电子器件总厂等传统工业陶企业在不同的领域发展中发挥积极的作用；无锡市宜刚耐火材料有限公司、江苏三恒高技术窑具有限公司、宜兴市丁山耐火器材有限公司、江苏国豪耐火科技有限公司、无锡市陶都电力器件厂、宜兴摩根热陶瓷有限公司、江苏拜富科技股份有限公司、宜兴市瑞华工业炉科技有限公司、江苏金石研磨有限公司、宜兴市九荣特种陶瓷有限公司、中耐控股集团有限公司、无锡国威陶瓷电器有限公司、宜兴海登皇格技术陶瓷有限公司、宜兴王子制陶有限公司等一批企业通过技术进步、装备提升、新品开发，成为宜兴工业陶发展的主力军。

2010年，江苏省陶瓷研究所有限公司先后承担省科技基础设施建设项目“江苏省宜兴新型陶瓷材料公共技术服务中心”和省国际合作项目“高性能预埋式纳米复合陶瓷锚栓紧固件成果引进消化”。同时开展了多个新技术项目。

杜塞拉姆工程陶瓷有限公司、法兰特工贸有限公司、星光陶瓷有限公司、丰峰陶瓷有限公司、伊特陶瓷有限公司以及鑫宇特种精细陶瓷厂等企业，重点巩固氧化铝、氧化锆、氧化钛等精细陶瓷及组装生产。宜兴市工业陶瓷研发中心则进行“先进结构陶瓷材料研究”，以提高陶瓷材料的韧性、使用性能的可靠性，降低生产成本，促进陶瓷的发展。

2012年，江苏拜富科技股份有限公司开发陶瓷用透明干粒，窑变干粒达到国内先进水平，其后成功研发玻璃着色剂，填补了国内空白。

宜兴非金属化工机械厂有限公司、宜兴王子制陶有限公司所生产的蜂窝陶瓷催化剂载体，其质量在国内已达先进水平。其企业规模逐步壮大，成为国内主要的产品供应商。2015年，宜兴非金属化工机械厂有限公司承担江苏省科技成果转化专项资金项目。2017年，宜兴王子制陶有限公司获得了上海市科学技术一等奖。

无锡市南方耐材集团逐步发展为集研发设计、科技创新、生产制造、安装服务为一体的综合型连铸功能耐材生产制造企业，其洁净钢冶炼用耐火材料关键技术和工业应用获国家科技进步二等奖。

宜兴电子器件总厂有限公司与央企中科芯实施产学研合作，其以集成电路陶瓷封装管壳为主的产品达100多个品种，为航天航空等高科技领域服务，为“神舟”“嫦娥”等重点工程配套，获得中国信息产业部表彰。

江苏嘉耐高温材料股份有限公司、江苏诺明高温材料股份有限公司、宜兴瑞泰耐火材料工程有限公司、江苏君耀耐磨耐火材料有限公司等一批规模企业进入耐

车间外景

火行业，并应用新技术、新材料、新装备，提升行业科技含量，加速了行业规模的壮大。其中，江苏国豪耐火科技有限公司逐步向环保领域发展，成功研发新一代耐火制品，主要有锆刚玉砖、高温复合砖、铬刚玉砖，在国内危废处理行业处于领先地位，已与苏伊士、威立雅、亚德、拉斯卡、光大、新中天、北控等国内100多个著名的危废处置中心建立合作关系。

无锡市宜刚耐火材料有限公司、宜兴中创耐火材料有限公司、宜兴丁山耐火器材有限公司、宜兴摩根热陶瓷有限公司、宜兴新威利成耐火材料有限公司等企业不断发展新型耐火材料，仅砖类就有莫来石轻质砖、抗侵蚀耐磨砖、抗热震刚玉砖、镁铝类晶石砖、耐酸缸砖等多种类型，满足了多种行业的需求。

可控硅外壳、电力半导体器件、电器瓷件、低压电器等一批电子电器陶瓷元件在无锡市电力器材厂、无锡国威陶瓷电器有限公司等企业得到进一步发展。

宜兴摩根海登皇格技术陶瓷（无锡）有限公司运用德国先进技术生产的氧化铝

陶瓷辊棒、熔融石英陶瓷辊棒以优良的品质赢得市场好评。

江苏三恒高技术窑具有限公司等一批企业生产的台板，复合承烧板、支柱、匣钵等窑具广泛地为业内外企业服务。

至2020年，宜兴工业陶企业有800余家，其中年产值亿元以上企业30多家，2000万元以上企业100多家，拥有众多的小型专业企业和家庭作坊，仅一个查林村就有100多个工业陶企业。宜兴工业陶产品种类基本涵盖了国内工业陶瓷领域的各个类型，达上万个品种，年产出总量达100亿元以上，在宜兴陶瓷的经济总量中所占份额越来越重，并且有着巨大的发展后劲，也使宜兴成为国内主要的工业陶生产基地。

第二章 宜兴工业陶原料应用

宜兴工业陶早期原料应用本地陶土及少量本地瓷土。宜兴境内蕴藏丰富的陶土资源，主要有白泥、甲泥及少量瓷土，随着工业陶使用领域的不断扩展和材质的变化，宜兴工业陶已不再使用或少量使用黏土等传统陶瓷原料，而扩大到使用化工原料和合成矿物。

第一节　本地原料

【白泥】

白泥是宜兴工业陶发展之初的主要原料，至今仍然用于部分产品之中。南山白泥矿区位于丁蜀镇南3公里处，宁杭公路经过矿区北侧，水陆运输方便。由3—4个白泥矿体组成，矿体呈层状，赋存于泥盆系上统五通组中段、下段石英砂岩中，矿体倾向北偏西5度，倾角10—20度，矿体厚度一般2—3米，最厚可达7米，最薄0.3—0.5米，C+D级储量100多万吨。白泥的主要矿物成分为水云母、叶蜡石、高岭土、石英、云母碎屑、铁质等，具有较好的可塑性与结合力，坯体具有烧失量小、不易变形等特点，是工业陶产品常用的结合黏土。

1955年以前，采掘白泥多为农村副业，一般在宕口用黄石砌3—6个拱形碹，高度、宽度不超过2米，掘进后，利用顶板支石或黄石墙作支护，每个宕口的采掘工不超过10人。后经国家投资改造建立了丁山白泥采矿厂，隶属宜兴陶瓷公司。1961年，新建一号井，主巷道长100米，支护用黄石块砌成，碹高2.2米、宽2米，碹距1米，使用电钻打炮眼，火药爆破，另建成空中运输线，长约300米，解决了高坡运输的困难。1965年，该厂与丁山采矿厂合并，易名丁蜀采矿场白泥分厂，翌年又更名为宜兴陶瓷原料总厂白泥分厂。1971年，白泥场阳山头建了第一口斜井，主斜井井筒长100米，并在巷道铺设轻便铁轨，直通作业面，由人工装车运输，用绞车提升。1972年，白泥分厂改名为白泥工段，斜井正式投产，并在阳山头西部建造了五号井。1985年，又先后开拓了七号井、建井、石宕、探井等小型矿井。1986年，国家投资250万元，在宜兴洑东乡（现属丁蜀镇）南山北麓开辟了新的白泥矿区。一号井、斜井、探井相继停采。1987年3月，南山白泥矿新建工程开工，年开采量9.42万吨。1993年，南山白泥矿改名为南山白泥分厂。至20世纪90年代末，因宜兴产区品种结构逐年调整，白泥需用量锐减而停采。现今白泥开采趋于小型化露天采矿或由邻近安徽省白泥矿点供应。

【甲泥】

甲泥是宜兴工业陶发展初期大量应用之原料，主要用于化工陶产品。甲泥也称夹泥，是宜兴陶土矿中藏量最多的一大泥种，属大型陶土矿床。甲泥中最具特色的矿区位于丁蜀镇西北，由黄龙山、青龙山和黄龙村三个矿段组成，B+C+D级储量2700多万吨，是本山甲泥、东山甲泥、西山甲泥、紫砂泥、乌泥和绿泥的唯一产区。甲泥是产于粉砂岩和细砂岩之间的矿泥，是生产宜兴陶瓷的重要原料。

甲泥经粉碎、球磨后呈红色，俗称红泥浆，经150—200目过筛，泥浆即可用于注浆成型，烧成后器皿呈红色或紫红色。

附表一：宜兴陶土的化学成分（百分比）

由江苏省陶瓷研究所化验

原料名称	SiO_2	Al_2O_3	Fe_2O_3	TiO_2	CaO	MgO	K_2O	Na_2O	烧失量
南山白泥	67.66	20.51	1.25	0.94	0.17	0.48	2.20	0.03	6.16
白泥山白泥	68.89	19.28	1.52	0.84	0.41	0.52	2.35	0.10	6.20
本山甲泥	61.14	20.16	7.74	1.10	0.64	0.46	1.30	0.07	7.93
平原甲泥	55.26	24.89	8.11	—	0.57	0.23	0.50	0.05	9.97
林场甲泥	62.98	20.12	7.17	—	0.64	0.18	1.05	0.15	7.23
梅园甲泥	62.62	20.33	6.98	—	0.64	0.37	1.00	0.12	7.81
涧坞甲泥	56.06	23.16	10.19	—	0.57	0.23	0.61	0.18	8.52

附表二：宜兴陶土的工艺性能

一、可塑性

原料名称	液限（%）	塑限（%）	可塑性指数	可塑性指标	属性
生白泥	25.00	13.20	11.80	2.80	中可塑性
熟白泥	27.70	15.00	12.70	3.00	中可塑性
本山甲泥	25.00	13.50	11.50	3.35	中可塑性
平原甲泥	27.90	15.70	12.20	3.35	中可塑性
林场甲泥	28.00	15.57	12.43	3.00	中可塑性
梅园甲泥	27.00	14.40	12.60	3.40	中可塑性
涧坞甲泥	32.18	16.60	15.58	2.81	中、高可塑性
西山甲泥	27.00	13.80	13.20	—	中可塑性

二、结合能力

原料名称	不同加砂配比量时的抗折强度（kg/cm^2）			
	0	20%	40%	60%
生白泥	11.91	10.60	8.37	6.73
熟白泥	17.50	11.66	8.64	5.86
本山甲泥	28.19	22.31	18.17	10.05
平原甲泥	21.22	15.25	13.58	9.71
林场甲泥	23.23	22.04	15.80	11.40
梅园甲泥	24.04	16.33	13.43	8.77
涧坞甲泥	22.10	22.27	16.42	6.54
西山甲泥	19.52	16.93	11.21	7.74

三、粒度分析

原料名称	>50μ	50-10μ	10-5μ	5-1μ	<1μ	真比重（g/cm^3）
生白泥	9.68	24.32	12.00	18.50	35.50	2.655
熟白泥	11.74	21.26	10.00	23.00	34.00	2.675
砂性紫砂泥	39.58	10.82	10.40	17.00	22.20	2.781
本山甲泥	39.18	9.82	7.00	24.50	19.50	2.706
平原甲泥	13.68	9.82	11.50	25.00	40.00	2.618
林场甲泥	11.33	20.17	8.50	22.00	38.00	2.713
梅园甲泥	15.72	13.78	11.00	22.00	37.50	2.688
涧坞甲泥	22.94	16.06	8.00	18.00	35.00	2.736

【地产瓷土瓷石】

宜兴西南山区蕴藏了丰富的陶土资源，宜兴工业陶初始阶段生产采用的是当地的原料。就地取材是宜兴陶瓷产业发展的显著特点。因为那时候交通运输困难，不可能舍近求远去外地采购陶瓷原料。除白泥、甲泥陶土外，宜兴当地也有瓷土、瓷石等原料，为宜兴工业陶的早期生产创造了条件。宜兴的瓷土瓷石矿是一种以石英、长石、绢云母为主要成分的陶瓷原料，主要分布在宜兴茗岭、柏山以及湖汉板门岕，其中茗岭瓷土瓷石矿区位于宜兴张渚茗岭村岭涯，距丁山23公里，距张渚7公里。瓷土瓷石矿体产于燕山期花岗斑岩与泥盆系茅山群接触带上，矿体呈脉状，走向北西30度，倾向南西，倾角80度。矿体走向长度1000米以上，宽25米，瓷土厚0—13米，瓷石未穿透13—50米，主要矿物为石英、水云母、长石并伴有蒙脱石、多水高岭石等。其优点是烧后洁白，易处理，是制造优质瓷的好原料，缺点是干坯强度低，烧结温度范围小，烧成时易变形，钾钠含量不稳定，且钠的量较高。储量300多万吨。1977年，江苏省有关部门统一规定，出口瓷土由省里统一安排经销，其余瓷土自行销售。宜兴茗岭瓷土瓷石矿的瓷土、瓷石由宜兴丁蜀矿业管理站计划销售，主要供应省内各陶瓷生产单位，部分销往上海、安徽、河北、山东、黑龙江、四川、内蒙古、陕西、浙江等地。

第二节　外地原料的应用

外地原料的使用始于20世纪50年代，其时随着新的工业陶企业的逐渐增多，以及新产品的拓展和新材质的应用，宜兴工业陶开始应用全国各地的矿产料，并不断拓展使用氧化物原料和非氧化物原料，以满足现代工业文明产品的不同需求。目前，宜兴工业陶使用的外地原料遍及全国各地。

【黏土与高岭土】

黏土与高岭土是可塑性原料，为矿物的混合物，颗粒细微。高岭土是主要由高岭石组成的纯净黏土，主要产于湖南界牌、江苏苏州、江西浮梁等地。

【蜡石】

蜡石是一种硬质黏土，它是微细矿物的集合体，质软，富有脂肪滑腻感，呈致密块状，是以叶蜡石为主体成分的铝硅酸盐。叶蜡石通常不是可塑性原料，也不是非可塑性原料，在工业陶瓷中被视同黏土，而在耐火材料工业中被当作非可塑性原料。

【膨润土】

膨润土主要是由蒙脱石构成的黏土，本身能吸附大量的水，吸水后体积膨胀，呈胶泥状态，具有很强的结合性。膨润土也称浆土、膨润岩等，在陶瓷生产中主要用作增塑剂，可提高坯料的可塑性和结合能力。主要产于辽宁锦西、吉林九台和内蒙古、河北、河南等地。

【瓷石】

瓷石是一种由石英、绢云母组成，并含有若干高岭土、长石等的岩石状矿物，其本身就含有构成瓷的各种成分。主要有南港瓷石、祁门瓷石、三宝蓬瓷石、太和坑瓷石等。

【滑石】

滑石是属镁的含水层状硅酸盐矿物，根据滑石与黏土的使用不同，可制成堇青石质耐热瓷、用于高频绝缘材料的原顽火辉石等。主要产地在辽宁海城和山东栖霞，此外，山西、广东、广西、湖南等地均有滑石矿床。

【石英】

石英是二氧化硅原料，纯的石英透明，属于六方晶系，在20℃时密度为2.658g/

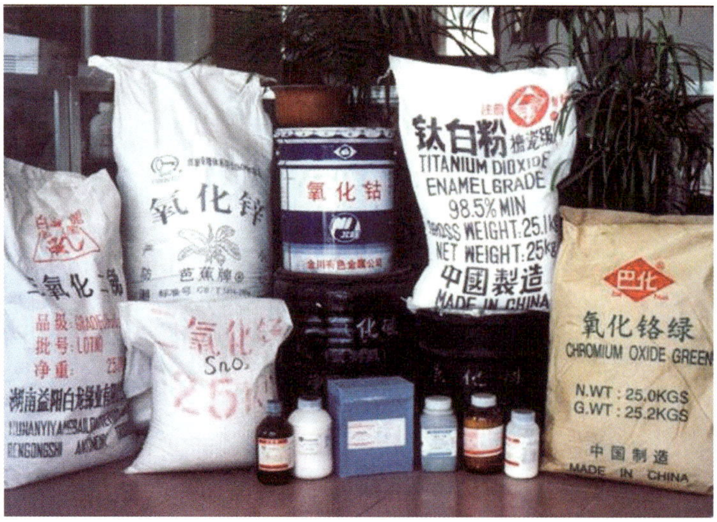

宜兴工业陶常用原料

cm^3，具有六方柱状的透明结晶，通常称为水晶。半透明或不透明的为白色块状，在原料中称为硅石，而石英的细粉则称为硅砂。石英主要产于山东泰安、湖南铁门、湖南湘潭等十多个地区。

【长石类】

长石类是具有相似化学式的矿物集合，适用于工业陶生产的主要是钾长石、钠长石、钙长石。主要产区为辽宁、河北、山东、山西、湖南、内蒙古等地。

【石灰石、菱镁土、白云石】

石灰石在矿物学上称方解石，菱镁石与石灰石相似。白云石用于降低烧成温度。主要产于东北、河北和西南等地。

【硅线石族矿物】

硅线石族矿物有硅线石、红柱石、蓝绿石、蓝晶石等，被大量用于制造耐火砖、坩埚、匣钵及燃烧器等制品。

【高铝质原料】

工业陶采用的高铝质原料有氢氧化铝，煅烧后的氧化铝和铝矾土熔点高。氧化铝为含量较高的晶体矿物时，被称为刚玉，用于特种陶瓷的制作。主要产于华北、华东、西南等地。

【氧化锆与锆英石】

锆质原料具有熔点高、膨胀系数低及导热差等特性，多用于制作特种耐火材料及高温绝缘体，主要有锆英石、氧化锆。

【金红石与二氧化钛】

金红石是一种天然出产、含TiO_2的矿物，具有高诱电性，是制作电容器的主要原料，含钛的矿物有金红石、锐钛矿及板钛矿三种晶体。

【三氧化二铁】

三氧化二铁即赤铁矿，经化学法精制所成的氧化锆，是制作强磁性产品的重要原料。

【氧化铍】

氧化铍是用绿柱石矿制成的白色粉末，耐火性强，热传导度高，具有优良的抗热震性。

我国黏土类原料的外观性状及化学成分

黏土原料的外观性状表

序号	名　称	产　地	外观性状
1	界牌土（大牌岭）	湖南衡阳界牌	白色，粉红色，软质高岭土，游离石英含量较多
	（大鹅山）	湖南衡阳界牌	白色，粉红色，软质高岭土，游离石英含量较多
	（四清水库）	湖南衡阳界牌	白色，粉红色，软质高岭土，游离石英含量较多
2	苏州土	江苏苏州阳山	白色，软质高岭土，较纯
3	高州土	广东高州	白色，软质高岭土，含游离石英
4	临川高岭土	江西临川	粉红，软质高岭土
5	明砂高岭土	江西浮梁高岭	
6	星子高岭土	江西星子	
7	洪江高岭土	湖南雪峰山	白色软质
8	宽城土	河北承德宽城	米黄色，硬质高岭土
9	紫木节	河北唐山	紫色，软质块状，二次高岭土
10	大同砂石	山西大同	黄色，碣质块状，高岭土，含碳多
11	碱干	河北唐山	紫黑色层状土地段，软质，二次高岭土
12	三节土	河北唐山	青灰色，半软质
13	四节土	河北唐山	青灰色，半软质
14	水曲柳	吉林舒兰	灰色，软质黏土
15	碱石	河北唐山	灰黑，硬质
16	紫木节	辽宁锦州	紫色，软质
17	朔县土	山西朔县	软质，深灰色
18	额敏土	新疆额敏	
19	紫黏土	甘肃靖远	紫色，软质
20	黑干泥	甘肃安口	灰黑，软质
21	黑坩土	陕西铜川	黑色，硬质
22	煤层黏土	青海	
23	叙永石	四川叙永	白色，油腻，软质，多水高岭土
24	栖霞山土	江苏南京	多水高岭土
25	煤层黏土	四川东山	黑色，硬质
26	阳泉土	山西阳泉	灰黑，软质
27	煤层黏土	四川大邑	黑色，块状
28	硬质黏土	四川威远	灰白，灰黑，软块状
29	煤碱石	四川威远	黑灰，块状，较硬
30	大方高岭土	贵州大方	白色，淡绿，黄色，块状
31	贵阳瓷土	贵州贵阳	淡灰色

续表

序号	名　称	产　地	外观性状
32	普定瓷泥	贵州普定	淡黄色，中等硬度，水云母黏土
33	山高岭土	云南山县	白色，软质
34	金马坑土	云南易门	白色，软质
35	丽江瓷土	云南丽江	白色
36	永胜黏土	云南永胜	
37	蟠龙瓷土	广西北流	白色，黄色，软质
38	电白高岭土	广东电白	
39	黑黏土	福建	软质
40	介休土	山西介休	软质
41	复州黏土	辽宁复县	软质
42	烟台黏土	山东烟台	
43	福州白泥	福建福州	
44	坊子土	山东淄博	
45	紫木节	安徽淮南	
46	巩义黏土	河南巩义	

黏土原料的化学组成表

序号	名　称	化学成分（百分比）								
		SiO_2	Al_2O_3	K_2O	Ka_2O	Fe_2O_3	TiO_2	CaO	MgO	灼减
1	界牌土（大牌岭）	68.60	21.41	—	2.27	0.33	0.065	0.34	0.05	8.94
	界牌土（大鹅山）	70.76	19.50	2.27	—	0.15	—	0.32	0.16	6.56
	界牌土（四清水库）	53.62	30.43	—	0.22	0.42	—	0.23	0.22	10.19
2	苏州土	43.39	40.48	0.03	1.57	0.47	0.07	0.19	0.05	15.00
3	高州土	53.81	31.23	—	2.70	0.14	—	0.28	0.23	10.98
4	临川高岭土	46.57	36.29	—	0.78	0.17	—	1.03	0.27	14.64
5	明砂高岭土	50.61	34.92	0.97	0.72	0.64	—	0.42	0.06	9.90
6	星子高岭土	50.73	35.32	1.00	—	1.59	—	微	微	12.21
7	洪江高岭土	45.81	31.80	0.72	—	0.25	—	0.14	0.24	16.59
8	宽城土	57.45	32.01	—	—	0.34	0.07	0.27	微	10.52
9	紫木节（河北唐山）	41.96	35.91	0.37	—	0.91	0.96	2.10	0.42	16.95
10	大同砂石	43.94	38.78	—	—	0.17	微	0.14	0.51	15.90
11	碱干	42.45	40.68	—	—	0.81	—	1.35	0.09	—
12	三节土	43.06	39.29	1.35	1.35	1.66	0.20	0.65	0.03	14.25
13	四节土	48.53	33.30	—	—	1.76	1.61	0.58	0.08	11.53
14	水曲柳	57.47	28.63	0.63	0.16	1.34	—	0.05	0.22	10.30
15	碱石	44.92	39.03	—	—	0.65	0.72	0.97	0.08	14.27

续表

序号	名　称	化学成分（百分比）								
		SiO_2	Al_2O_3	K_2O	Ka_2O	Fe_2O_3	TiO_2	CaO	MgO	灼减
16	紫木节（辽宁锦州）	40.86	37.15	—	—	1.94	—	0.45	0.13	19.53
17	塑县土	35.66	41.76	—	—	2.12	—	1.27	1.53	—
18	额敏土	44.85	35.85	1.07	2.70	0.53	—	—	—	10.76
19	紫黏土	44.70	37.00	—	—	0.20	—	0.81	0.42	14.90
20	黑干泥	52.49	33.38	—	—	1.00	—	—	—	10.00
21	黑坩土	42.61	36.26	0.10	2.70	0.16	0.80	0.20	0.14	—
22	煤层黏土	56.92	29.34	2.52	2.52	0.98	0.51	0.95	0.83	8.41
23	叙永石	37.35	34.34	0.01	—	0.12	—	0.36	—	19.45
24	栖霞山高岭土	40.31	35.65	0.35	0.40	1.12	0.01	0.49	0.12	21.58
25	煤层黏土	44.50	34.61	—	—	0.65	—	0.25	0.19	19.76
26	阳泉土	47.61	35.06	—	—	0.28	0.48	2.79	0.32	11.80
27	大邑煤层黏土	42.30	37.45	0.14	0.14	0.60	—	0.45	—	18.95
28	硬质黏土	44.10	39.60	—	—	0.40	—	0.71	0.18	9.91
29	煤碱石	43.40	32.25	0.14	2.14	0.25	—	1.16	0.34	16.48
30	大方高岭土	43.36	35.40	—	—	0.50	—	—	—	17.55
31	贵阳瓷土	68.91	21.44	1.65	—	0.14	—	0.28	2.14	8.57
32	普定瓷泥	57.48	15.63	5.00	0.11	0.49	—	0.76	8.39	10.30
33	山高岭土	43.96	39.88	0.24	0.24	0.24	—	0.10	0.25	15.40
34	金马坑土	69.84	18.77	6.66	6.66	0.39	—	0.25	0.39	2.90
35	丽江瓷土	68.87	19.64	5.63	5.63	0.12	微	4.99	0.08	—
36	永胜黏土	75.37	15.84	3.38	2.09	0.35	—	0.23	0.07	7.22
37	蟠龙瓷土	74.01	17.61	—	—	0.57	—	0.69	0.28	4.73
38	电白高岭土	47.00	36.16	2.90	2.90	0.36	—	0.35	0.11	13.23
39	黑黏土	53.84	29.94	10.50	10.50	1.13	—	0.45	0.31	13.28
40	介休土	44.60	37.03	—	—	0.64	—	0.90	0.31	13.28
41	复州黏土	44.60	40.10	—	—	2.70	—	0.50	0.30	14.79
42	烟台黏土	67.84	15.09	—	—	6.96	—	0.13	0.61	5.90
43	福州白泥	52.24	38.29	—	—	0.42	—	1.10	1.12	5.84
44	坊子土	56.13	22.64	—	0.20	2.47	—	—	—	13.67
45	紫木节（安徽淮南）	42.47	32.66	—	0.23	0.72	1.34	1.96	0.81	19.27
46	巩义黏土	45.14	39.60	1.30	0.76	0.86	0.97	0.64	—	—

石英化学成分表

序号	原料名称	产地	化学成分(百分比)								
			SiO_2	Al_2O_3	K_2O	Na_2O	Fe_2O	TiO_2	CaO	MgO	灼减
1	石英	山东泰安	99.48	0.35	—	—	0.10	—	—	—	0.03
2	石英	河南铁门	98.94	0.41	—	—	0.19	—	痕迹	痕迹	—
3	砂	江苏宿迁	91.90	4.64	—	—	0.21	—	0.20	0.10	0.24
4	石英	湖南湘潭	95.31	1.93	—	—	0.26	—	0.39	0.40	1.74
5	石英	广东桑浦山	99.53	0.19	—	—	—	—	痕迹	0.04	—
6	石英	江西星子	97.95	0.53	痕迹	0.44	0.19	—	0.33	0.63	0.29
7	石英	江西景德镇	98.24	—	—	—	—	—	—	—	—
8	石英	广西	99.24	—	—	—	1.02	—	—	—	—
9	石英	山西五合	98.71	0.65	—	—	0.16	—	—	—	—
10	石英	四川青川	98.89	1.03	—	—	0.032	—	0.17	—	—
11	石英	贵州贵阳	98.23	0.18	—	—	0.02	—	—	—	微
12	石英	贵州普定	96.77	0.46	—	—	0.57	—	—	—	—
13	石英	新疆尾亚	98.40	0.18	—	0.02	0.80	—	—	—	—
14	砂	云南昆明	97.07	—	—	—	0.56	—	—	—	—
15	石英	陕西凤县	97.00	1.41	—	—	—	—	—	—	—
16	石英	山西闻喜	98.05	—	—	—	0.10	—	—	—	—
17	石英	北京	99.02	0.024	—	—	—	—	—	—	—
18	石英	内蒙古包头	98.08	0.84	—	—	0.34	—	0.19	—	—

第三节　原料的加工处理

宜兴传统陶瓷主要采用天然矿物原料，而宜兴工业陶在采用天然矿物原料的同时，也大量采用人工精制化工原料和合成原料。早期，由于宜兴工业陶处于成长时期，原料加工处理与传统陶瓷原料处理基本相同，随着新兴产业的出现和高新技术的应用，逐步增添新的原料处理方式和设备与之相适应。

宜兴某企业耐火制品的原料处理工艺流程简图

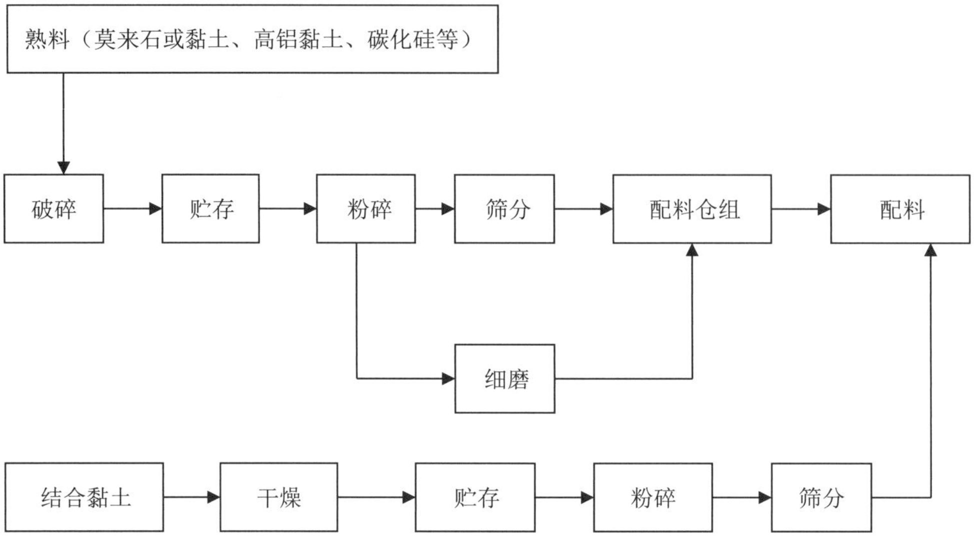

耐火制品原料处理工艺流程所需设备主要有破碎机、雷蒙机、水轮碾、球磨机、振动筛等。

精细工业陶原料处理需要增加压滤机、练泥机及一些特殊的原料处理设备。

【配料】

配料就是按照工业陶原料的组成，将所需各种原料称量，称料务必精确。配料是工业陶工艺中最基本的一环。宜兴工业陶企业配料方法主要有原料百分比法、化学组成法和实验公式法。

原料百分比法。列出各种原料的质量百分比、原料的名称和产地，直接进行生产和试验。宜兴某工业陶企业其刚玉瓷配方有氧化铝95%，苏州高岭土2%，海城滑石3%。

化学组成法。根据化学成分分析结果，用各种氧化物的质量百分数反映配方的成分。如滑石瓷配方有$SiO_2$62.1%、CaO0.25%、$Al_2O_3$5.32%、MgO29.04%、$TiO_2$0.08%、KNaO0.12%、$Fe_2O_3$0.08%、ZnO3.35%。

实验公式法。用分子式（实验公式）表示配方组成，有时加入一些改进物质，其数量用质量百分数或多少摩尔表示。如低压电配方有$Pb(Zr_{0.53}Ti_{0.47})O_3$。

【球磨机】

球磨机是主要的原料处理设备，20世纪60年代，宜兴工业陶原料已启用球磨

球磨机

球磨机

粉碎设备。发展至今，主要有滚筒式球磨机、搅拌球磨机等。

滚筒式球磨是宜兴工业陶企业广为使用的球磨方式，滚筒式球磨机的结构由筒体、主轴承、轴承座、机架组成，由电机和传动减速装置组成。1975年，宜兴陶瓷机械厂大量生产多种规格的球磨机，普遍应用于宜兴工业陶生产企业。

搅拌球磨机也称矿磨机，采用了较为先进的粉磨方法，研磨时间短、效率高，效率是滚筒式球磨的10倍。物料的分散性好，微米级颗粒粒度分布非常均匀。部分企业使用。

【泥浆泵、压滤机】

泥浆泵为原料加工中输送泥浆的专用设备，压滤机为原料加工中的脱水设备，二者为前后道工序。1980年，宜兴陶瓷机械厂、宜兴非金属化工机械厂联合试制

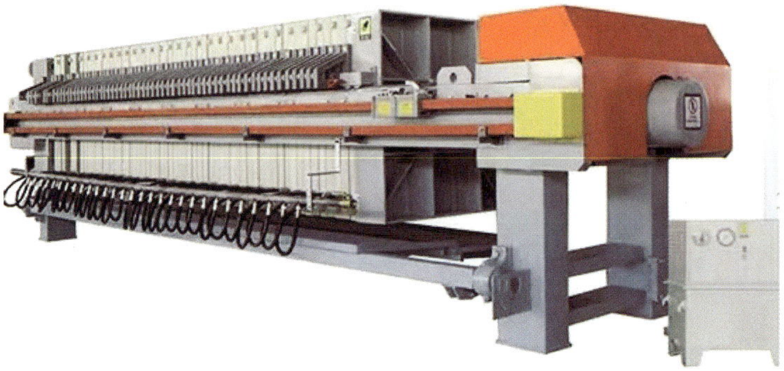

压滤机

DGB—2.5型单缸泥浆泵获得成功。翌年，宜兴陶瓷机械厂设计并制成TJB5/25型陶瓷柱式泥浆泵，泥浆压力加大，满足了低水分原料处理要求。1982年，宜兴陶瓷机械厂改进压滤机，制成铝合金材质铝板，该机经宜兴非金属化工机械厂练泥车间使用，具有牢固、防水、耐腐、铁质不易渗入泥料、滤布不易磨损等特点。

【设备应用】

球磨机、泥浆泵、压滤机为现代原料处理的主要设备。在原料制品的过程中，各个环节要有众多不同的细分设备，以宜兴非金属化工机械厂有限公司原料处理流程为例：

原料粉碎设备：颚式破碎机、干轮碾机、水轮碾机、雷蒙机、机械粉碎机、磨粉机。

制浆设备：陶泥机、球磨机。

脱水设备：泥浆泵、压滤机。

原料加工处理及分级设备：振动筛、旋振筛、三元旋振筛、气旋筛、立式气流筛、卧式气流筛、气流分级机、解聚机、除铁机、立式搅拌机。

原料混合设备：三维混料机、高速泥料机、混合机、提合机、球磨机、搅拌机、泥浆搅拌机、混合机（强力拌合机、捏合机、高速拌合机、原料粉料配料系统、液体原料配料系统、全自动小料配料系统）。

泥料练泥制备：练泥机、不锈钢练泥机、真空练泥过滤机、捏合练泥机、真空精炼机。

耐火定形产品配料生产线（全自动）

耐火不定形产品配料下料口

定形产品配料上料装置

耐火定形产品自动配料（混炼设备）

练泥机

第三章 成型与干燥

宜兴工业陶制品的成型指的是通过不同的方法将坯料制成具有一定形状和尺寸的坯件。宜兴工业陶成型手法源于宜兴陶瓷传统工艺，其后随着材质的拓展、提升和现代科技进步的特殊要求，机械化、智能化程度越来越高，其成型工艺及设备达到了国内先进水平。宜兴工业陶的成型方法主要有手工成型、注浆成型、滚压成型、挤压成型、模压成型及其他成型。

第一节　手工成型

宜兴工业陶起初的成型工艺方法主要是手工成型，随着现代技术的进步，手工成型逐步被淘汰，仅有少量传统产品仍使用此成型方法。

宜兴工业陶手工成型延续了宜兴窑场传统的“片子镶接法”，即将泥料捶打成与所制坯体厚薄适当的泥片进行镶接，或把泥条围在奎头（模具）镶接。1950年，宜兴陶业试验工场的贺阿初首创“凹凸镶接法”，即将产品的两个接口处制成凹凸状，镶接后坯体平整无缝，且质量得到了提高。手工成型目前在生产中很少使用，如耐酸四口坛的四个小口部位仍需用手工粘接完成。

挡坯成型，是继宜兴工业陶手工成型后较早出现的一种手工加模具的成型方法，将打好的泥片放在已经定制好的模型中进行印挡。1937年，汪秋生、杨根生等窑户，沿用传统的手工印坯和粘接方式，制作砂滤器、方盆等产品。其时，葛沐春工场采用挡坯方法制成双口坛、四口坛、弯管、多孔板、凹槽等异形的化工陶器具。至今仍有少量的工艺简单的大中件产品使用手工成型。

第二节　注浆成型

注浆成型，是利用多孔模型的吸水性将泥浆注入其中而成型的方法。注浆成型适应性强，能满足不同形状、不同尺寸的制品成型，是宜兴工业陶企业在发展过程中广为使用的一种成型方法。

注浆成型方法最早出现在民国时期的宜兴窑场，主要生产一些异形化工陶器具，其模具所用的石膏主要来源于上海。随着产品的不断发展，根据不同的产品要求，先后出现空心注浆和实心注浆两种方法。注浆成型是工业陶成型的主要方法，一直持续到20世纪70年代末。其后随着工艺技术的改革创新，先后出现了压力注浆、热压注浆、离心注浆、真空注浆等。

压力注浆，指采用加大泥浆泵压力的方法来加速水分扩散，从而加快吸浆速度。如压力注浆中的压力锅型设备，主要生产泵壳、泵盖、叶轮、考克、鲍尔环、机械密封、球石、陶瓷柱塞、刚玉、刮刀、球阀、喷嘴、坩埚、石英陶瓷辊棒等。

热压注浆，指将含蜡料浆置于热压铸机盛浆桶内，加热至熔化成流动性的料浆，用压缩空气将桶内的料浆压铸入金属模腔成型。20世纪70年代，宜兴青瓷厂用此成型方法生产汽灯用泥龙头。

离心注浆，指将泥浆注入旋转的石膏模中，在离心力的作用下，使泥浆紧靠模壁，脱水后形成坯体。

真空注浆，也称减压注浆，指将模型置于金属容器中，用抽气设备抽掉模型外部的空气，以减少模型外部和模型件孔中的压力，加速泥浆中水分的扩散，使坯件致密。

第三节　滚压成型

滚压成型，是盛放着泥料的石膏模型和滚头分别绕自己的轴线以一定的速度同方向旋转，滚头在旋转的同时逐渐靠近石膏模型，对泥料进行成型的方法。

滚压成型源于旋压成型。宜兴工业陶生产很早就出现手镟铲成型，主要用于低压电瓷的瓷件生产，后逐步发展成为旋压成型。此成型方法是按不同形状的产品的模型制成相应的型刀。成型时，将定量的坯泥投入石膏模中，将石膏模置于模座中，使之旋转，然后将型刀置于泥料上面，由模中逐步向模壁靠拢成型。20世纪70年代初，宜兴青瓷厂生产的晋江坩埚产品就用此法成型。其后出现滚压成型，型刀是由工程塑料制成的圆形滚刀，并与模相向转动，转速加快一倍，受面大，后逐步推广。

不定形耐火材料生产线

压机

1000t大压机

第四节　挤压成型

挤压成型，指将真空炼制的泥料置于挤制机（挤坯机）内，只需更换挤制机的机嘴，就能挤出各种形状的坯体，是宜兴工业陶企业广为使用的一种成型方法，适用于蜂窝状、筛格式穿孔瓷筒，还可挤制电阻基片、管式电容、线圈滑架等电子陶瓷。宜兴非金属化工机械厂有限公司于20世纪80年代就使用此类成型设备生产蜂窝陶瓷。在工业陶企业中，主要使用液压挤出成型机（竖式、间歇式）、卧式或竖式连续挤出成型机、真空挤出机、卧式单层高压挤出机、横轴挤出机、高真空挤出机、立式真空开管机、真空开片机等，主要生产蜂窝陶、平板模、过滤管、瓷辊等产品。

耐火定形产品成型生产线

耐火定形产品2100t全自动液压成型机

耐火定形产品400t成型压力机

第五节　模压成型

模压成型（或称干压成型）是将经过造粒、流动性好、假果粒级配合适的粉料装入模具内，通过施加外压力，使粉料压制成一定形状的坯体的方法。

20世纪50年代末，丁蜀镇耐火器件合作工厂（后为宜兴丁山耐火器材厂）生产耐火砖，用硬木制成砖模，将湿粉料置入模中，用硬木大锤不断敲打加压成型。70年代以后，机械化水平提高，出现了轮式压机，增加了产品强度，提高了劳动生产力和产品质量，但压机吨位不高。90年代以后，开始使用液压成型机，耐火材料生产企业使用较为普遍。目前，宜兴工业陶企业用液压机按其结构特征可分为单臂式、柱式和框架式，以柱式液压机用途最广，常用的为两柱式和四柱式。如宜兴市君耀科技集团有限公司拥有100t、200t、300t、400t、500t、630t、1250t摩擦压力机，1250t和2500t自动液压机。

第六节 其他成型

【等静压成型】

等静压成型又称静水压成型，它是利用液体介质的不可压缩性和均匀传递压力性的一种成型方法。等静压成型又分为湿式等静压和干式等静压两种。湿式等静压成型是将配好的配料装入塑料或橡胶做成的弹性模具内，密封后，注入高压液体介质，压力传递至弹性模具对坯料加压而成型。干式等静压成型的模具并不都是处于液体中的，而是半固定式的，坯料的添加与坯件的取出都是在干燥状态下操作的。此工艺适用于电瓷、电子陶瓷、高温陶瓷、特种陶瓷，不但可以生产中小型产品，如火花塞、坩埚等，也可生产大型耐火砖、大型绝缘产品。江苏省陶瓷研究所有限公司的两台等静压成型机主要生产大规格工业陶瓷制品。宜兴非金属化工机械厂有限公司冷等静压机主要生产高温陶瓷膜过滤管。江苏金石研磨有限公司其有关微珠亦采用等静压成型工艺。

【流延成型】

流延成型又称带式浇注法、刮刀法，是一种目前比较成熟的、能获得质量较高的超薄型瓷片的成型方法，应用于独石电容器瓷片、厚膜和厚膜电路基片等产品的生产。流延成型技术在宜兴工业陶生产中的应用，给电子元件的微型化及大规模集成电路的实现提供了广阔的前景。

【注射成型】

注射成型是将瓷粉和有机黏结剂混合后，经注射机，在130—300℃温度下将泥料注射到金属模腔内，待冷却后，黏结剂固化而成型的方法。适用于陶瓷汽轮机部件（动叶片、静叶片、燃烧器等）、汽车塞件、柴油机零件等。

【可塑性成型】

可塑性成型，又称塑性成型，是用练泥状态的坯泥，即用具有用于捏练的湿坯泥成型的方法，坯泥水分大约在15%—25%之间。

【轧膜成型】

轧膜成型是将准备好的陶瓷材料，拌以一定量的有机黏结剂和溶剂，通过粗轧和精轧成膜片后再进行冲片成型的方法，工艺简单，膜片厚度均匀，适合1mm以下薄片产品。

耐火不定形浇注料自动生产线

耐火定形产品630t压力机

第七节　干燥技术

干燥是借助热能使坯件中的水分汽化，并由干燥介质带走的过程。

宜兴工业陶初创期，其干燥基本上是自然干燥，依赖太阳热能，靠天吃饭。20世纪50年代，已出现煤烧地坑烘房，使坯件干燥，免受气候影响，其干燥周期缩短，坯体开裂减少，但占用厂房面积大，劳动强度大、能耗大。60年代后，随着大中型工业陶企业使用隧道窑，开始利用隧道窑余热干燥中小件产品，其间出现了链式干燥代替箱式烘房，成型和干燥形成流水作业，缩短了干燥周期。

20世纪90年代以后，随着窑炉的升级换代、隧道窑逐步减少、新型窑炉的出现和使用，大部分企业采用新的干燥设备，如江苏省陶瓷研究所有限公司等企业应用喷雾干燥，宜兴非金属化工机械厂有限公司等企业应用微波干燥线，微波频率高，产品的热量大。同时有蜂窝陶微波定型炉、保湿烘房、强制干燥燃气烘房、电烘箱等适应不同产品的干燥设备。宜兴王子制陶有限公司、江苏金石研磨有限公司使用成套干燥设备，江苏国豪耐火科技有限公司等企业应用自动烘干抽湿设备。先进干燥技术和设备，针对不同的产品，其干燥周期易于控制，保证了半成品的质量。

干燥和排塑是工业陶产品烧成前的两个重要过程，宜兴工业陶原料多为瘠性原料，成型时多采用有机塑化剂或黏合剂。如热压成型坯件含石蜡，轧膜成型后坯件中含有聚工烯醇等，会导致产品在锻炼过程中出现开裂、变形等缺陷，因此，工业陶企业在干燥环节后，针对不同的产品，均建有严格的温度控制制度。

第四章

烧成与加工

在陶瓷生产的过程中，烧成是至关重要的工序之一。传统陶瓷工艺的烧成随着现代科技的进步，烧成装备不断提升，但烧成制度没有大的变化。随着新材料的应用和新领域的开辟，特别是近20年来，宜兴工业陶在烧成制度、烧成方法等方面有了重大的突破。同时，传统陶瓷出窑即成为成品，而宜兴工业陶越来越多的制品需要经过多种形式的加工才能成为成品。

至2020年，宜兴工业陶生产已经形成了一整套适应各类制品的先进的烧成制度，烧成设备通过改造和引进，达到了国内先进水平，制品的后续加工通过切、割、削、研、磨、钻工艺以及激光、化学、电子等新技术，促进了产品的提档升级。

第一节　烧成演变

1919年，宜兴工业陶初创，其时，化工陶、泥龙头制品在龙窑烧制，燃料以松柴为主，其烧成过程分为预热、烧成、冷却三个阶段，烧成温度在1000℃以上，窑工目测窑内火色以及坯件变化，凭经验控制火候和烧成时间。1932年，宜兴建成省内第一条10m^3倒焰窑，开始使用抚顺煤炭作为燃料，烧成温度明显提高，达到1000—1200℃。20世纪50年代，工业陶企业使用小型电炉用于产品试制烧成。1965年，江苏省轻化工业厅、南京化工学院、宜兴陶瓷公司、宜兴陶瓷研究所联合在宜兴设计建造煤烧隧道窑，其后在工业陶企业广泛使用，该窑炉具有产量大、能耗省、劳动生产率高的优点，是一种较先进的连续化生产窑炉。1966年，宜兴陶瓷研究所设计并建造长18米的四孔推板窑。20世纪70年代开始，隧道窑全面进行煤改重油改造，并实现烧成自动控制，烧成气氛稳定控制，烧成质量提高。1986年，宜兴火花塞厂建成16.08米长的多功能高温步进窑。该窑釉烧温度1250℃，煅烧温度1470℃，最高温度1730℃，其“一窑三温”同时烧成，获得国家专利。2000年开始，先后出现了梭式窑、辊道窑以及各种新型窑炉。2010年，各种窑炉全面使用煤气烧成，烧成稳定性增加，发热量大，满足了各种工业陶产品的烧结要求，部分梭式窑仍使用电进行窑炉烧造。

至2020年，宜兴工业陶企业主要使用常压烧结、热压烧结、热等静压烧结、气压烧结、真空烧结等方法。

【常压烧结】

常压烧结又称为普通烧结，指在烧成过程中，烧结产品无外加压力，只在常压下，即自然大气条件下，将产品置于可加热的窑炉中，在热能作用下完成产品烧成。这也是宜兴陶瓷长期以来的烧成方法，宜兴工业陶企业大部分窑炉及大宗产品均使用此烧成方法。

【热压烧结】

热压烧结是在高温下加压促使坯件烧结的方法，也是坯件成型和加热烧成同时进行的工艺，是提高陶瓷材料性能以及研制新型陶瓷材料的一个重要途径，在宜兴工业陶企业高温材料制品烧成过程中得到了较为普遍的使用，如宜兴市九荣特种陶瓷有限公司等企业就使用此种烧成方法。

【热等静压烧结】

热等静压烧结是将粉末压坯放入变压容器中，使粉料经受高温后均衡压力的作用，被烧结成致密件，其烧成强化了压制和烧结过程，降低烧成温度，消除空隙，可获得高的密度、强度。热等静压设备由气体压缩系统、带加热炉的高压容器、电气控制系统和粉料容器组成。

【气压烧结】

高温气压烧结是最近20年来应用于工业陶领域的新的烧成方法，其工作温度达2000℃以上，气压10MPa。气压烧结炉由加热系统、真空系统、充气及气压控制系统、电气控制系统组成。此烧成方法有利于增加材料的烧结密度，提高材料的机械性能，适用于氮化硅陶瓷、陶瓷刀具的烧成。如宜兴市华井科技有限公司的氮化硅管类产品就是采用气压烧结而成的。

【真空烧结】

真空烧结是一种坯件在真空条件下的烧结方法，采用专门的烧结设备和粉末冶金技术，是一种隔氧的烧结过程。真空烧结炉是指在真空环境下对被加热的坯件进行保护性烧结的炉子，其加热方式有电阻加热、感应加热、微波加热等。

第二节　主要窑炉

【倒焰窑】

倒焰窑是现代陶瓷发展过程中，应用范围广、应用时间长、适应性强的主要窑炉，也是伴随宜兴工业陶成长的关键性窑炉。

倒焰窑是一种间歇式的窑炉，其名称是因火焰流动情况而来的，主要有矩形和圆形制式。烧料最初使用煤炭，后逐步使用重油和天然气。倒焰窑对制品的加热比较充分、均匀，烧成温度1200—1300℃，满足了早期宜兴工业陶产品的生产和发展要求。早在1932年，潜洛的张兰舟、张金良兄弟俩得美商“勒勃氏瓷器公司”的图纸，建成倒焰窑，主要用于烧造三脚泥龙头。由于倒焰窑结构简单，设备费用低，适合小规模生产，后逐步在工业陶企业中普遍使用。1970年，宜兴半导体厂（现宜兴电子器件总厂）建成高温倒焰窑。20世纪80年代，宜兴非金属化工机械厂有100m^2倒焰窑1座，宜兴丁山耐火器材厂有100m^2倒焰窑2座、20m^2倒焰窑1座，宜兴工业陶瓷厂有100m^2倒焰窑3座，宜兴建新陶瓷厂、宜兴胜利陶瓷厂等日用陶企

倒焰窑

倒焰窑内部

窑炉一角

业拥有5m^2、10m^2、25m^2、30m^2、40m^2等不同容量的倒焰窑小批量烧造工业陶和耐火材料。

【隧道窑】

隧道窑是继倒焰窑后逐步发展的现代化连续烧成陶瓷产品的热工设备，是由耐火材料、保温材料和建筑材料砌筑而成的在内装有窑车等运载工具的隧道。窑体分为预热带、烧成带、冷却带，连续循环烧成，至今仍被规模企业使用。

1965年，江苏省轻化工业厅、南京化工学院、宜兴陶瓷公司和宜兴陶瓷研究所等单位联合设计，在西庄陶业生产合作社（后宜兴均陶工艺厂）建造了宜兴第一条隧道窑（长85米），用于日用陶瓷生产。

20世纪70年代，宜兴非金属化工机械厂、宜兴丁山耐火器材厂等企业先后建造隧道窑烧造工业陶瓷。由于隧道窑属连续式窑炉，适用于大规模生产，在一段时间内，一些小型工业陶企业并未使用。20世纪80年代末，宜兴丁山耐火器材厂拥有50米隧道窑2座，宜兴非金属化工机械厂有104.34米隧道窑1座。其后，随着一些生产大件工业陶企业的出现和企业规模的扩大，隧道窑数量逐渐增多。至2020年，全市工业陶生产企业共有隧道窑上百座。

【辊道窑】

辊道窑是以转动的辊棒作为坯体运载工具的隧道窑，用许多平行排列转动的辊棒组成道来代替窑车。对于工业陶企业，使用辊道窑一般能实现全自动的生产。与隧道窑相比，辊道窑没有吸热量很大的窑车和重质的耐火材料，所以其烧成周期更短，能量消耗更低。

【推板窑】

推板窑，是以耐火材料制成推板放在窑底上作运输工具，制品放在彼此相连的推板上，由推进机推入窑内，分2孔、4孔、6孔、9孔等多种类型，多为隔焰，截面较小，烧成温差也小，适合高温快烧。

108米高温隧道窑

梭式窑

【梭式窑】

梭式窑是一种窑车式的倒焰窑，其结构与传统的矩形倒焰窑基本相同，由窑室和窑车两大部分组成。坯件放在窑车棚架上，推进室内烧成，在烧成并冷却之后，将窑车和制品拉出窑室外卸车。

梭式窑对烧成制品适应性强，能适应不同尺寸、形状和材质制品的烧成。它既可用作生产的主要烧成设备，特别适应小批量、多品种的生产，满足市场多样化的要求，又可作为辅助烧成设备，是工业陶企业不可缺少的烧成设备。

第三节　产品加工

宜兴工业陶自近代起始发展到当代，随着高新陶瓷材料的不断涌现，现代高科技产业对陶瓷材料的加工提出了越来越高的要求，特别是在航天航空、化工机械、陶瓷发动机、生物陶瓷、超大规模集成电路等领域，如机械强度、平整光洁的表面、精确的几何尺寸等。经过多年来的发展，宜兴工业陶制品烧结后的精加工，已经成为制造技术中不可缺少的重要环节。

宜兴工业陶的加工类型主要有磨削加工、切削加工、研磨加工、抛光加工、切割和打孔加工等。

【磨削加工】

磨削加工，是用高硬度磨粒、磨具来除去产品上多余材料的方法。宜兴工业陶产品在磨削过程中，大致经历弹性变形阶段、刻削阶段和切削加工，磨削加工一般选用金刚石砂轮，而磨料的选择、粒度的标准，依据精度和粗磨的要求而不同，主要设备有外圆磨床、内圆磨床、珩磨机床、平面磨床等。精细工业陶产品需经过磨削加工环节，如对蜂窝陶生产企业来说，磨削是必要的工艺环节。

【切削加工】

切削加工一般用于材料硬度高、脆性大的工程陶瓷，宜兴工业陶企业一般选择切削性能优良的新型切削刀具，如各种超硬高速钢、涂层硬质合金、金刚石和超硬陶瓷材料等。陶瓷泵配料、陶瓷膜过滤管等产品均经过切削加工。

【研磨加工】

研磨加工是介于脆性破坏与弹性去除之间的一种精密加工方法，主要有湿研

1700℃2孔高温推板窑（烧结砖用）耐火产品进窑口

耐火定形产品烧结后出窑口

机床、干研机床、外圆磨床等。有的企业根据不同的情况自制研磨机或配有专业的研磨设备，如宜兴非金属化工机械厂有限公司配有专门的阀门研磨机从事陶瓷阀门、考克等产品的研磨。

【抛光加工】

抛光加工，使用微细磨粒弹塑性的抛光机对产品表面进行摩擦，使产品表面产生塑性流动，生成细微的切屑。主要用于硅芯片、集成电路基板、精密机电零件等。

【切割与打孔】

大部分采用金刚砂轮进行切割，用切割机完成，如耐火制品、窑具、陶瓷平板膜、陶瓷条梁、陶瓷管壳及蜂窝陶载体产品。许多工业陶企业使用双端面切割机、数控自动化双端面切割机、圆盘式切割机、带锯切割机，用于精细工业陶产品的切割。对于直径在一定范围内的孔，广泛采用金刚石钻头（空心钻）进行圆孔钻打。对于陶瓷过滤板类产品的安装和打孔，配备钻床和专用磨床施工。而封孔压机、堵孔机、植皮机的应用则是为了完成蜂窝陶瓷载机产品的封孔和外圆的植皮。

第五章 宜兴工业陶主要产品

宜兴工业陶产品初创时以化工陶和低压电瓷为主，自1945年以后逐步发展耐火陶、纺织瓷。至20世纪90年代，形成化工陶瓷、电工陶瓷、纺织陶瓷、电子陶瓷和耐火材料五大门类。2000年以后，随着宜兴工业陶技术的进步、材质的升级以及应用领域的拓展，产品种类数以万计，许多产品交替使用于不同行业和领域，以传统分类，难以涵盖，而且企业众多，难以一一表述，故本章设立早期工业陶产品、结构陶瓷、功能陶瓷、耐火材料四节，以主要企业的主要产品为主线，以点带面，兼顾历史产品，突出当今重点产品。

第一节　早期工业陶产品

宜兴陶业生产工业陶产品与上海有着很大的关系，作为数千年陶瓷传承地的宜兴和新兴工业日益兴起的上海合作研制新型材质的陶瓷新品，相辅相成，逐渐发展壮大。

宜兴早期工业陶产品主要采用当地原料，虽然材质粗糙，且技术含量不高，应用范围不广，但是基本能适应当时工业领域的要求。早期的工业陶主要产品有化工陶、低压电器、泥龙头以及灭弧罩等。

【化工陶】

宜兴早期的化工陶，主要功能是耐酸、耐温，为上海的一些化工生产企业提供坛、管、砖。

1928年，宜兴丁山窑户葛沐春雇用顾浩元、郭佩勋等人试制化工陶瓷面砖、管道，至1932年初步完成适应龙窑烧成的原料配方试验，并能按用户提供的图纸制作泥坯，开始运用垫头、撑头解决烧成变形问题。先后制成面砖、干燥塔、储酸坛、6英寸管道、花露水吊锅、真空过滤器等10多种产品，供应上海天原、天厨、五洲、天星、信谊、中美等化工、味精、制药工厂。1933—1935年，上海兴办化工陶瓷专业工厂，至江苏宜兴招聘制坯工、窑务工，而当地窑户则由于主要技术工人

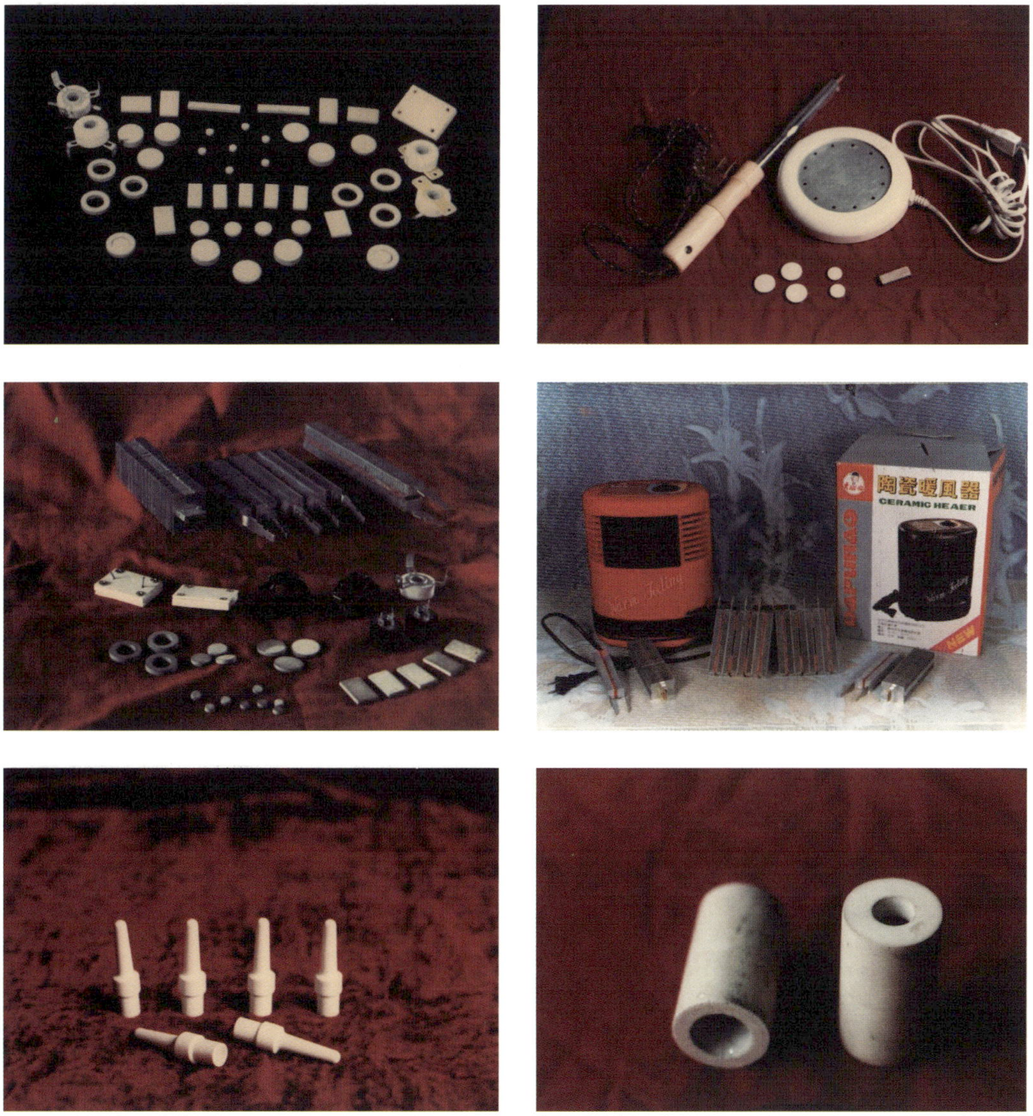

工业陶老产品①

流失、生产设备简陋，缺乏竞争能力，化工陶瓷器生产陷于停顿。1936—1946年，使用化工陶瓷器的行业逐渐增多，市场货源奇缺。宜兴几家窑户陆续恢复化工陶瓷器生产。葛沐春工场运用石膏模型制作技术和注浆工艺，先后制成双口坛、四口坛、180度弯管、多孔板、凹槽、船盆等异型化工陶瓷器。汪秋生、杨根生等窑户也开始生产砂滤器、方盆等产品。这几家窑户沿用传统的手工印坯和粘接方法制作，只能维持小批量生产。1947—1949年，因原料、燃料价格飞涨，窑户经济竭拙，化工陶瓷器生产中断。

1951年8月，宜兴陶业产销联合营业处拨出资金6000元设立实验工场，招收职工51人，主要生产真空过滤器、储酸方缸、管道、旋塞等化工陶瓷器，分别供应东北、湖南、广东等地。其时，实验工场采用无锡白泥、黄泥和宜兴本地原料，优选配方，解决了大件产品在倒焰窑内装烧变形等问题，产品开始向大型、异型、特型发展。1957年1月，化学工业部决定投资，将上海天原化工厂化学陶器车间迁往宜兴丁山扩建成厂，定名地方国营宜兴化工陶瓷厂。翌年5月，第一期工程竣工投产。10月，轻工业部、南京化学工业公司也分别在宜兴丁山投资筹建宜兴陶瓷机械厂和南京化学工业公司陶瓷厂，专业生产化工陶瓷器。

1960—1962年，宜兴陶瓷机械厂易名宜兴工业陶瓷厂，并开始部分生产日用精陶。1963年，轻工业部投资30万元在宜兴化工陶瓷厂试制耐酸耐温砖，并筹建专业生产车间。轻工业部工程师刘秉诚为该砖的用料、配方、颗粒结构以及原料可塑性的提高、烧成气孔率的掌握提出了具体方案和理论根据，生产厂方通过进行配料和泥浆蒸煮试验、干燥和烧成试验，测定了各种数据，烧出了第一批样砖。顾汉彬、徐粹章、陈潜为了优选配方，又进行一系列试验和测定，终于从M系列配方中选定性能最佳的M8-2配方。1964年4月，耐酸耐温砖投产，年生产能力500吨左右，基本满足国内各大造纸厂的需求。经天津造纸厂等单位试用测定，江苏宜兴产YC—1型耐酸耐温砖的耐酸、耐磨、抗渗透及冷热急变性能优于世界王牌砖——瑞典享格纳斯砖，用它搪砌的150—200立方米纸浆蒸煮锅，使用寿命可从6年延长到12年。1965年，江苏省宜兴陶瓷工业学校建立实习工场，职工有10多人，主要生产容器、管道、塔等产品。1966—1968年，受“文化大革命”的影响，工厂处于半停产状态，化工陶瓷器年产量比1965年减少45%。1969年，宜兴化工陶瓷厂开始采用塑料、玻璃钢等非金属材料零部件，以改善化工陶瓷泵机产品的性能，提高质量，遂更名为江苏省宜兴非金属化工机械厂。

【低压电瓷】

电瓷又称电工陶瓷，是主要由黏土、长石、石英或铝氧原料等铝硅酸原料混合配料，经过加工成型在较高温度下烧成的无机绝缘材料及电力器件。按使用工频交流额定电压分为：低压电瓷（1kV以下）、高压电瓷（1kV以上）和超高压电瓷（500kV以上）。宜兴早期低压电瓷主要品种有电炉板、电炉盘、瓷夹板、瓷插座、先令葫芦等。

1936年，宜兴窑户崔鹤鸣与上海富商万国安合股在宜兴兰右东山渚砌造窑炉1座、草屋30余间，办起了江苏省第一家低压电瓷厂，定名鹤鸣窑业厂。职工有200余人，大都是附近农村的妇女。厂方规定，工人可以带半成品回家加工，故长年在厂做工的只有50多人。该厂主要生产电炉板、电炉盘等，销往上海、南京等地。1937—1938年，鹤鸣窑业厂增加了瓷夹板、瓷插座、先令葫芦等产品，但因日军侵华、交通梗塞，销量甚微。

1953—1957年，溧阳衡德瓷品工场与宜兴东山渚鹤鸣窑业厂合并，建立公私合营鹤鸣陶瓷厂，职工计有190多人，主要生产电瓷先令、低压开关等，年产值15万元，年产量3952吨。宜兴鹤鸣陶瓷厂由国家投资50万元，在宜兴丁山建立新厂，更名宜兴耐火电瓷厂（后宜兴青瓷厂），主要从事泥龙头、电瓷、耐火材料生产。3年后，该厂转产瓷碗，并着手试制青瓷，电瓷生产停顿。

【泥龙头】

泥龙头是汽灯的配件。1918年前，泥龙头均由国外进口。1919年，潜洛窑户张兰舟经过反复试验，终于制成汽灯用三脚泥龙头，与垄断泥龙头市场的德商进行激烈的竞争，终以售价低廉而取胜。从此，泥龙头生产一直沿袭下来。1955年，泥龙头开始出口，出口量1.67万打，出口值6.72万元。1964年起，宜兴耐火电瓷厂（后宜兴青瓷厂）改进泥龙头生产工艺，采用液压机生产，使产品质量进一步提高，出口量逐年增加，到1965年，泥龙头的产量为22.9万打，出口量为20万打。1980年，泥龙头的产量已达53.2万打，出口量为34.6万打。是年，泥龙头产品分别获江苏省和中华人民共和国轻工业部授予的优质产品奖。1987年，泥龙头的产量为33万打，出口量为30万打，出口值30万元。是年，泥龙头再次被中华人民共和国轻工业部评为优质产品。1989年，产量完成39.67万打，产值完成38.68万元。1990年，完成产量

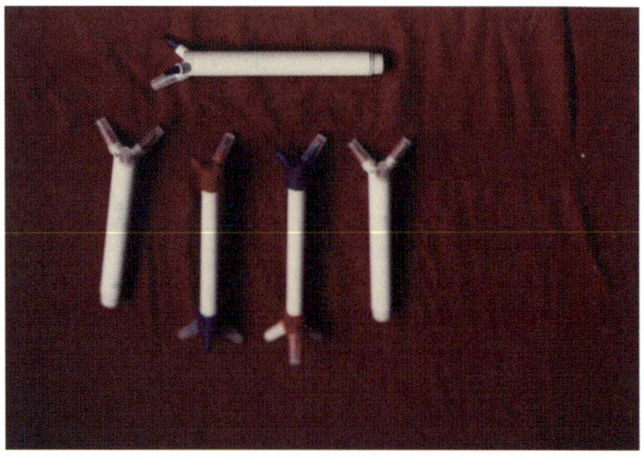

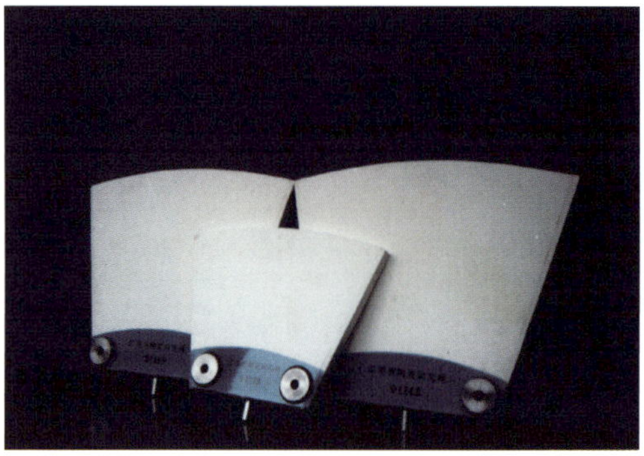
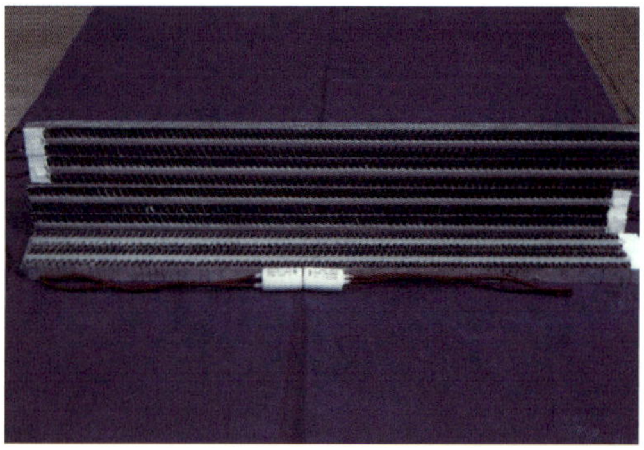
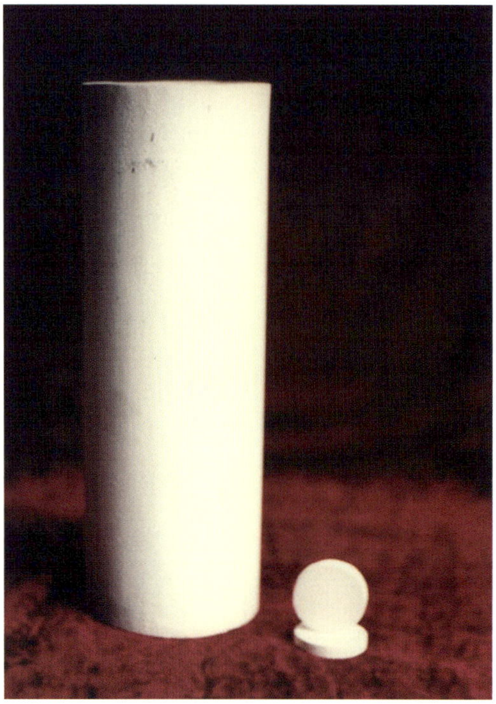

工业陶老产品②

39.8万打，产值完成43.99万元。目前，由于汽灯被新的照明器具替代，仅有少量特殊行业使用，三脚泥龙头在宜兴仅有少量家庭作坊生产。

泥龙头

【灭弧罩】

灭弧罩是电器开关的主要原件。1970年，大新陶瓷厂在上海电器陶瓷厂的支持下，成立工业陶车间（宜兴电器陶瓷厂的前身），开始生产灭弧罩。是年，灭弧罩产值为12万元，利润约6万元。1972年，灭弧罩系列产品试制成功。1980年，灭弧罩的产量为23.8万件，产值150.7万元，利润21.99万元。1983年4月，宜兴电器陶瓷研究所（厂）成立。到1987年，宜兴生产的灭弧罩已有60多个品种，产量97万件，占全国的1/5，产值320万元。1988年，产值372万元。由于产品质量稳定，宜兴电器陶瓷厂生产的灭弧罩在全国同行业质量评比中名列前茅，产品销往上海、四川、贵州、浙江等省市。

第二节　结构陶瓷

【陶瓷泵机】

陶瓷泵机是当代宜兴工业陶中较早出现的颇具技术含量的产品之一，以其耐酸、耐磨、耐高温的优质特性被广泛应用于石油、化工、化肥、制药、食品、造纸、农药、冶炼等工业中。

1963年，宜兴化工陶瓷厂完成HTB-3.2/20型机械密封陶瓷聚的设计，并基本完成机械密封结构的一系列试验，机械密封陶瓷泵定形并少量生产。1965—1966年，该陶瓷泵经锦西化工厂试用，并由中华人民共和国化学工业部组织鉴定，其结构紧密，运转平稳，动力消耗少，密封性能可靠，检修方便，被列入工厂通用标准设备。20世纪80年代，宜兴非金属化工机械厂对照SZ3型金属泵设计的水环式陶瓷真空泵进行改进，获得成功。1982年11月，江苏省化工机械研究所、宜兴非金属化工机械厂、镇江钛白粉厂联合进行美制气流粉碎机的改造工作。

1983年4月，试制工作完成，经过两次大生产的考验，该机粉碎的细度、白度、纯净度均达到国外同类产品指标。1985年，宜兴非金属化工机械厂采用工程陶瓷材质制成的GTB-10型气流粉碎机通过江苏省石油化工厅鉴定并投产使用。该机具有耐磨、耐腐、无金属离子污染等特点，粉碎的超细度可达5微米以下，为国内首创，受到化工、化肥、颜料、花粉、医药、食品等行业的重视。1996年5月，宜兴非金属化工机械厂与日本株式会社清新企业、日本共荣商事株式会社合资创办了宜兴清新粉体机械有限公司，年产4个系列27个规格的160台（套）超微气流粉碎机，可用于各种矿产品、氧化物、农药、医药、食品、橡胶、荧光粉、塑料填充物等物体的超微深加工。1999年5月，中日合资宜兴清新粉体机械有限公司引进日本新技术，开发超微高精度分级机、高精度加料机以及无污染颚式破碎机，基本形成气流粉碎机、分级机、副机各2个系列、20多个规格品种的产品结构，其设备分级细度达到10.1微米，产品销往全国20多个省区市，并出口至日本、泰国、马来西亚、伊朗等国。

至2020年，宜兴非金属化工机械厂有限公司泵机产品主要有五大类。

HTB型耐酸陶瓷泵是单吸单级离心泵，泵体和泵盖采用耐腐蚀、性能优良的耐酸陶瓷材料制造，外用铸铁铠装以资保护，叶轮材质为工程陶瓷或工程塑料，密封垫床材质为氟橡胶，轴封为机械密封或动力密封。该泵具有耐腐蚀性好、结构紧凑、轴封严密、不污染介质、安装维修方便、使用可靠等特点，适用于输送除氢氟酸和热浓碱液以外的不含硬质固体颗粒、不会快速凝固、对氟橡胶无腐蚀作用的各种腐蚀性介质，使用温度低于100℃（工程塑料叶轮的使用温度视材质和介质的不同而定），温差急变小于50℃。广泛应用于石油化工、化肥、制药、食品、造纸、农药、冶炼等工业中。

HTB-ZK型耐酸陶瓷砂浆泵是单吸单级离心泵，泵体和泵盖采用耐腐、耐磨性优良的耐酸陶瓷制造，外用铸铁铠装以资保护，叶轮材质主要为工程陶瓷。该泵具有耐腐蚀、耐磨损、维修方便、使用可靠等特点，适用于输送除氢氟酸和热浓碱液以外的含有悬浮固体颗粒的各种腐蚀性介质。使用温度低于100℃（工程塑料叶轮的使用温度视材质和介质的不同而定），温差急变小于50℃。广泛应用于矿山、冶炼、石油、化工、农药、染料等工业中。

HTB-水环式耐酸陶瓷真空泵，适用于抽送腐蚀性气体。泵内形成工作水环

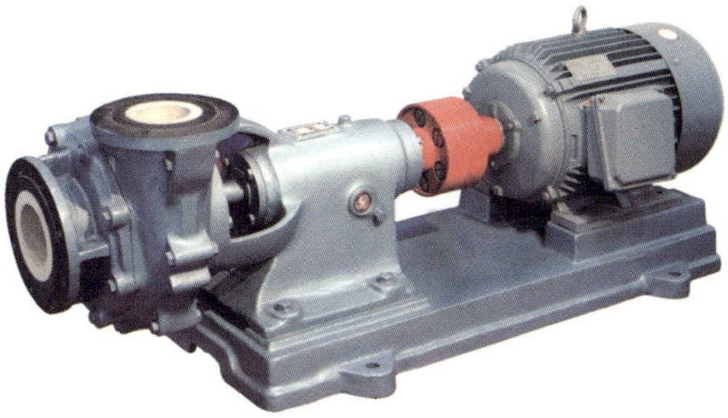

HTB-ZK型耐酸陶瓷砂浆泵

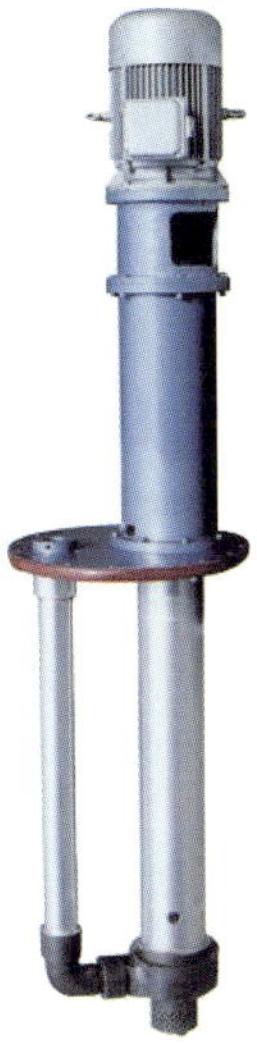

HTB-Y耐腐蚀耐磨工程塑料液下泵

的介质，可用不含悬浮颗粒的清水，也可用与被抽送的气体不起化学反应的各种不含悬浮颗粒或结晶的有机或无机酸液（氢氟酸与热浓碱除外）。水环式耐酸陶瓷真空泵是造纸、农药、化肥、有色冶金及化工等行业用作真空脱水、真空干燥、真空过滤和压送空气的理想产品。由于水环泵是等温压缩的，特别适用于抽送易燃易爆气体。

GTM型系列大型耐高温、耐磨陶瓷气流粉碎机是高硬度脆性物料，弹性、塑性物料，凝聚物料，纤维状物料，如金红石钛白粉、锆英石、氧化铝、氧化锆、滑石、高岭土、石墨、涂料、农药、化肥及花粉、食品原料等物料粉碎的理想设备。GTM型系列大型耐高温、耐磨陶瓷气流粉碎机，填补了国内空白，于2015年4月和12月分别在山东和广东两家钛业公司上线安装、调试成功，并一直在岗稳定运行。该机具有优质高产、高效低耗、经久耐用的优异性价比，其综合性能参数及耐磨性均优于国外同类产品指标，是广大钛白粉和其他微粉生产企业的首选设备。

HTG全自动陶瓷过滤机是集微孔陶瓷、机电、超声技术、自动化控制于一体的新型、高效、节能、环保、高科技的物料脱水设备，是江苏省“九五”重点攻关项目，通过了国家级技术鉴定，被列为国家创新基金项目和国家火炬计划项目，并被评为国家重点新产品。

【蜂窝陶】

蜂窝陶是一种结构似蜂窝形状的新型陶瓷产品。最早用于小型汽车尾气净化，后广泛应用在化工、电力、冶金、石油、电子电器、机械等工业中，发展前景相当可观。

1985年，江苏省科学技术委员会组织宜兴非金属化工机械厂等单位试制堇青石薄壁蜂窝陶载体，该载体为环保工业、化学工业、净化催化的方向性产品，结构独特，具备良好的抗热冲击性，但制作难度较高。翌年，宜兴非金属化工机械厂的鲍开壬在上海硅酸盐研究所转让技术的基础上，进一步解决原料配比、泥坯干燥等问题，找出了最佳烧成曲线，工程师金大石、章发华等完成了模具成型专用设备的设计和试制，使载体顺利投产。11月26日，该载体通过江苏省科学技术委员会鉴定。运用该载体制作的汽车净化消声器具有气体阻力小、几何面积大的特点。其CO最高净化率达到94.2%，HC最高净化率达到88.6%，噪音较原汽车消声器降低了5个分贝。其使用寿命大于5万公里，产品的综合性能达到国内先进水平。1989年10月，该载体参加了中国工业40年成就展览，国务院原总理李鹏对其赞不绝口。1990年9月，经过多年的创新和发展，该厂生产的蜂窝陶载体已有200孔/平方英寸、400孔/平方英寸、600孔/平方英寸三种规格，形成汽油机尾气净化器载体、柴油机碳烟颗粒过滤器、熔融金属铸造过滤片、工业废气净化器载体、蜂窝陶瓷蓄热体等五大系列，200多个品种，年产量计有400万升，成为国内生产规模最大、市场占有率领先、自营出口最多的蜂窝陶瓷生产出口基地。

至2020年，宜兴非金属化工机械厂有限公司生产的蜂窝陶主要有四大类。

国六标准汽油机尾气净化用超薄壁蜂窝陶瓷载体（TWC）。用于汽油车尾气后处理系统中，对汽油车排放的废气进行催化、净化，达到国六排放标准。

汽油机颗粒过滤用蜂窝陶瓷载体（GPF）。用于汽油车尾气后处理装置中，对汽油机排放的颗粒进行过滤，达到国六排放标准。

国六标准柴油机尾气净化用超薄壁蜂窝陶瓷载体（DOC、SCR）。用于柴油车尾气后处理装置中，对汽油车排放的废气进行催化、还原和净化，达到国六排放标准。

柴油机碳烟颗粒过滤用非对称蜂窝陶瓷载体（非对称DPF）。用于柴油车尾气后处理装置中，对柴油车排放的碳烟颗粒进行捕集过滤，达到国六或欧六排放

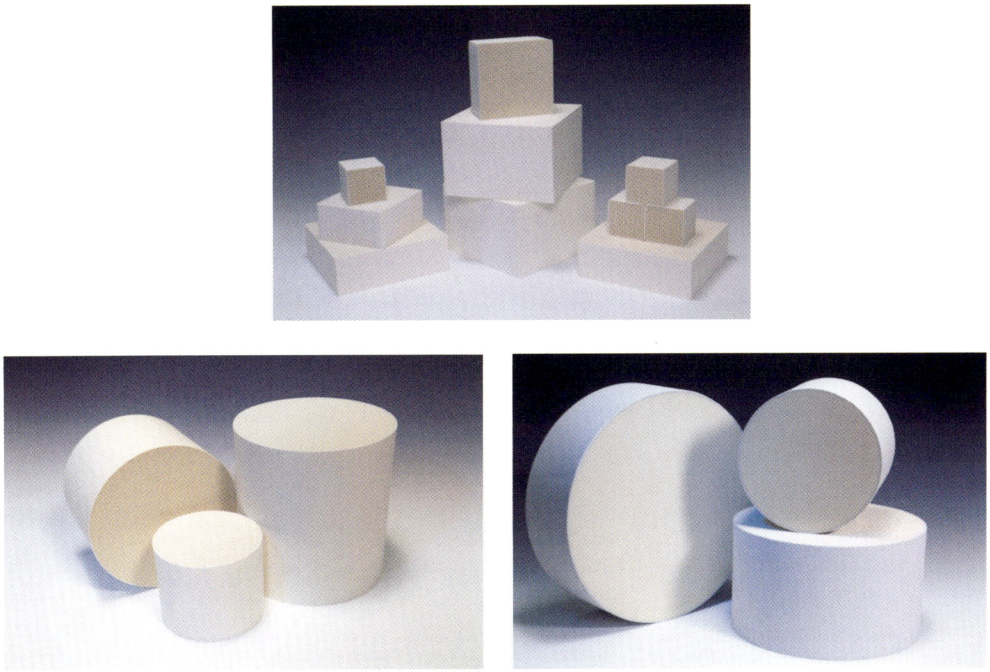

蜂窝陶瓷

标准。

其中国六标准柴油机尾气净化用超薄壁蜂窝陶瓷载体（DOC、SCR）和柴油机碳烟颗粒过滤用非对称蜂窝陶瓷载体（非对称DPF）被列入2019年度宜兴市科技成果转化项目。

宜兴王子制陶有限公司是蜂窝陶的主要生产企业，主要产品有堇青石汽油机颗粒过滤器、堇青石大规格蜂窝陶瓷载体和堇青石柴油机颗粒捕集器。

堇青石汽油机颗粒过滤器，2018年底开始小批量产，属国内首创，打破了进口产品的垄断地位，满足低背压、高过滤效率、高耐热冲击性能，应用于满足汽油机国六a、国六b排放标准的微型卡车、乘用车，在国产同类型产品中市场占有率处于领先地位，是最早批量配套OEM的国产品牌。

堇青石大规格蜂窝陶瓷载体，2012年开始批量生产，应用于满足柴油机国四、国五排放标准的后处理系统中。2019年，满足柴油机国六排放标准的大规格蜂窝陶瓷薄壁载体成功开发，具有低热膨胀系数、高耐热冲击、快速起燃的优异性能，目前已应用于满足柴油机国六排放标准的后处理系统。在国产同类型产品中市场占有率较高。

堇青石柴油机颗粒捕集器（非对称结构），能满足柴油机国六排放标准，2019年成功开发，具有低热膨胀系数、高耐热冲击、高积灰性能。于2020年开始小批量产，目前已应用于满足柴油机国六排放标准的后处理系统。在国产同类型产品中的市场占有率较高。

【纺织瓷件】

纺织瓷件是纺织工业生产中用于牵伸、定型、导丝及脱水设备中陶瓷制成的板、嘴、环、辊、轴及各种异形件。瓷辊在20世纪70年代前，都需从日本进口，价格近万美元，国务院十分重视这个问题。国务院原副总理谷牧批示把试制瓷辊的任务交给宜兴非金属化工机械厂。1974—1977年，瓷辊成型设备——θ360立式真空挤压成型机投入生产，其后攻克多项技术难关。1979年1月16日，为维伦长丝生产设备“YC20荃化机”配套的关键部件“YC201型瓷辊”运抵上海石油化工总厂涤纶厂安装试车。经1万小时运行，其耐腐、耐磨、耐热、受压等性能均符合工艺要求。翌年6月，“YC201型瓷辊”通过纺织工业部鉴定。

至2020年，宜兴全市纺织瓷件企业计有30余家，重点为国内纺织行业引进的高速纺织机、空气变形机、加捻机、气流纺织机、喷气织机和剑杆织机等设备配套生产近200种规格的瓷件，产品行销全国19个省区市，并部分出口。其中杜塞拉姆工程陶瓷有限公司、星光陶瓷有限公司、查林纺配瓷件厂、佳丰瓷件厂、兴峰瓷件厂主要生产氧化钛、氧化锆、氧化铝等导丝瓷件，产品计有六大门类，1000多个规格品种。江苏省陶瓷研究所成功研制的化纤精纺陶瓷摩擦片是涤纶牵伸加弹机上假捻器中的主要零件，也是决定涤纶丝最终质量的关键零件。它具有强度高、耐磨损、使用寿命长和白粉沉积最少等特点，适用于高速精纺涤纶粗旦丝。该产品经过淮阴涤纶长丝厂、上海石化总厂涤纶厂、上海合成纤维厂等单位使用，其主要性能和工艺指标基本达到德、法两国同类产品水平。

【陶瓷辊棒】

陶瓷辊棒是一细长的陶瓷圆筒，在该陶瓷圆筒筒壁上的两端各设有开孔。通过该开孔，结合金属片和陶瓷片，通过与轴承等配件结合，实现传动，主要应用于玻璃陶瓷中的辊道窑。

陶瓷辊棒在宜兴有许多工业陶企业生产，按其材质分类，主要有碳化硅质辊棒、高铝质辊棒和熔融石英质辊棒。

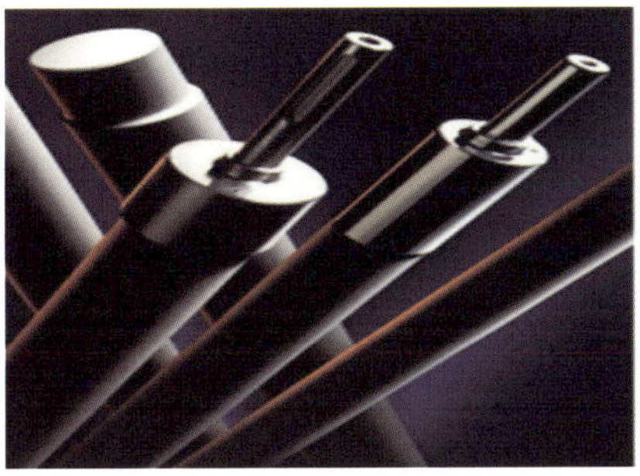
熔融石英辊棒

氧化铝辊棒

宜兴海登皇格精细陶瓷有限公司生产的熔融石英质辊棒，作为传输辊道广泛应用于安全钢化玻璃、PDP等行业。

【陶瓷微珠】

陶瓷微珠是当代发展起来的一种用途广泛、性能特殊的新型陶瓷材料，根据不同的产品类型，主要有研磨、隔热保温、填充功能。在宜兴工业陶中具有研磨、填充功能的陶瓷微珠研发领先，工艺成熟，发展势头较好。具有隔热保温功能的空心陶瓷微珠有所研发，但尚未形成大批量生产。

1992年，无锡市陶都锡阳实业公司研发陶瓷微珠获得成功，后经过不断的技术革新，陶瓷微珠品质不断提高，至2000年11月，无锡市陶都锡阳实业公司生产的0.4—6毫米陶瓷微珠，分别被国家科委、江苏省评为国家重点新产品和江苏省高新技术产品。该产品是非金属矿行业生产重质碳酸钙、高岭土、硅酸粉必须采用的一种磨介物，年产量3000—5000吨，其中出口2500吨，主要销往英国、美国、德国、瑞典、挪威、芬兰以及意大利等国。

低比重陶瓷珠系列

中比重锆铝复合珠系列

高比重氧化锆珠系列

高性能耐磨陶瓷微珠是江苏金石研磨有限公司获得国家重点新产品奖、江苏省高新技术产品奖、华东地区优秀科技产品奖的企业主导产品，并且通过了江苏省科委科技成果鉴定，还获得了国家科委设立的科技创新基金。江苏金石研磨有限公司建有江苏省超细研磨工程技术研究中心，拥有技术专利23项。产品远销东南亚、中亚、美洲、大洋洲、欧洲、中东等地，是世界500强企业美卓矿机等多家知名磨机生产商的指定装机供应商。

至2020年，江苏金石研磨有限公司拥有十大类高性能复合陶瓷微珠。

高性能复合陶瓷微珠K-280、K-290是针对高岭土研磨工艺和造纸涂布用碳酸

GKQS抗汽蚀离心泵

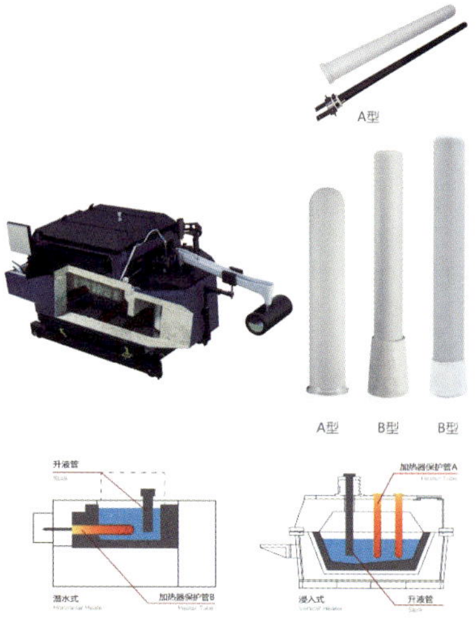

加热器保护管

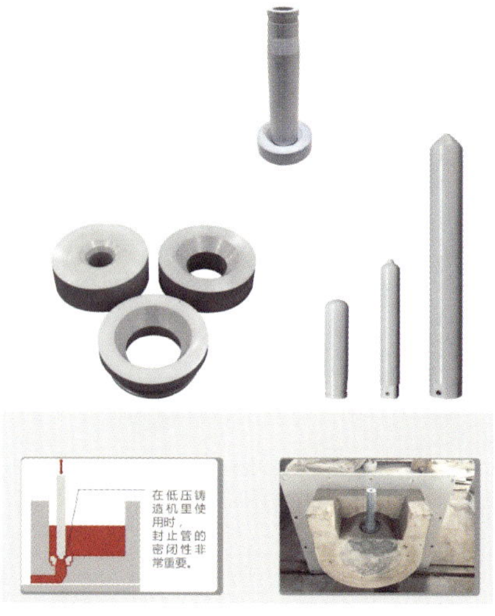

封止管

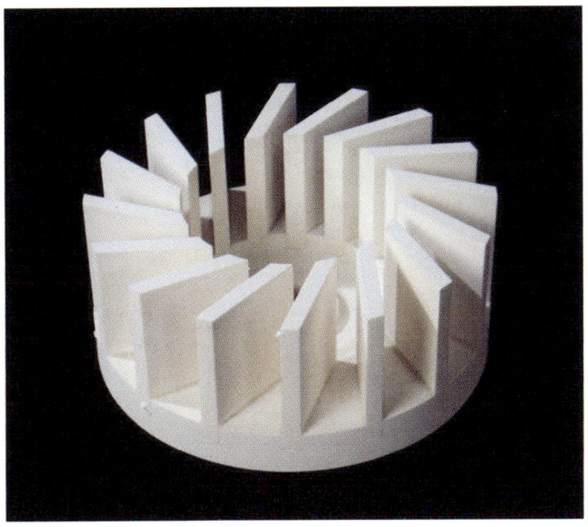

99瓷粉碎刀盘

硅酸锆

钙的特性而定制开发的超耐磨介质，其耐磨性较普通陶瓷微珠产品提升数倍，目前在国际造纸涂布用生产线上大范围使用。

高性能复合陶瓷微珠K-320N、K-380，复合锆珠系列K-320、K-400，是为高岭土及重钙研磨设计的研磨介质，其内部晶体结构优良，晶粒细密，无空心，耐磨性好，广泛应用于高速搅拌或砂磨机条件下矿物、颜料、油墨、涂料等超细研磨加工。

复合锆珠系列K-400T，是为高转速、高能量搅拌磨或砂磨机设计生产的。作为氧化锆增韧氧化铝产品，其高研磨效率和低磨损率有机组合，服务于不同行业的传统能源密集型企业。复合锆珠系列K-450，专业服务于具有苛刻研磨条件的高速精细或超细研磨机。

铈稳定氧化锆珠KC-600，是稀土稳定氧化锆研磨介质，适用于高速立式和卧式搅拌磨机，其产品在超细湿磨和高黏度物料分散中大范围使用。

钇稳定氧化锆珠KY-600，是根据高端客户对研磨介质的特殊需求开发的高比重、低磨耗、无污染的耐磨产品，适用于高转速、高浓度、高黏度的搅拌磨或砂磨机。

微晶耐磨氧化珠采用等静压成型工艺生产而成，具有硬度高、密度高、磨耗低、圆形度好、耐磨耐腐蚀等特点，适用于研磨陶瓷坯料、色釉料及各种矿粉加工。

石油支撑剂，亦称石油压裂支撑剂。在石油、天然气深井开采时，用石油支撑剂随同高压溶液进入地层充填在岩层裂隙中，起到支撑裂隙不因压力而闭合的作用，从而保持高导流能力，使油气通畅，产量增加。生产此类产品的工业陶企业较多。21世纪初，东方石油支撑剂有限公司开发的陶粒产品，被广泛应用于石油和天然气的开采，并替代了同类进口产品，该公司成为当时国内最大的陶粒生产企业，其产品一度覆盖全国80%的市场，占到国内50%的市场份额和全国50%的年出口量，被列入国家重点新产品和国家级火炬计划。

【氮化硅陶瓷】

氮化硅陶瓷，是一种烧结时不收缩的无机材料陶瓷，强度很高，尤其是热压氮化硅，是世界上最坚硬的物质之一，具有高强度、低密度、耐高温等性质。氮化硅产品在宜兴有众多的企业生产，宜兴市华井科技有限公司生产的氮化硅精密陶瓷规模大、品种全。氮化硅陶瓷主要有以下几类产品：

氮化硅热电偶保护管。氮化硅热电偶保护管热传导性能非常好，对温度变化反应迅速、灵敏度高，被广泛用作铝液等有色金属液体的测温保护。氮化硅具有高硬度、良好的冷热冲击能力，可以减少工人误操作造成的损坏。由于氮化硅具有良好的耐腐蚀性和抗氧化性能，它不会与铝液发生任何的反应，不会有异物溶解到铝液中，可协助生产出更高品质的铸件。

氮化硅加热器保护管。氮化硅加热器保护管采用浸渍式加热方式，热源位于铝液的中部，因此传热性能优异，相对于以往上部辐射式加热方式，可以极大减少电能的消耗。由于热源位于铝液中部，热量自下而上传递，因此铝液自上而下形成对流，充分保证铝液受热均匀，炉上部的铝液不会因过热而氧化，降低了铝的损耗，使得铝液品质得以提高，同时减少了炉壁结瘤的损害。其具有很强的耐腐蚀性，在铝溶液中不会渗透，同时具备陶瓷类产品的最高强度及优异的耐热冲击性能，大大延长了使用寿命。

氮化硅转杆和转子。采用氮化硅制成的铝液除气精炼转杆和转子具有氮化硅的所有优点，在用于除气搅拌时转杆和转子不易损坏。在进行铝液除气时可以使用更长的时间，特别适用于在线式铝液除气，在良好的定期保养之下可以使用多年而不会损坏。

氮化硅升液管。氮化硅升液管采用气压烧结获得高密度，从而升温时仍可保证强度。它不会与铝液发生任何反应，不会有异物溶解到铝液中，可协助生产出更高品质的铸件。

氮化硅封止管。由于氮化硅具有良好的致密性，耐磨性优越，因此也是低压铸

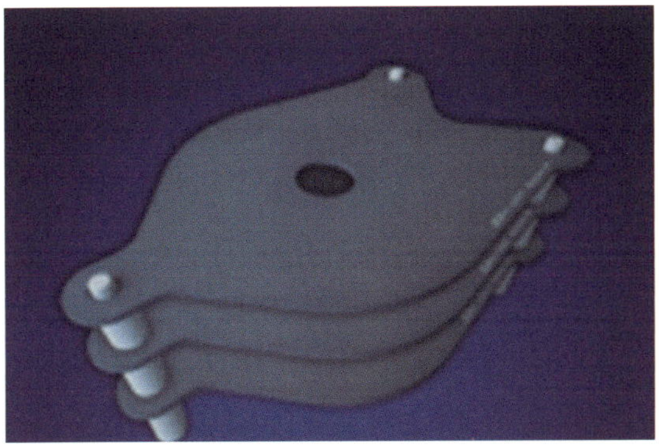

碳化硅

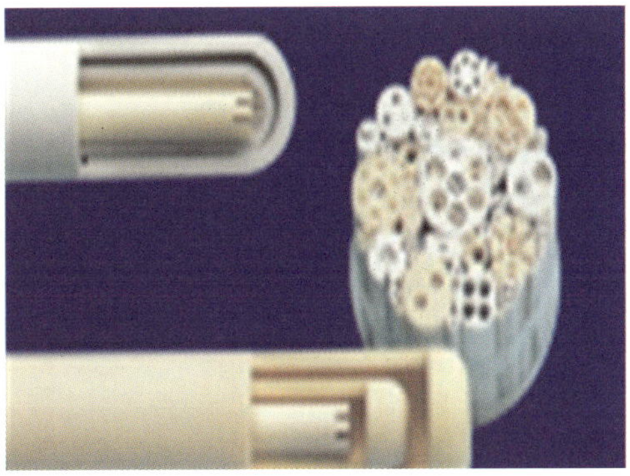

管子

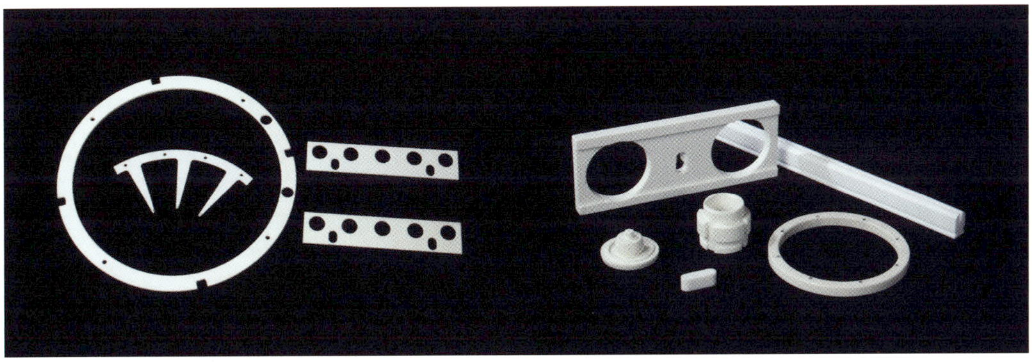

精加工瓷件

造时保持压力的封止管等相关零部件最合适的制造材料，并且能同时保证高加工精度和高气密性。

【高温陶瓷膜过滤管】

2010年，由江苏省宜兴非金属化工机械厂有限公司、清华大学、海南大学、中国石油大学合作开发的国家863项目“高温陶瓷膜过滤管”，在江苏省宜兴非金属化工机械厂有限公司研制成功，并在柳州化工股份有限公司的壳牌煤气化生产装置上稳定运行。2011年8月8日，由9名国内知名专家组成以中科院院士吴以成为组长的鉴定委员会，对该863项目进行了成果鉴定。通过现场考察陶瓷过滤管材示范生产线，审阅相关材料，听取项目工作和技术汇报，鉴定委员会一致认为：采用国产原料已成功研制出1500mm大尺寸的SiC非对称陶瓷过滤管，并实现了规模生产，在长度、工作温度、孔隙率、出口含尘浓度和分离效率等指标上达到国外同类产品的先进水平，填补了我国在该领域的产品空白，打破了国外产品的垄断地位。该研究成

转炉电炉供气元件

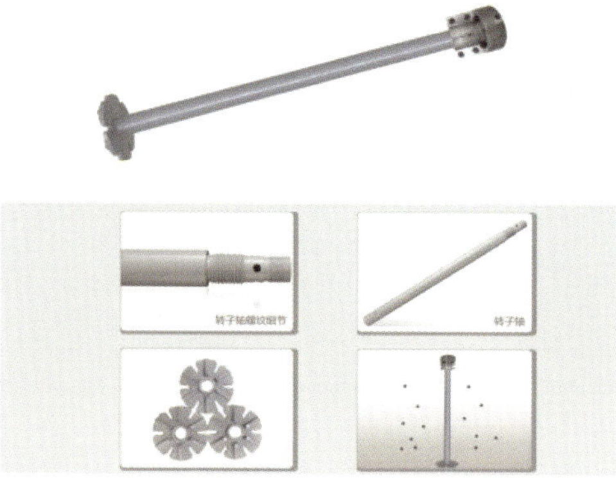

除气转子

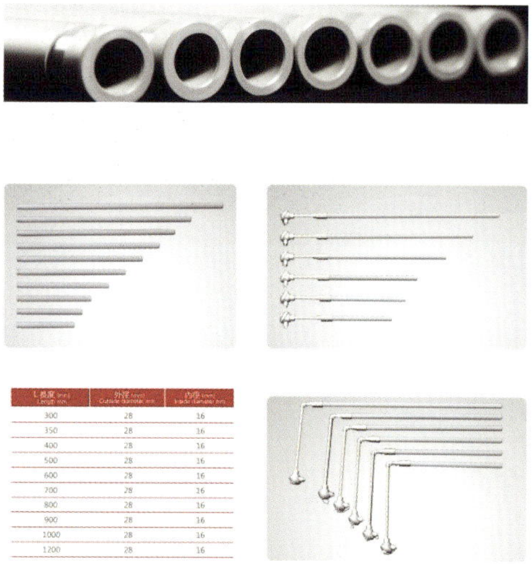

L长度(mm) Length mm	外径(mm) Outside diameter mm	内径(mm) Inside diameter mm
300	28	16
350	28	16
400	28	16
500	28	16
600	28	16
700	28	16
800	28	16
900	28	16
1000	28	16
1200	28	16

热电偶保护管

升液管

果总体达到国际先进水平。目前，该企业主要生产HTX陶瓷纤维过滤管和HTF非对称陶瓷膜过滤管。

HTX陶瓷纤维过滤管是以莫来石陶瓷纤维为主要材料，采用连续挤出成型工艺制作的过滤元件，可实现高温过滤，免除烟气降温处理成本，有利于热能的回收和利用，是处理高温烟气和粉尘过滤的最佳选择。

HTF非对称陶瓷膜过滤管是高温气固分离装置中的过滤元件，它是在多孔陶瓷支撑表面均匀层涂覆N层精细过滤膜，支撑层、过渡层、膜层呈不对称分布。其膜层有纤维隔膜（SiC/Al_2O_3灰色）和微粒膜（$3Al_2O_3$*$2SiO_2$）两种，并经高温烧结而成。该过滤膜管在确保获得高过滤精度的同时，具有过滤助力小、易反冲清洗再生等突出优点，其各项技术参数在国内处于领先地位，部分指标已经达到或超过进口产品的水平。适用于高温高压工艺系统。

【多孔陶瓷】

多孔陶瓷是一种新型陶瓷材料，也称为气孔功能陶瓷，它是成型后经高温烧成，体内具有大量彼此相通或闭合气孔的陶瓷材料。其用途广泛，主要有过滤与分离、吸音降噪、隔热、用作催化剂载体和敏感元件等多种功能。应用于环保、化工、医疗、光学、冶金、电子、能源等行业。（本节蜂窝陶属此产品范畴）

宜兴工业陶多孔陶瓷生产较早，其最初的产品功能是过滤、耐酸等，生产的企业也较多，后随着技术进步，逐步细分。

江苏省陶瓷研究所推进的“脱水用复合多孔陶瓷滤板的研制”项目，于1998年经中国轻工总会鉴定，该项目已达同类产品国际先进水平，可以替代进口产品。2000年开始进行第二代过滤板的研制，以保持技术领先的制高点。2005年，推进“新型覆膜高强度陶瓷过滤板的研制开发”。2007年，经江苏省科学技术厅组织专家鉴定，该项目属国内首创，年新增销售760万元。宜兴非金属化工机械厂有限公司是多孔陶瓷的主要生产企业，多孔陶瓷的品种也较多。2001年，HTG型陶瓷过滤机获国家级火炬计划项目。2006年，陶瓷过滤板获国家科技创新基金项目。2009年，高温除尘用多孔陶瓷大型过滤元件获国家科技部创新基金重点项目。

【陶瓷轧辊】

该产品主要应用于新能源电池、新材料、医药食品等行业，用于相关材料的加工破碎，替代传统的金属轧辊，但比金属轧辊更耐磨，且在加工的过程中能使金属杂质值接近于0，在很多先进材料的加工方面具有不可替代性。该产品在2010年以前主要依赖于从韩国、日本等国进口，价格非常昂贵，严重制约了国内新能源、新材料等行业的发展。江苏省陶瓷研究所有限公司生产的陶瓷轧辊已经达到了国内领先的水平，并逐步以对辊破碎设备的形式对外出口。

【陶瓷载盘】

该产品主要应用于半导体行业，由高纯氧化铝材料制成，具有出色的刚性、优异的耐磨性及耐腐蚀性，可用于晶圆等相关产品的磨削、抛光，长期使用依然能保持良好的表面形态。此类产品在2010年以前，长期被日本京瓷等国外企业所垄断，价格非常昂贵，严重制约了国内半导体行业的发展。2010年后，江苏省陶瓷研究所有限公司投入了大量人力、物力进行研发，在技术及设备上不断改进，实现了批量化生产，产品性能也已经达到了国外同类产品的水平，较好地替代了国外产品，促进了国内半导体行业的发展。

【陶瓷锚栓】

该产品主要应用于轨道交通、桥梁隧道及其他工程建设中，具有耐腐蚀、高强度、耐磨等特性，与传统的金属锚栓相比，更加可靠，耐久性也更好，能够有效提高工程设施的稳定性、安全性，且使用寿命更长，可以大大降低相关设施的维护成本。该产品的制备技术长期为国外企业所掌控，江苏省陶瓷研究所有限公司经过多年研发与投入，形成了自主知识产权，技术已经达到了国内领先水平，较好地替代了国外产品，并开始牵头起草该产品的国家行业标准，为国内相关行业的发展做出更多的贡献。

【陶瓷椎体】

该产品应用于造纸行业，具有很高的耐磨性，能够作为纸浆除渣的核心元件，使用过程中利用离心原理可以有效去除纸浆中的砂石、铁屑、塑料等杂质，确保后续设备正常运转的同时，也提高了纸浆的质量。江苏省陶瓷研究所有限公司生产的该产品性能指标优异，质量稳定，在国内一直处于领先水平，为此获得国外许多设备厂商的青睐。

【高温陶瓷膜气固分离装置】

固液分离是化工过程中常用的单元操作，特别是颗粒悬浮液体的固液分离，涉及原料与产品的净化，废水中有价值超细产品的回收，细微颗粒催化剂与原料或产品的分离等。传统的固液分离技术主要是离心、蒸发、压滤等，均存在能耗高、效率低等缺陷。膜分离被认为是当今固液分离的新技术，它可以在无相变条件下实现固液高效分离，不断拓展应用面。特别是陶瓷膜，以其优异的材料性能用于高温、高压和强腐蚀环境中，在石油、化工、冶金、制药、环保等行业，具有广阔的应用前景。宜兴非金属化工机械厂从20世纪90年代初与科研院校合作从事陶瓷膜的研究与开发。目前生产的陶瓷膜固液分离装置在化工、冶金、制药、环保等行业的分离过程中已经显示出独特的优势。由该厂制造的国内最大的一套陶瓷膜错流过滤装置应用

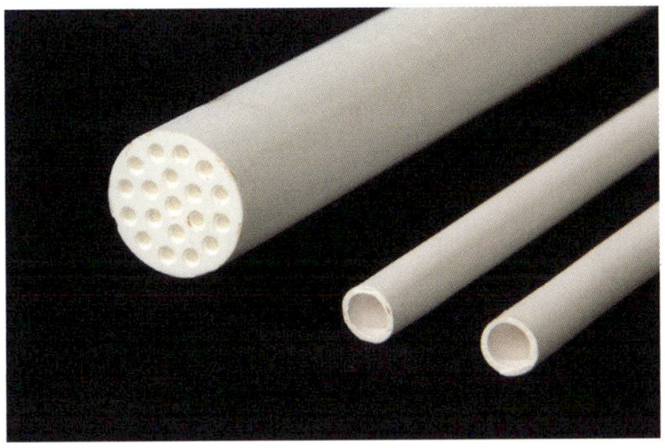

多孔管

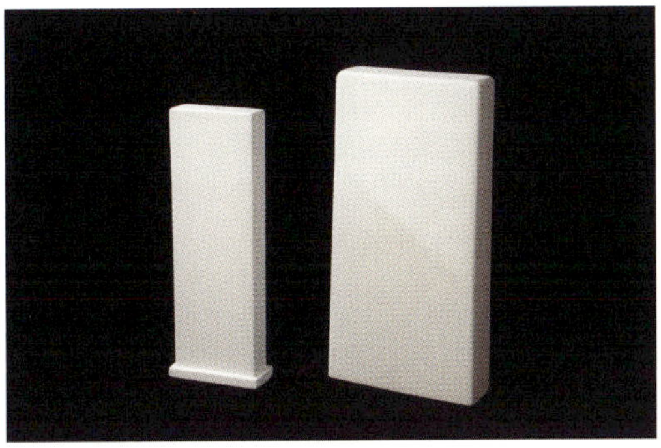

多孔陶瓷

陶瓷轧辊

于金川集团公司精炼厂30KT10加压浸出酸、溶后液，二次精密过滤，合计装置无机膜管1440支，其耐酸、耐碱及有机溶剂，化学稳定性好，过滤精度高，采用PLC+触摸屏控制，自动运行，可连续操作。

第三节　功能陶瓷

【集成电路陶瓷封装外壳】

集成电路封装是伴随着集成电路的发展而发展的，集成电路广泛应用于航天、航空、机械、轻工、化工等领域，整机也向着多功能、小型化发展。陶瓷封装外壳的出现，为集成电路提供了一个可靠的工作环境，对集成电路芯片起到机械或环境保护的作用，并保证集成电路具有高稳定性和可靠性。

1973—1974年，原第四机械工业部部长王铮在视察江苏期间，要求宜兴半导体厂协同中国科学院上海电子科学研究所联合开发集成电路封装外壳。其间，先后完成陶瓷封装外壳的原料配方、金属模具、制纯金属池、烧结、电镀整个工艺试验，制成的样品经过第四机械工业部鉴定后投入大批量生产。

1975—1976年，宜兴电子器件厂采用电镀亮镍替代复铝材料，制成双列直插式黑陶瓷低熔玻璃封装外壳，经国家鉴定，产品质量达到超声压焊规定标准。其余研制成功的产品有电力半导体器件用螺旋形陶瓷外壳、高压陶瓷电容器、彩电延迟线陶瓷外壳、散热器陶瓷外壳以及新闻灯陶瓷插头、插座等。集成电路玻璃扁平封装陶瓷外壳投放市场后，四川、浙江、湖南、福建等省纷纷派员到宜兴学习，陶瓷外壳的工艺技术逐渐在国内推广。

1980—1982年，宜兴电子器件厂制成陶瓷微调电容、微波电路外壳和用于光

陶瓷扁平外壳

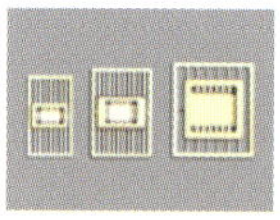

CFP具有体积小、重量轻、封装密度高、安装方便、可靠性高等特点。常规引线节距为1.27mm，可定制1.0、0.8、0.5等窄节距产品，可带热沉。适合表面安装的封装形式。

F系列外壳主要型号(单位：mm)

产品型号	陶瓷外形	引线节距	密封区尺寸	芯腔安装区尺寸	总厚度	查看
F04-03	4.80×6.00	2.54	5.90×4.70	3.00×2.20	1.50	

陶瓷扁平外壳介绍

陶瓷四边扁平外壳

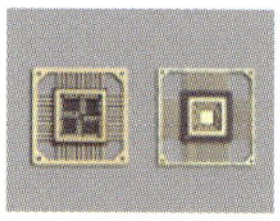

CQFP体积小、重量轻、封装密度高、热电性能好、适合表面安装。常用的引线节距分别有1.27mm、1.00mm、0.80mm、 0.65mm和0.50mm等，适用于各种大规模集成电路封装，如ECL及CMOS门阵列带你路等。

Q系列外壳主要型号表(单位：mm)

产品型号	陶瓷外形	引线节距	密封区尺寸	芯腔安装区尺寸	总厚度	查看
Q18-01H	9.40×13.90	1.27	13.80×9.30	4.40×8.90	1.40	

陶瓷四边扁平外壳介绍

陶瓷针栅阵列外壳

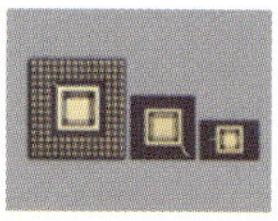

CPGA封装是VLSI最常用的插装封装形式，它封装密度高、电热性能好，气密性好，可靠性高。常用的管脚节距有2.54mm规则排列和交错排列，结构分腔体向上和向下两种，腔体向下有利于背面安装散热片，提高管壳的散热能力；腔体向上时，腔体的尺寸可以做的较大，有利于安装大芯片或多芯片。CPGA管壳主要用于封装CPU、DSP、CCD、ASIC等VLSI芯片。

CPGA型外壳主要型号(单位：mm)

产品型号	陶瓷外形	引线节距	密封区尺寸	芯腔安装区尺寸	总厚度	查看
G15-01	21.5×19.00	2.54	21.50×19.00	5.00×5.00	2.20	

陶瓷针栅阵列外壳介绍

电数字显示的光电陶瓷组合器，并建立了陶瓷微调电容专业生产线，年产量达40万只。三年间，该厂完成集成电路全陶瓷扁平外壳的技术攻关任务，突破了陶瓷玻璃扁平外壳只能采用环氧树脂封盖的局限性，达到全密性的封装要求。陶瓷外壳发展到九大类近百种型号，300多种规格。集成电路陶瓷外壳产品分别获中国太平洋运载火箭重要贡献奖、江苏省科技成果奖。

1983—1984年，宜兴电子器件厂被国家列为“六五”期间重点技术改造单位，并从瑞士、西德引进成套设备，制成无引线陶瓷密封载体新产品。它比陶瓷外壳体积小、空间利用率高、电性能强、气密性好，被广泛应用于微电子技术的开发研制领域。该厂生产的全陶瓷扁平外壳和双列陶瓷外壳，以白瓷为主，年产量分别达到400万只和500万只，其中90%应用于国防军工单位。

1985—1986年，国家对陶瓷外壳产品实施“军转民”战略转移，宜兴电子器件厂压缩陶瓷外壳生产，年产量由1000余万只下降至200万只左右。该厂成功研制微电子组装用的多层布线陶瓷母板和超大规模陶瓷外壳产品，全面完成“集成电路白陶瓷外壳”“大规模电路陶瓷外壳”“超大规模64K陶瓷外壳”3项国家“六五”期间下达的攻关项目，分别获得荣誉证书和奖状。该厂生产的“双列白陶瓷外壳”被电子工业部评为优质产品。

1999—2001年，宜兴电子器件厂从美国引进2条微电子陶瓷外壳生产线，研制并生产陶瓷双列直插外壳、陶瓷扁平外壳、陶瓷针栅阵列外壳、陶瓷无引线片式载体外壳。2002年10月，该厂生产的陶瓷无引线片式载体外壳获江苏省科技厅高新技术认定证书。同年11月，该厂半导体集成电路陶瓷外壳生产线获中国军用电子元器件质量认证合格证书。2003年4月，该厂被解放军总装备部、电子信息基础部评为军用电子元器件科研生产先进单位。

2020年，江苏省宜兴电子器件总厂有限公司主要生产陶瓷双列直插式外壳、陶瓷扁平外壳、陶瓷针栅陈列外壳、陶瓷四边扁平外壳、陶瓷无引线式载体外壳、陶瓷四边无引线外壳、陶瓷小外形外壳、陶瓷焊盘阵列外壳、异型陶瓷外壳，主要有CDIP、CQFP、CLCC、CSOP、CPGA、CLGA等系列广泛应用于集成电路的封装，保证器件在恶劣环境下的使用可靠性。

宜兴市吉泰电子有限公司、宜兴华威微电子有限公司、宜兴钟山微电子封装有限公司等6家电子陶瓷企业，已具备较强的产品开发、设计、研制和大批量生产能

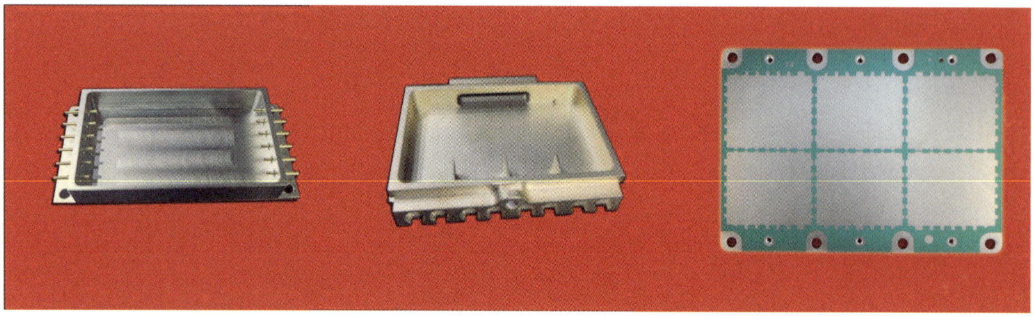

复合散热材料

力。其中，宜兴钟山微电子封装有限公司是宜兴电子器件总厂和香港钟山有限公司合资创建的专业生产企业，是原信息产业部定点的科研生产基地，主要产品有多层母板陶瓷基片、霍尔电路陶瓷外壳、混合电路陶瓷外壳等。该公司多次完成国家重点工程配套任务，受到中央军委、国务院、原国防科工委和原信息产业部的嘉奖和表扬。鑫宇特种精细陶瓷厂和伊特陶瓷有限公司是生产氧化铝精细陶瓷及组装件的骨干企业，其电子陶瓷、氩弧焊陶瓷喷嘴以及半导体器件用陶瓷外壳，远销意大利、美国、英国、南非、日本等国。

【电力半导体陶瓷管壳】

电力半导体陶瓷管壳主要应用于电力电子工业的生产中，特别是高功率的电力电子使用的管壳都是氧化铝陶瓷，具有机械强度高、绝缘性好、高频损耗小、耐电强度高、耐高温等特性。

电力半导体陶瓷管壳在宜兴有众多的企业生产，其中无锡市陶都电力器件厂自1992年开始生产，主要服务于电力行业高功率电力设备，主要产有平板型管壳和螺栓型管壳，广泛应用于冶金、电力、电子、军工等行业，为《电力半导体器件用管壳》国家行业标准制订的参与单位。

平板型管壳，其器件双面散热，可以提高电流容量，多用于电流100A以上的中大功率器件，产品类型分为平板凹台系列、平封凸台可伐结构系列、无氧铜端封结构系列。

螺栓型管壳，单面散热结构，一般用于通态200A以下的中小功率器件。

【高压底座绝缘子】

该产品应用于专供部队支持输变电设备固定母线与带电导体，并使

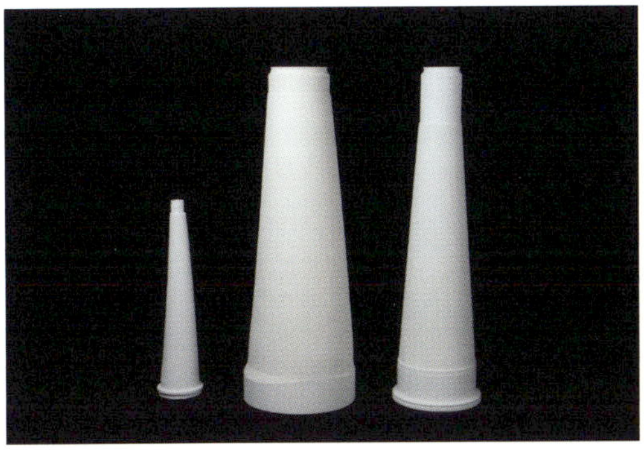

陶瓷管壳

平板型管壳

螺栓型管壳

带电导体间或导体与大地之间有足够的距离和绝缘性。产品外形尺寸达到750mm×1700mm，具有较高的机械强度和绝缘强度，机械压缩负荷大于11000kN，工频干耐受电压大于320kV，雷电冲击耐受电压大于660kV，其产品规格与性能指标达到了国内先进水平。该产品尺寸大，性能指标要求高。江苏省陶瓷研究所有限公司通过技术攻关，并投入一大批专业化设备，在较短的时间内完成了产品的制作，通过了多个权威机构的检测，及时交付部队，为国家的国防事业贡献了一份微薄之力。

【PTC热敏陶瓷】

PTC热敏陶瓷是一种以钛酸钡为基体的正温度系数半导体陶瓷。产品有恒温发热、自动控温、节省电能、无明火、安全性能高等特性，被广泛应用于空调、集成吊顶、暖风机、干衣机、烘房加热、除温机等家用电器和各种加热器件的热源。

1984年，江苏省陶瓷研究所开始研究高温PTC热敏电阻器。1986年，承担江苏省轻工厅项目“高温PTC材料的研制及其在家用电器上的应用”并获得成功，应用于电烙铁、驱蚊器、液化气烧尽加热器、电热吹风机等产品。1990年，“PTC陶瓷基片的研制”通过江苏省轻工厅组织的技术鉴定，主要性能达到日本三菱公司标准，在国内处于领先水平。其元件广泛应用于冰箱、彩电等家用电器，形成批量生产能力。其后，江苏省陶瓷研究所承担江苏省“八五”重大科技攻关项目“特种陶瓷材料关键技术”子课题研究，先后推进了“高温PTC热敏陶瓷商品化生产关键技术”“高性能PTC热敏陶瓷元件用欧姆接触浆料研制”“化学液相共沉淀制备高纯超细$BaTiO_3$粉体”等项目，均获得成功，完善了工艺方法，优化了工艺配方，扩大了应用领域，提高了产品质量。1990年，“PTC陶瓷基片的研制”获江苏省科技进步四等奖。1993年，“大功率PTC发热材料及元件”获江苏省第八届轻工优秀新产品金奖。

PTC热敏陶瓷众多宜兴工业陶企业均有所涉及，无锡国威陶瓷电器有限公司为主要生产企业，其主要产品有PTC热敏新材料发热元件和加热器件、家用空调PTC热敏新材料辅助电加热器，并逐步切入新能源汽车PTC热敏新材料加热器。

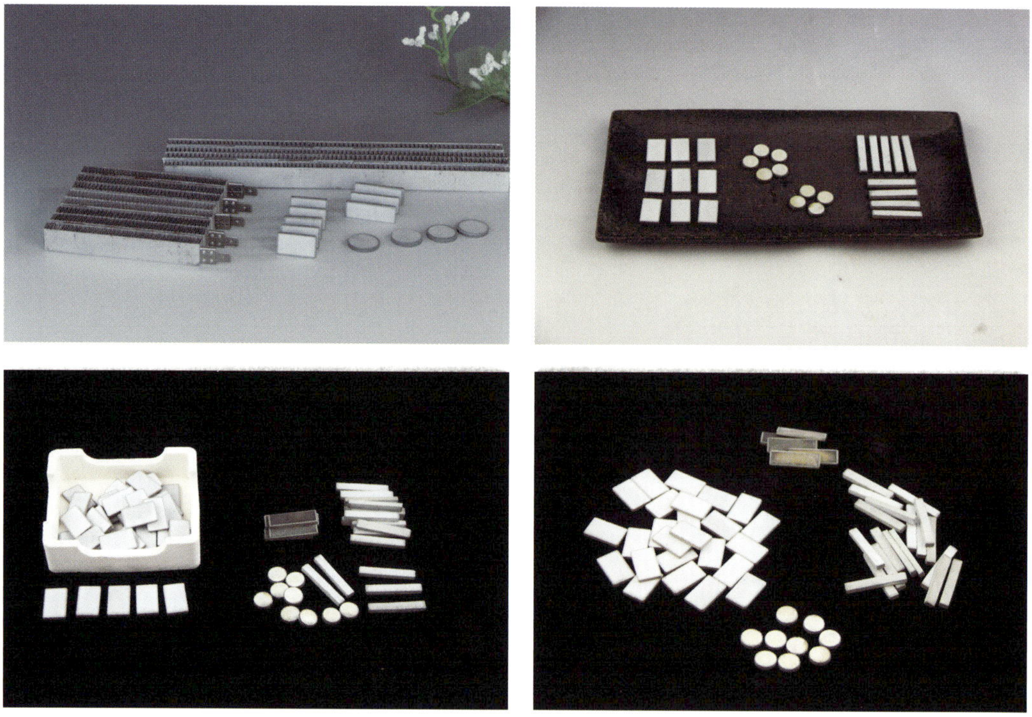

PTC热敏陶瓷

缸砖系列

硅线石砖

莫来石砖（AM砖）

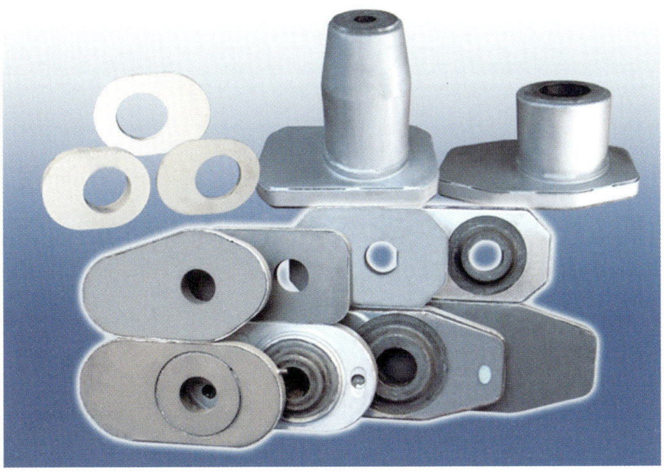

滑动水口砖

柱状莫来石高耐磨砖（BM砖）

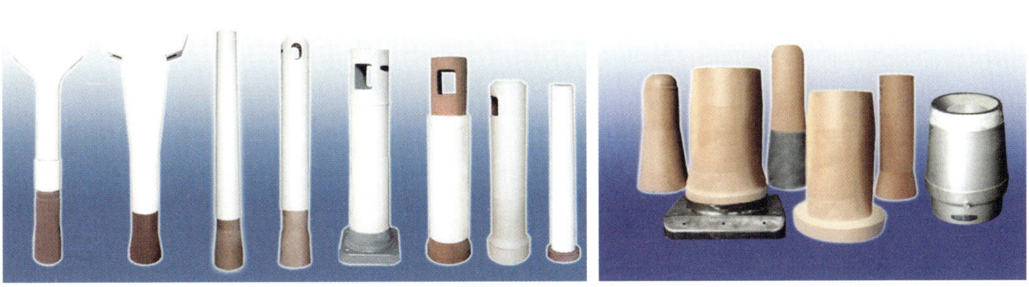

连铸三大件

第四节　耐火材料

【连铸用铝碳质耐火制品】

连铸用耐火制品，由浸入式水口、中间包水口、塞棒三部分组成，也称连铸三大件，为大型钢厂先进连铸件设备中的关键耐火材料。

钢铁连铸工艺始于西方发达国家，至20世纪80年代，连铸技术作为主导技术逐步成熟，相比于传统的先铸造再轧制的工艺大大缩短了生产时间，提高了工作效率。“七五”期间，国家将此项工艺立为攻关项目。90年代，无锡市南方耐材有限公司开始与国内有关大型钢厂联合试制连铸用铝碳质耐火制品，1998年试制成功并投入生产，成功地应用于国际先进的钢铁连铸设备。其后，随着钢铁连铸工艺的不断进步，无锡市南方耐材有限公司在耐材材质、产品精度多方面的研究不断推进，先后在2000年和2001年被列入国家火炬计划，形成了研发设计、科技创新、生产制造、安装施工、服务培训于一体的综合型连铸功能耐材生产基地，与国内多家著名的大型钢铁企业建立了长期稳定的合作关系。2011年，连铸用铝碳质耐火制品获国家科技进步二等奖，先后被评定为江苏省高新技术产品、江苏省名牌产品。

华东瑞泰科技有限公司生产的系列滑动水口砖、透气座砖及中间包用三大件应用于炼钢行业，拥有多项专利和奖项。宜兴市东坡耐火材料有限公司为宝钢等国内外一流钢铁企业提供优质的炉、包、槽等耐火材料。

【耐火砖】

耐火砖是宜兴工业陶的传统大宗产品，在工业陶企业中普遍生产。1958年，丁蜀镇耐火器件合作工厂（宜兴丁山耐火器材厂前身）开始生产普通耐火砖。1963年，宜兴化工陶瓷厂（现宜兴非金属化工机械厂）研制成功用于造纸工业的耐酸、耐温砖。是年，宜兴丁山耐火器材厂已生产黏土、高铝、刚玉、碳化硅4种材质的耐火砖。其后，耐火砖的生产在宜兴陶瓷企业中变得较为普遍。2000年以后，随着各种新材质的应用和新的规模耐火材料企业的建立，传统耐火砖由耐火逐步形成耐高温、抗腐蚀、耐磨等多种性能，并应用于各个领域，宜兴境内有众多的耐材企业生产各种类型的耐火砖。

宜兴市丁山耐火器材有限公司生产的干熄焦用耐火材料系列产品、大型浇注釉炉门砖、焦炉用缸砖均获得国家发明专利，此三大类产品在国内外市场上获得好

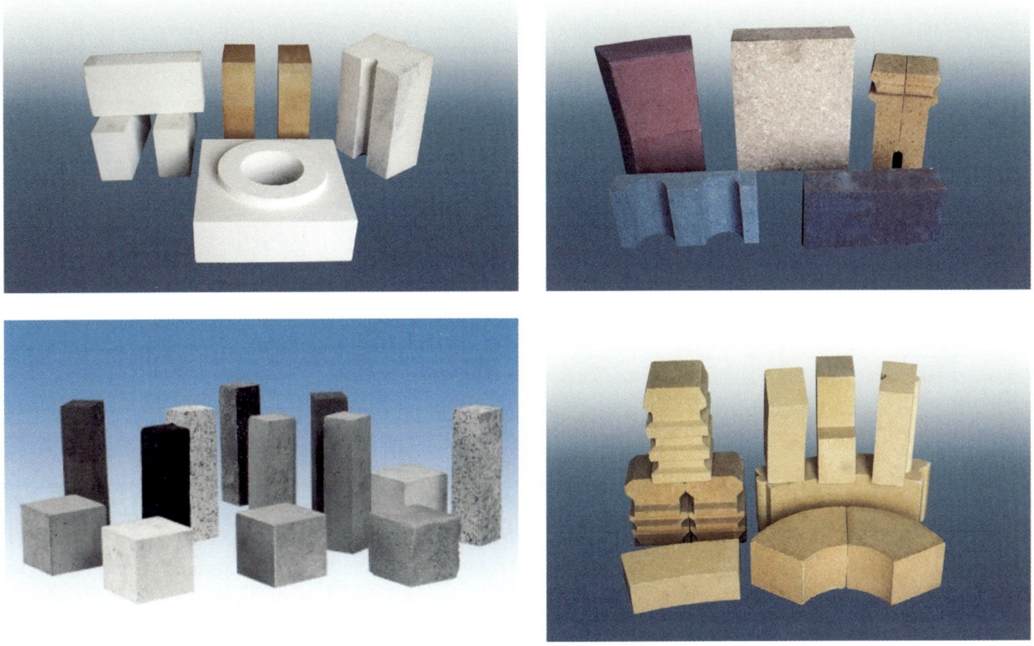

异形耐火砖

评，在国内同类型产品中名列前茅。

江苏国豪耐火科技有限公司生产的铬刚玉复合砖、铬刚玉砖、刚玉-莫来石砖，用于回转窑，强度高，显气孔度低，抗震、抗腐蚀，耐磨、耐高温。高铬砖用于等离子炉，抗腐蚀，耐磨、耐高温。抗剥落高铝砖、高铝砖，用于二燃室，抗剥落，抗腐蚀。硅莫砖、高耐磨砖用于水泥窑，其耐磨、抗震性能好。

轻质隔热耐火砖是宜兴摩根热陶瓷有限公司的核心产品，应用于石化、冶金、玻璃、电力、机械热处理等行业的热工窑炉，其产品符合国家提出的碳达峰、碳中和的目标，在国内耐火制品行业中处于领先地位。

硅莫红砖主要用于水泥窑口、前后过渡带、预热器、分解炉、三次风管、冷机等。江苏君耀耐磨耐火材料有限公司是较早生产硅莫红砖、规模比较大的企业。2009年，其产品获得国家科技部中小型创新基金的支持；2012年，砖莫红砖被国家科技部评为科技进步二等奖；2016年，成功注册“硅莫红”商标，为江苏省著名商标。

镁铬砖，广泛应用于国内外精炼RH炉、VOD和AOD风口区，以及重有色金属

（铜镍）冶炼炉（闪速炉、转炉、阳极炉）作衬、新型干法大型水泥窑烧成带，该产品抗化学侵蚀性强，为宜兴新威集团有限公司的主要产品，该企业使用优质镁砂、铬精矿和电熔镁铬砂等高档原辅材配制、混炼、高压成型和干燥，再经过超高温（1820℃）烧制而成。

镁铝尖晶石砖，亦是宜兴新威集团有限公司的主要产品之一，采用优质镁砂和高纯镁铝尖晶石材料制成，产品被广泛应用于石灰窑煅烧带、新型干法水泥窑上下过渡带和玻璃窑蓄热室中段等高温窑炉关键部位。

【耐火窑具】

耐火窑具最初用于宜兴本地的陶瓷生产，后逐步向宜兴域外拓展。1978年，宜兴陶瓷公司、江苏省陶瓷研究所、宜兴丁山耐火器材厂联合成功研制堇青石-莫来石质耐火窑具，主要制作窑车车面砖、棚板、支架、推板热片等，广泛应用于隧道窑、辊道窑、推板窑等烧成窑炉。随着新材质的应用，窑具向专业化、高端化发展。

江苏三恒高技术窑具有限公司是专业从事窑具生产的企业。1997年，开始批量生产用于电子材料（元件）烧结承载的复合承烧板。2008年，先后成功研制用于电子材料特种陶瓷推板炉推进部件台板和特种陶瓷烧结承载用高性能窑具。2008年，成功研制电子材料（元件）烧结炉体内衬抗腐蚀炉体部件。这些窑具的出现是传统窑具的升级换代，拓展了新的行业领域，在行业内处于领先地位。目前该企业拥有6项发明专利、15项实用型专利，被无锡市科技研发机构认定为无锡市高技术窑具工程技术研究中心。

无锡市晨光耐火材料有限公司生产的特种碳化硅窑具等产品获省、部级科技进步奖。

【转炉（电炉）底吹供气元件】

转炉（电炉）底吹供气元件是炼钢的技术核心，该技术使底吹工艺集顶吹工艺成渣速度快、吹炼工艺平稳的双重优点于一体，使吹炼平稳，减少喷溅，改善了吹炼的可控性，可提高供气强度，更适宜吹炼低碳钢种，终点碳含量可控制在0.03%以内。通过该产品的应用可达到分散、满足流量、均匀、稳定的冶炼状态，显著降低钢水中的氧含量和渣中的TFe含量，促进了钢-渣界面反应，使反应更接近于平衡状态，降低炼钢成本，提高经济效益。

无锡市南方耐材有限公司自20世纪90年代中期与上海宝山钢铁股份有限公司、

洛阳耐火材料研究院等科研单位合作，研制、开发转炉复吹供气元件、电炉底吹供气元件，自20世纪90年代末起开始在宝钢一转炉、二转炉（300吨转炉）上长期使用至今。2003年起，无锡市南方耐材有限公司为首钢、鞍钢、沙钢等钢厂生产转炉、电炉用底吹供气元件，供气效果及使用寿命良好，满足钢厂的顶底复吹生产工艺的要求，替代了进口产品。其中宝钢使用的转炉复吹供气元件主要由无锡市南方耐材有限公司稳定供货。

【钢包底吹氩透气砖】

钢包底吹氩是炉外精炼工艺的关键，底吹氩透气砖是这一工艺最为重要的功能元件，在精炼过程中通过吹氩使钢水中的杂质上浮、分离，并使钢水中的有效成分充分结合。合理的底吹氩透气砖耐材的产品结构，选择配置适用于满足炼钢吹氩工艺要求的钢包底吹氩透气砖，是稳定钢水质量、降低吨钢消耗的关键。

无锡市南方耐材有限公司生产的钢包透气砖，于20世纪90年代初在宝钢300T钢包上成功使用，并逐渐替代进口产品，长期由该公司独家供应，质量稳定可靠，并先后在首钢、太钢、包钢、马钢、武钢、本钢、抚顺特钢、酒钢、安阳钢厂等国内几十家大中型钢厂使用。

钢包底吹氩气砖出口俄罗斯、美国等国际市场，在2006年出口销售额达到300多万美元。

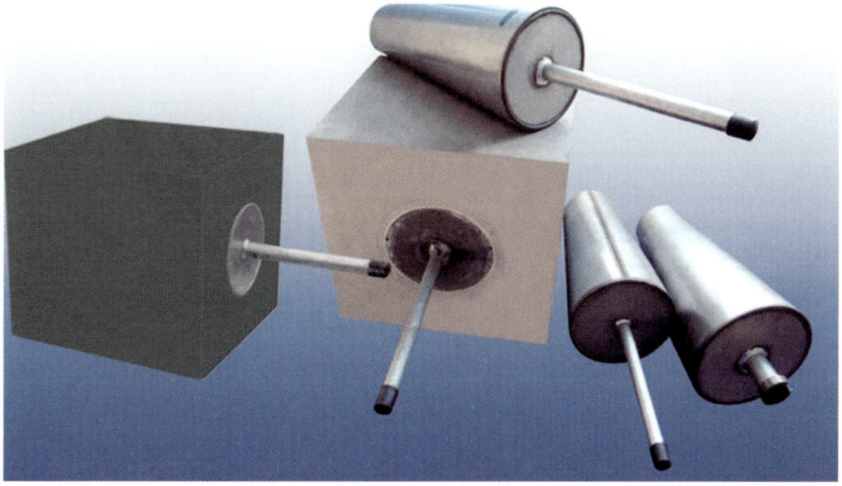

钢包中的透气砖、座砖

【耐磨耐火浇注料和可塑料】

耐磨耐火浇注料是不定形耐火材料中的一类产品，在电站锅炉内衬中广泛使用，其高温性能好，体积稳定，抗腐蚀，耐冲刷。高强耐磨、耐火浇注料以钢玉、碳化硅、特级烧铝矾土为主要的原材料，加入超微粉、复合外加剂等配置而成。耐磨、耐火可塑料是以捣打、振动等方法施工的泥坯或泥团状不定形耐火材料，其材质和功能与浇注料基本相同，可塑性好，易于施工。

浇注料和可塑料在宜兴工业陶产品中出现较早，也比较普及，大部分耐火陶生产企业均生产此产品，主要服务于电力行业，根据不同的服务设备和不同的工艺要求，有着不同的类别，如刚玉-莫来石质高强耐磨耐火浇注料、刚玉自流式浇注料、抗热震耐磨可塑料、耐磨耐火可塑料等大类。同时，每个大类浇注料中又有不同的类型。无锡市宜刚耐火材料有限公司生产的自流浇注料和可耐磨可塑料成为国内外环保电力耐火材料供应商及服务商中的著名品牌。宜兴市瑞弘耐火材料有限公司炼铁高炉出铁场系列浇注料被广泛应用于钢铁企业。为电力企业配套服务的宜兴市康盛耐火炉料有限公司主要生产CFB锅炉用耐磨耐火浇注料、CFB锅炉用钢纤维增强耐磨耐火浇注料、CTB锅炉用耐磨耐火可塑料、煤粉炉用不定形耐火材料等，服务企业涉及全国各地。

【脱硝催化剂】

该产品是用于火电厂烟气脱硝的催化剂，是近几十年来西方发达国家发明的成果，也是国家倡导合理使用燃料与污染控制技术相结合、燃烧控制技术和烟气脱硝控制技术相结合的综合防治、防范措施用品，主要有平板式、蜂窝式和波纹式三种类型。其中蜂窝式为陶瓷材质，由无锡市宜刚耐火材料有限公司、中耐控股集团有限公司等多家企业生产。蜂窝式催化剂具有较大的表面积，烟气与催化的接触面积较大，烟气流通面积较大，相同工程设计条件下，催化剂用量很少。

2012年，中耐控股集团有限公司引进日挥触煤化成株式会社技术，投资1亿元，新建蜂窝式SCR脱硝催化剂生产线5条，年产能力达1万立方米，赢得广阔市场。2014年和中科院城市环境研究所合作，进行脱硝催化剂再生、回收，专门从事催化剂再生产技术的研发、转让、服务，赢得福建鸿山热电、四川广安发电、华能左权煤电、华能吉林发电、井冈山电厂、华能阳逻电厂、河北西柏坡发电有限责任公司等企业的青睐。其ZN-TL-I蓝天系列脱硫增效剂——“石灰石-石膏”湿法脱硫

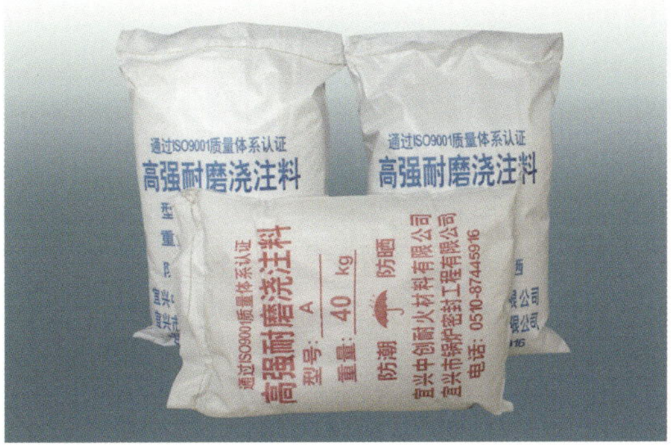

高强耐磨浇注料

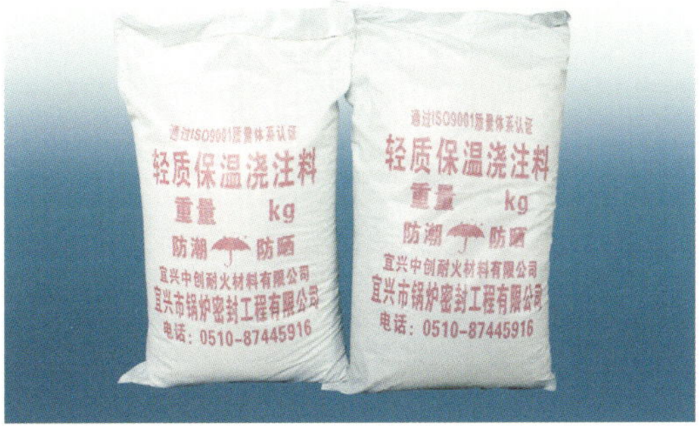

轻质保温浇注料

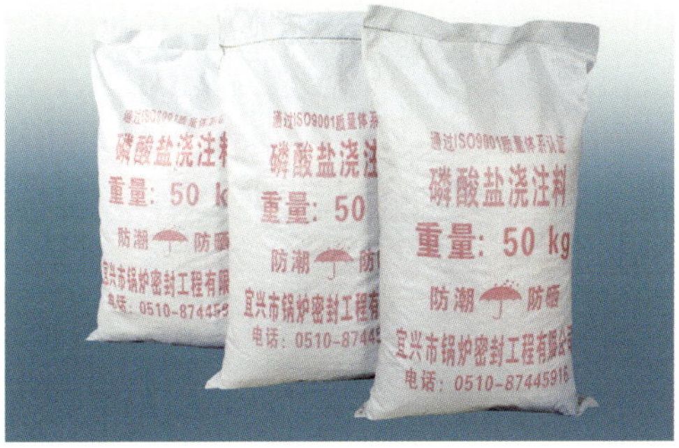

磷酸盐浇注料

（FGD）工艺增效剂，适用于所有燃煤火电机组湿法烟气脱硫（FGD）工艺系统，白色结晶，无机盐成分可用于食品和医药添加，长期使用安全性高，对设备和衬胶无腐蚀，不增加除雾器压差，不影响石膏品质。

【抗结焦涂料】

抗结焦涂料主要用于煤电锅炉、危废炉、垃圾焚烧炉等设备器件上，其产品由碳化钼、硼化锆及特种金属氧化物组成陶瓷涂料，喷涂于相关设备的部件上，在抗结焦的同时，具有高耐磨、抗侵蚀作用，既提高了设备寿命，也提高了设备作业效率。宜兴市辉和新材料科技有限公司研发的“焦尔净”抗结焦涂料获国家专利，并被江苏、浙江、江西、陕西、湖北、新疆等省相关企业使用。

第六章

宜兴工业陶论文集锦

伴随着现代工业文明的发展，新科技、新技术不断应用到宜兴工业陶的产业之中。在宜兴工业陶领域，企业依托科技谋求发展，活跃着众多的生产技术人员，广泛地与大专院校和科研单位合作，通过不断地实践，出现了诸多的成果，特别是近20年来，仅在省级以上专业报刊发表的论文就有数百篇。这些论文既是对新技术的探讨，也是对新材质、新工艺应用成果的总结，从某种程度上引领了宜兴工业陶的高质量发展。同时，宜兴市陶瓷行业协会会刊《陶都通讯》适时报道宜兴工业陶动态消息，亦反映了某个时间段的发展状况，本书辑录部分有代表性的专业论文和《陶都通讯》新闻报道，供参考。

ATO电热膜的烧成制度研究

焦永峰、洑义达

0 引言

电热膜是指附着在搪瓷、玻璃、陶瓷以及塑料等绝缘材料表面的一层导电薄膜，其通电后利用电阻发热原理能够将电能转化为热能。采用电热膜制作的发热器件具有面状发热、无明火、热效率高、节能省时、成本低廉、使用寿命长等突出特点，是电热丝类发热器件的理想替代产品，在电热水器、电淋浴器、电暖器、电炉、电加热板、电热医疗器件等方面获得了广泛应用，并且在冬季石油管道及电缆保暖、室内采暖等方面具有广阔的应用前景。

ATO电热膜是Sb掺杂的SnO_2半导体电热膜，该电热膜具有本身硬度高、与载体结合牢、高温性能稳定和较好的抗氧化及抗化学腐蚀等特点，是最具发展前景的新一代电热膜，也是近几年电热膜研究的热点。熔胶凝胶法成本低廉，工艺简单，对衬底形态无限制，是制备薄膜的常用方法，利用溶胶凝胶法首次在氧化铝陶瓷片衬底上制备ATO电热膜，对其烧成制度进行了详细研究。

1 实验

本实验选用的溶胶凝胶体系的原料为氯化亚锡的无水乙醇溶液（$SnCl_2·2H_2O$），三氯化锑（$SbCl_3$）为掺杂引入剂。在电子天平秤上称取11.28g $SnCl_2·2H_2O$，将其溶解于100ml无水乙醇中，然后用聚乙烯薄膜和橡皮筋封闭该装有溶液的烧杯口，利用磁力加热搅拌器78℃下加热搅拌5h。按Sb/Sb=10at%称取并加入$SbCl_3$，然后将烧杯敞口搅拌加热至澄清，并蒸发到50ml，得到淡黄色溶液锡溶胶，再将溶胶放在室温下静置24h，待用。

以洁净的长条形$\alpha-A1_2O_3$陶瓷片为衬底，利用浸渍法在陶瓷片表面得到溶胶湿膜，然后分别在60℃和150℃下干燥20min，最后放入马弗炉中焙烧。为获得较低的方块电阻，增加膜厚度，样品均经历二次制膜工艺即对一次焙烧后的样品再次进行浸渍、干燥和焙烧。然后在得到的样品表面横向涂抹银浆，得到正方形待测区域以方便测量样品方块电阻，然后将样品在500℃下烤银5min，最后采用Fluke 12B型万用表测量样品电阻。

2 结果与讨论

2.1 烧成温度

利用上述制样方法，在不同的焙烧温度下各烧结1h，得到ATO薄膜样品方块电阻与焙烧温度的关系的相关数据。

随着焙烧温度的增加，ATO薄膜方块电阻出现先降低后快速增加的趋势。从实验数据来看，焙烧温度为650℃时样品方块电阻最小，达到424Ω/□，但是从实验曲线可以看出，焙烧温度在600—650℃时，样品方块电阻均较小且十分接近，最佳焙烧温度约为630℃。

在温度较低的情况下，随着温度的升高，ATO电热膜晶化速度增大，相同保温时间内，温度越高，ATO电热膜晶化程度越高，表现为样品方块电阻越小。当温度过高时，Sb_2O_5逐渐结晶析出，导致ATO中Sb^{5+}实际掺杂比例下降，从而导致样品方块电阻增大。从实验结果来看，最佳焙烧温度为630℃。

2.2 保温时间

保温时间是烧成制度中的重要参数，根据烧成温度的考察结果，在此环节实验中采用焙烧温度为630℃，得到样品方块电阻与保温时间的关系。

从实验中可以看出，保温时间在30—120min之间，样品方阻下降幅度较大，但是30—60min、60—90min以及90—120min三个区间的下降幅度逐渐减小，表现为三条线段的斜率绝对值逐渐减小，表明ATO电热膜随保温时间的延长，晶化程度不断提高，但是晶化速度逐渐减慢。在120—180min区间内，ATO电热膜晶化过程仍在继续，样品方阻从396Ω/□下降到385Ω/□，但变化幅度很小。表明此阶段内，ATO电热膜已经基本晶化成熟，延长保温时间对于降低样品电阻的贡献已经基本失去意义。从节约能源降、低成本等方面考虑，选择焙烧保温时间为120min。

2.3 升温速率

升温速率是烧成制度不可或缺的参数，往往对样品性质产生重要影响。根据上述焙烧温度和保温时间的研究结果，选择焙烧温度为630℃，保温120min。其中前三个样品均是在溶胶薄膜干燥后，放入温度处于常温的马弗炉内，然后开始加热升温。最后一个样品为在溶胶薄膜干燥后，将样品直接投入650℃的马弗炉内进行焙烧，由于升温速率极大，假定其为1000K/min。得到不同升温速率与样品方块电阻的关系。

从前三个样品的实验数据可以发现，随着升温速率的增大，样品方块电阻出现明显下降趋势，其中升温速率为16K/min时，样品方块电阻达到305Ω/□。当将样品直接投入630℃炉内焙烧时，样品方块电阻反而升高至326Ω/□。

吴春春等人发现ATO电热膜在200℃就开始出现晶化现象，王黎甲研究发现升温速率越大则ATO样品电阻率越小。结合前人研究成果分析实验数据发现：由于各样品均在630℃保温焙烧120min，加上升温阶段，较低升温速率的样品实际的晶化时间要多于120min，而且升温速率越小的样品实际晶化时间就越长。而且从上面保温时间考察过程知道，120min的晶化时间并不能使ATO电热膜完全晶化成熟。综合以上因素，导致升温速率为16K/min的样品方块电阻最小，薄膜晶化成熟度更高的现象。另外，考虑到马弗炉本身升温能力的限制，以及从节约能源角度考虑，笔者认为最佳升温速率为16K/min。

3 结论

采用溶胶凝胶浸渍法在条形α-Al_2O_3陶瓷片衬底材料表面制备得到ATO电热

薄膜。电热膜的评价标准主要为其方块电阻，为方便测量样品方块电阻，在条形ATO薄膜表面制作银电极时，使两电极间薄膜为正方形，然后利用万用表可以直接测得ATO电热膜两电极间的电阻，即为样品方块电阻。电热膜烧成制度包括三个主要参数，即焙烧温度、保温时间和升温速率，判别烧成制度各参数的优劣的标准均采用样品的方块电阻。通过实验研究得到以下结论：

（1）溶胶凝胶法制备ATO电热膜的合适焙烧温度在600—650℃之间，所得曲线趋势表明该电热膜最佳焙烧温度约为630℃。

（2）保温时间在120—180min时间段内，ATO电热膜晶化过程基本完成，从节约能源降、低成本等方面考虑，选择焙烧保温时间为120min。

（3）增加升温速率有利于降低样品方块电阻，但是考虑到所用马弗炉本身升温能力以及从节约能源角度考虑，认为最佳升温速率为16K/min。

原载《中国陶瓷》2007年第10期

刚玉-莫来石纤维复合膜的制备

王跃超

0 前言

陶瓷纤维复合材料通常具备了良好的抗热震性和较高的机械强度，同时又具有轻质、高气孔率等特点，因而引起国内外的普遍重视，并被相继研发出各种陶瓷纤维复合材料，如陶瓷纤维耐火材料、纤维增强陶瓷复合材料、陶瓷纤维复合过滤材料等。其中陶瓷纤维复合过滤材料，是在多孔陶瓷支撑体表面复合一层由陶瓷连续长纤维缠绕形成的过滤层或由陶瓷短纤维通过高温黏结剂黏结形成的过滤层。

随着过滤分离净化技术的不断发展，尤其是热气体净化技术的不断发展，人们在不断研究过滤技术和过滤理论的同时，对新型过滤介质的研究开发也愈来愈重视。近年来，纤维复合过滤材料及纤维膜技术在过滤材料研究领域迅速兴起，陶瓷纤维复合膜就是在多孔陶瓷材料和陶瓷膜材料基础上通过纤维复合、纤维改性和涂层技术而制成的一种高性能陶瓷纤维复合膜过滤材料。

本文先以碳化硅为骨料，采用等静压成型制备出多孔碳化硅支撑体，再以刚玉微粉与莫来石短纤维为主要原料，采用浸渍提拉法在多孔碳化硅支撑体上制备刚玉-莫来石纤维复合膜，研究骨料颗粒粒径、纤维加入量、纤维结构等对膜材料性能的影响。

1 试验

1.1 原料

碳化硅（纯度98%，D50=200μm）、刚玉微粉（纯度98%，D50=20μm、50μm、80μm三种）、莫来石纤维（Al_2O_3+SiO_2含量>90%，纤维平均直径4μm，纤维长度分别为100μm、150μm、200μm、300μm四种）、苏州土（机选1号）、长石、碳酸钙、硅微粉、分散剂TXA-15、PVA。

1.2 样品制作

1.2.1 碳化硅支撑体的制备

将碳化硅颗粒、黏结剂、PVA和水按一定配比混合，采用等静压成型制成管状，然后将生坯干燥、烧成得到管状支撑体，再经过磨加工制成中Φ60×Φ40×120（mm）的样品，烘干后备用。

1.2.2 膜的制备

按设计配方配料加入1%TXA-15分散剂和适量的水，超声分散5小时，采用浸渍提拉法在处理好的碳化硅支撑体上镀膜，同时采用注浆成型的方式制成试条（用于测试试样强度和气孔率），再在80℃下干燥2小时，然后在1200℃下烧成。

1.3 测试

（1）用SEM观察样品的断面和膜表面的显微结构。

（2）采用GB/T 1965多孔陶瓷弯曲强度试验方法测量试样的抗折强度。

（3）采用GB/T 1966多孔陶瓷显气孔率试验方法测量试样的气孔率。

（4）采用GB/T 1967多孔陶瓷孔道直径试验方法测量试样的平均孔径。

（5）采用自制设备测试膜材料在1m/min风速下的过滤压降。

2 结论与分析

2.1 陶瓷纤维膜的显微结构特征

我们采用SEM观察其断面和表面的显微结构，分别得出两种结构特征。

层片状的碳化硅颗粒相互交织堆积且颗粒间的烧结颈已经形成，因此支撑体强度较高，在整个材料中能够起到支撑作用，保证分离膜的机械强度。支撑体的孔隙主要来源于碳化硅颗粒之间的孔隙，但碳化硅颗粒的粒径较大且粒度大小不一，因此支撑体的孔径也相对较大且分布范围也较宽，用它来作分离层是不够的。

在膜层中，颗粒堆积较为松散，气孔较多，气孔主要来自刚玉颗粒之间的孔隙，刚玉-莫来石纤维之间的孔隙以及纤维与纤维之间的孔隙，从中可以看出在纤维的附近留下的孔隙更多，尤其在纤维相互桥架处留下了大片带状孔隙，这也就是加入纤维能够有效提高陶瓷膜孔隙率的原因，同时膜层以刚玉骨料堆积为主，刚玉骨料粒径较小且粒度大小均匀。因此，膜层孔径分布相对较窄，孔径较小且气孔率很高，膜层具有更高的分离效率和分离效果。

2.2 骨料粒径对膜材料性能的影响

具体试验：我们在相同质量的不同粒径的刚玉粉（100wt%）中，外加10%（wt）相同的黏结剂和10%（wt）的莫来石纤维（150μm），制备出不同骨料粒径的复合膜，再测试膜材料的平均孔径与过滤压降，得出的结果是膜材料的平均孔径随骨料平均粒径的增大而变大，而膜过滤压降随着骨料粒径的增大而降低。

分析其原因：当骨料粒径较小时，颗粒之间的接触面积较大，颗粒堆积也较紧密，因此膜材料孔径相应较小，此时气体通过膜材料的阻力较大，过滤压降较高，随着骨料粒径的变大，颗粒之间的接触面积减少，颗粒之间变得松散，颗粒间的间隙变大，从而使得膜材料的孔径变大，而较大的孔径导致气体易从孔道内通过，导致膜过滤压降降低。

最终，我们得出结论：在刚玉-莫来石纤维复合膜材料中，增大膜材料中的刚玉骨料粒径，可以有效提高膜材料孔径，降低膜材料的压降。

2.3 纤维加入量对材料性能的影响

在试验中，我们以50μm左右的刚玉粉为骨料，加入不同比例的莫来石纤维（长度为150μm，长径比L/D=37.5），在其他工艺条件相同的情况下，制备出不同纤维加入量的样品。烧成后，测试其抗折强度和气孔率。在结合剂含量相同的情况下，随着材料中莫来石纤维含量的增加，材料的气孔率明显增大，而其抗折强度明显降低。

分析其原因：在试验的样品中，纤维与骨料之间基本上以点接触为主，结合强度较弱，骨料起到骨架作用，当组分中纤维加入量少时，则纤维之间相互架桥作用不明显，因此材料的气孔率较低，材料强度较高。但随着纤维加入量的增大，组分中纤维所占的体积比明显增大，整体材料的堆积密度变小，黏结剂高温形成的相不足以填充陶瓷纤维及其他陶瓷骨料之间形成的孔隙，因此材料的气孔率会明显增大，同时强度也会随之降低。

因此，我们得出结论：在刚玉-莫来石纤维复合膜材料中，莫来石纤维的加入可以有效提高膜材料的气孔率，但是也会降低膜材料的强度，从试验中我们得出纤维的加入量在20%左右较为合适。

2.4 纤维长径比对膜材料性能的影响

在试验中，我们以50μm左右的刚玉粉为骨料加入不同长径比的莫来石纤维，在其他工艺条件相同的情况下制备出纤维长径比不同的样品，烧成后测试样品的孔径与气孔率，得出下表，从表中可以看出随着材料结构中纤维长径比的增大，材料的气孔率和孔径均有所增大。

纤维长径比对膜材料性能的影响

L/D	气孔率%	孔径（μm）
25	59.7	14.7
37.5	61.2	16.7
50	63.3	19.3
75	65	24.5

分析其原因：在膜材料中，随着纤维长径比的增大，纤维之间的架桥作用更加明显，材料的致密性变差，纤维堆积形成孔隙变大。相反，随着纤维长径比的减小，纤维之间的架桥作用减弱，纤维形状更趋向于球形粒子，纤维之间会更多地趋向于平行排列，堆积密度变大，气孔率会降低，孔径变小。

因此，从提高材料气孔率方面来讲，应尽量提高纤维的长径比，但从控制材料孔径方面来看，需要合理控制纤维的长径比，以求获得需要的微孔性能。

3 总结

（1）在刚玉-莫来石纤维复合膜材料中，增大膜材料中的刚玉骨料粒径可以有效提高膜材料孔径，降低膜材料的过滤压降。

（2）在刚玉-莫来石纤维复合膜材料中，莫来石纤维的加入可以有效提高膜材料的气孔率，但是也会降低膜材料的强度，从试验中我们得出纤维的加入量在20%左右较为合适。

（3）在刚玉-莫来石纤维复合膜材料中，提高莫来石纤维的长径比有利于膜材料气孔率的提高，但不利于膜孔径的控制。

原载《江苏陶瓷》2016年第3期

高温PTC热敏电阻材料的研制

郭露村 耿龙兴 洑义达

0 引言

研制性能优良的高温PTC热敏电阻材料是当前的一个重要课题，因为它直接影响到PTC的应用范围。为了获得大功率的PTC热敏电阻器，首先就必须提高PTC材料的居里温度。众所周知，提高PTC热敏电阻材料居里温度的方法是用Pb^{2+}置换$BaTiO_3$中的Ba^{2+}。$BaTiO_3$的居里点为120℃，随着Pb^{2+}量的增加，居里温度相应增高。从理论上说，PTC热敏电阻的居里温度的最高极限可达490℃（即$PbTiO_3$的居里点）。但是，随着Pb^{2+}含量的增高会引起一系列的问题：①高温时PbO组分的大量蒸发；②材料的半导化困难；③耐电压强度降低；④PTC效应明显下降乃至消失。

为了解决以上问题，制出性能优良的高温PTC必须有合理的配方及与其相适应的工艺条件。本文主要根据我们试验的情况，就高温PTC的制作工艺对材料特性的影响等问题做一些简单的讨论。

1 研制工艺过程及性能测定

1.1 工艺过程

按配方中主成分的配比称取原料，然后将料、玛瑙球石及水按1∶1.5∶1的比例放入有机球瓶里球磨48小时。球磨后的料倒入平盘中烘干。然后放入匣钵，在1100—1200℃温度下预烧2小时。预烧好的粉料加入小料再按前述条件球磨48小时。

二次球磨的料烘干后加入适量聚乙烯醇的水溶液进行造粒，在600—800kg/cm^{2}的压力下成型。

成型好的片子装入匣钵内，在电炉中进行烧成，最高温度在1290—1320℃。烧好的片子经处理后即可上电极，根据需要可选择以下几种电极：In-Ga合金电极、化学镀镍电极、Ag电极、Ag-Ni复合电极、特种欧姆电极。

1.2 性能测定

1.2.1 常温电阻率（PTr）：我们用以下两种方法。①直接法：用数字万用表直接测量试片在室温下的阻值。其特点是方便简单，但精度不够高。②间接法：用电桥（型号：QJ单双臂两用）及检流计（型号：AC15）测定阻值。这种方法的特点是精度高。

1.2.2 R-T曲线（阻温曲线）：通过选测R-T的对应点，即可绘出R-T曲线，但该方法误差较大而且工作量也大。此外，我们利用x-y函数记录仪来自动绘制R-T曲线。

1.2.3 居里点：通过绘制出的R-T曲线，就可求出材料的居里点，一般可以认为材料阻值迅速上升的温度点就是材料的居里点。

1.2.4 耐压：通过调压器（型号：TDGCI-5/0.5）调节施加于PTC试片两端的电压，并在线路中接上电流表。逐渐加压，当电流突增时的电压就是PTC的击穿电压。

1.2.5 电阻温度系数：α

这是一导出参数，按以下公式计算：

$$a=\frac{2.303}{T_1-T_2}\lg\frac{R_2}{R_1}$$

T_1T_2，为工作温度范围内间隔20℃以上的两个温度点，R_1R_2是与T_1T_2对应的电阻值。

2 结果与讨论

2.1 相同工艺条件下Pb置换景与材料性能的关系

下表列出了不同含铅量试片的性能及外观状况。

编号	PbO%（mol）	Tc℃（理论）	ρ（常温）（Ω·cm）	耐压 v/mm	PbO 蒸发量	α（%℃）	外观
4-0#	5	140	200	>150	0.1%	18.3	致密
4-1#	15	175	500	>150	0.9%	16.3	均匀、光洁
4-2#	25	230	4200	>150	4.2%	12.4	均匀
4-3#	30	230	4200	>150	12.5%	11.6	可见微孔
4-5#	35	250	9300	>100	14.1%	8.2	有较多针孔、气泡
4-6#	40	270	41200	>75	19.0	4.0	针孔明显
4-7#	45	290	∞	/	24.3%	3.6	有大气孔
4-8#	50	310	∞	/	/	/	上下片烧结、无法测量

实验表明，在相同工艺条件下，配方中引入的PbO量愈多、蒸发损失的PbO的量愈大。当PbO的蒸发量大于一定值时，材料的半导化困难且耐压及α系数均会明显下降。

国外有人做了更加系统的试验，证实了高PbO的PTC材料的某些特性下降的情况。对照上表可以看出它们的趋势是相当一致的。

2.2 温度与铅蒸发量的关系

在试验中是用综合热分析仪测试获得TG曲线所用试料为4-3#（含30%mol铅）的。

曲线表明：（1）随着温度的升高，铅的蒸发损失量加大（假定失重量均为PbO。化学分析证实了这一假设）；（2）对一定的组成（配方）而言，当温度升至某值时，失重量会急剧增加（即铅的蒸发量突然加大），这一点对制定合理的烧成温度是非常有意义的。

2.3 烧成工艺对高温PTC性能的影响

为了获得半导化良好的高温PTC材料，要具有较高的烧成温度。烧成温度过低瓷体不能烧结，半导化难以实现，材料的室温电阻率过高或是绝缘体，对高铅的PTC来说，往往达到半导化所需的温度时，已有大量的PbO蒸发。如何解决这一矛盾？从烧成工艺角度出发，我们做了以下几方面的试验。

2.3.1 密封

从相平衡原理出发，PbO的平衡蒸气压随温度的增加而增加。这样在高温状态下PbO组分很容易损失。如果能使PbO组分的蒸气压达到一定数，气固（液）两相中的PbO就可达到动态平衡，即蒸发与凝聚的速度相等。为了达到或者接近这种状态，使PbO不再损失，我们采用密封和在容器内放置PbO源的方法。后者主要是想造成选择蒸发的条件（因为PbO粉较瓷体内部的PbO更容易蒸发）。以上两种方法都是为了提高在烧成容器内的PbO分压。

用4-6#试料的试验结果表明，采用以上的方法能取得十分显著的效果。铅的蒸发量从21.3%和17.0%分别下降到4.2%和3.9%。

2.3.2 烧成制度

失重曲线可见烧成温度的重要性，应根据不同的配方确定不同的烧成温度。为了减缓PbO的蒸发，烧成温度应控制在失重曲线突升温度之下，其温度约在1300℃，我们的试验证实了这一点。

此外，应适当缩短高温的保温时间。一般PTC的高火保温时间为60—90分钟，为了减少铅在高温下的损失，我们把保温时间缩短到40—45分钟。结果证明，除了室温电阻率稍高外，其余各特性均好。

烧成中对高温PTC性能影响的另一重要参数是冷却速率。为了获得半导化良好的瓷体，有必要采用急冷（淬火）。

淬火温度是另一决定因素。在施主掺杂（加La^{3+}、Nb^{5+}等）的$BaTiO_3$中，当氧分压一定时，高温将有助于形成氧缺位，而较低温则有助于形成钡缺位。根据缺陷化学原理，前者将有利于提高电导率，后者则相反，所以高温淬火就可使较多的氧缺位保存下来（淬火的目的是保证高温的晶形结构能被封冻到室温），从而使样品具有较高的电导率。而在较低温度时，淬火电导率就低。

所以为了获得半导化优良的高温PTC试片必须采用高温完毕后立即淬火的冷却方式。我们的试验表明：立即淬火的冷却速率大于每分钟120℃，试片的电阻率较自然冷却试片的电阻率低10—15倍。

3 结论

（1）PTC材料的含铅量（PbO）愈高，烧成时损失的铅的比例愈高。

（2）对于一定的组成（配方），当温度高于某值时，铅的损失会急剧加大，因而烧成温度应控制在该突变温度以下。

（3）密封烧成容器及放入铅蒸发源（PbO粉）所有效控制材料的铅失。

（4）高温淬火有利于提高高温PTC材料的室温电导率。

原载《江苏陶瓷》1986年第1期

高温共烧陶瓷外壳金属化层黏附强度测试方法及其优化

丁荣峥　邵康　汤明川　史丽英

0 前言

在电真空器件、电源模块、集成电路、LED等电子封装中常使用到有金属化层的陶瓷外壳、基板、绝缘子等，陶瓷体上的金属化层黏附强度评价是不可或缺的，国内外相关测试标准也有多个，王雷波、陈金华、陈凌杰、郭宽红和钟永辉等对金属化层黏附强度测试有所论述，对比发现不同的测试标准其测试合格判据是不同的，如何使用这些标准并与陶瓷产品结合起来并没有相关论述，在采用这些标准测试金属化强度时往往是供需双方根据自己的理解或在技术协议中约定。

高温共烧陶瓷（HTCC）应用领域较宽，金属化层与可伐等金属零件钎焊（通常用$Ag_{72}Cu$银铜焊料钎焊）、与背金的芯片焊接（通常用$Au_{97}Si$焊接）、与金属盖板熔封（通常用$Au_{80}Sn_{28}$焊料熔封）、与LTCC基板焊接（通常用$Sn_{63}Pb_{37}$焊料等焊接），陶瓷上的金属化层黏附强度测试方法需要统一，本文对现有测试方法和评价标准进行梳理，分析陶瓷件金属化层黏附强度受哪些因素影响，及其测试方法与使用情况的关系，通过试验验证标样制样、测试前筛选、如何合理测试施力等优化达到准确测试金属化层黏度强度的目的。

1 国内外陶瓷金属化层黏附强度测试方法

笔者对国内外已有陶瓷金属化层黏附强度测试方法和评价标准进行了调查分析，大部分是基于产品应用来确定的测试方法和评测标准。检测评价基本是用产品进行，只有部分采用制作标样来进行测评。

1.1 国内外相关测试标准

国内主要有SJ/T3326-2016《陶瓷—金属封接抗拉强度测试方法》，间接涉及陶瓷外壳金属化层黏附强度测试的方法有：GJB1420B-2011中B2分组的引线牢固性［即GJB548B-2005方法2004.2试验条件A（拉力）］、GJB548B-2005方法2028针栅阵列式封装破坏性引线拉力试验、方法2029陶瓷片式载体焊接强度（破坏性推力试验）、GJB3522-2011《氧化铍陶瓷规范》第3.10条抗拉强度（对金属化陶瓷）、GB/T11363-2008《钎焊接头强度试验方法》等。《低温共烧陶瓷工艺技术手册》第4.4.2.2节膜层可靠性评价中的胶带粘拉法、胶粘拉力测量法只适于附着力低的，样片剪切力、拉力测试是合适的，但缺少合格判据。

国外主要有美国材料与试验协会（ASTM）的F19-119（2016）金属化陶瓷密封件抗拉及真空试验方法和国际大公司（如日本京瓷公司、NTK公司）的企业标准等。

1.2 测试方法与合格判据的对比分析

国内外相关测试方法和标准对比。从测试样件要求、测试技术要求、合格判据以及标准适用范围等方面加以比较。前面提到但未给示意图的，在表格中作简图说明（图略）。

GJB128A-1997《半导体分立器件试验方法》中机械性能试验-方法2000系列中也有2036引出端强度，GJB548B-2005等已包含，故表中未列出；又如NTK公司《AIN外壳设计手册》中AIN陶瓷外壳/基板规定$Ag_{72}Cu_{28}$钎焊在2.5mmx2.5mm金属化层上，要求抗拉强度大于$2kg/mm^2$，标准要求不高；有些标准仅可参考，如GB/T 11363-2008《钎焊接头强度试验方法》等。

2 HTCC陶瓷外壳金属化层作用及相关强度测试

2.1 陶瓷外壳金属化层作用及典型结构

陶瓷外壳金属化从结构来分有内部埋层和表面金属化。内部埋层主要起电互连、屏蔽等作用；表面金属化主要是钎焊各类金属零件、引线键合、焊料封口、电互联和接地等。本文讨论的是HTCC陶瓷外壳表面金属化。

HTCC陶瓷外壳表面的金属化层会用于各类引出端（如CDIP/CFP/CQFP引脚、CPGA引针等）、平行缝焊的封接环、钨铜等热沉的银铜焊料钎焊，用于芯片等的Au-Si共晶摩擦焊或导电胶的黏结，用于电感等元器件的锡铅焊，用于金丝和硅铝丝等的超声键合，还用于$Au_{80}Sn_{20}$合金焊料熔封的密封等。在这些采用相同工艺制作的金属化层中，钎焊引出端、封接环执沉的金属化区域等相对来讲需承受更大应力，对其要求参见GJB1420B-2011《半导体集成电路外壳通用规范》、GJB923A-2004《半导体分立器件外壳通用规范》等。

陶瓷外壳金属化层典型结构，在陶瓷外壳制造中引出端、封接环、热沉的金属化层黏度强度是显著高于引线键合等金属化区的，其金属化层结构材料、结构尺度（厚度）等是不同的。

2.2 陶瓷外壳金属化层脱落失效现象及相关强度测试分析

陶瓷外壳金属化强度不足，常常会引起掉脚、密封检测时密封环漏气、键合指金属层剥离导致互联失效等问题。

从陶瓷外壳金属化层相关的失效案例分析中可以看到，密封区、键合指出现的脱落基本属于黏附强度不足以抵挡应力才出现的；CQFP陶瓷外壳等引脚出现脱落，引脚缓冲结构不能表现在强度上，该结构引脚抗拉强度不仅是钎焊面的金属化层结合强度，还包含了扩大的金属化区、金属化层四周覆盖瓷浆层和钎焊区下金属埋孔等增强的强度。陶瓷外壳引脚在相关检验中是合格的，但使用中出现失效，说明金属化强度是不合格的，引脚强度合格不是充分条件，而是使用合格的必要条件之一，引线抗拉强度测试合格不能说明金属化层一定合格。

以2.54mm节距CPGA68为例进行计算分析，按日本京瓷、NTK等单位的陶瓷外壳设计手册中要求的抗拉强度大于或等于$4.3kg/mm^2$来计算分析。

不同计算面积，引针抗拉强度值为：

（1）引针横截面Φ0.46mm：$F=\pi r^2\times 4.3kg/mm^2=3.14\times 0.23mm\times 0.23mm\times 4.3kg/mm^2=0.71kg$

（2）引针底盘Φ0.74mm：$F=3.14\times 0.37m\times 0.37mm\times 4.3kg/mm^2=1.85kg$

（3）引针钎焊的金属化焊盘Φ1.60mm：$F=3.14\times 0.80mm\times 0.80mm\times 4.3kg/mm^2=8.64kg$

计算中，（1）显然忽略了引针焊盘比引针大的面积部分以及引针四周堆积的银铜焊料对抗拉强度的影响，（2）忽略了引针四周堆积的银铜焊料对抗拉强度的影响，（3）将银铜焊料对抗拉强度的影响扩大为整个金属化焊盘起钎焊作用。

GJB548B-2005方法2028中，Φ0.46mm引针拉力合格判据为：

$F=\pi r^2\times 258N/mm^2=3.14\times 0.23mm\times 0.23mm\times 258N/mm^2=42.8N$

侧向拉引针更易破坏，42.8N（4.37kg）的合格判据比20°引线拉力2.27kg高是合理的；若以钉头直径0.74mm计算，忽略四周堆积银铜焊料的影响，拉力F为34.7N，偏小约1/3，也算是合理的。这些说明引针的抗拉强度并不能直接对应于陶瓷金属化强度。

3 陶瓷外壳金属化层黏附强度测试

由上述分析可知，准确测试陶瓷外壳金属化层黏附强度和准确计算金属化层面积很重要。准确测试金属化层强度，有效监控金属浆料制备、金属浆料与陶瓷匹配、金属浆料印刷厚度、高温共烧等工艺过程的稳定性，且不需要因陶瓷外壳钎焊不同零件采用不同的测试方法来评价其是否合格，避免“使用决定测试项目，测试项目决定测试方法”带来的测试数据使用受限问题。

实测验证的首次测试：测试样件采用生瓷片上印刷（20±2）μm厚、切割出（1.3±0.1）mm×（1.3±0.1）mm大小的金属化区域并经层压整平，高温共烧后经镀镍和致密化后用（60±5）μm厚$BAg_{72}Cu$钎焊0.20mm可伐，陶瓷上带测试孔，在金属化层下没有通孔或填孔，金属化层的四周没有陶瓷浆料覆盖层；16件样件未做筛选，直接用钢丝穿过瓷片在WDL-5000N多功能材料试验万机上测试，金属化抗拉强度值在3.4—18.9kg/mm^2，波动范围非常大。对测试样件进行分析，发现与钎焊有效面积、钎焊垂直度等有关，并不是直接反映金属化层黏附强度。

因首次测试验证数据波动范围太大，所以需要进行第2次测试验证。首次测试验证虽消除了金属化层下金属通孔、相连金属化层、银铜钎焊扩展带来测试值增大的影响，但没有筛选掉钎焊层空洞尺寸过大或空洞率过大、测试垂直度等对测试值降低的影响。第2次测试采用2mm左右叠层厚度的生瓷片上大面积印刷金属化层后用模具冲制或激光切割、共烧制成Φ2.0—3.0mm瓷件，钎焊面积尺寸一致性高，尺寸测试计算准确性也高；测试前用X射线照相筛选掉钎焊层空洞尺寸在Φ0.15mm或空洞率大于5%的试样（或者测试后目检剔除焊料层有空洞的）；测试施力采用硬连接和软连接。可伐杆与瓷件之间的钎焊要对准、垂直且钎焊不可太松或太紧，可以参考周明珠等设计的钎焊模具。

测试模具冲制的和激光切割的400MPa抗弯强度HTCC两种样件，数据见表1和表2。

表1 模具冲制制样陶瓷金属化层黏附强度(单位：kg/mm^2)

样件	测试		
	硬夹持	软连接	失效模式
1	4.85	7.67	瓷层中间分离，金属化层分别留在可伐杆上
2	6.35	4.39	
3	4.94	6.77	
4	2.08	7.13	
5	2.44	6.02	
6	4.83	3.59	
7	3.34	3.91	
8	4.41	5.32	
平均值	4.16	5.68	
最小值	2.08	3.59	
最大值	6.35	7.67	
σ	1.43	1.54	

表2 激光切割制样陶瓷金属化层黏附强度(单位：kg/mm^2)

样件	测试		
	硬夹持	软连接	失效模式
1	8.02	4.98	瓷层中间分离，金属化层周边有分层现象
2	9.44	4.19	
3	5.59	4.89	
4	6.34	5.53	
5	9.29	5.08	
6	12/26	4.74	
7	9.23	5.17	
8	7.29	6.14	
平均值	8.43	5.09	
最小值	5.59	4.19	
最大值	12.26	6.14	
σ	2.10	0.57	

从表1、表2中的测试数据列出的分离情况可以看出，样件存在的生瓷件隐裂纹、W金属层的微小分层导致测试时分离均发生在陶瓷层。测试的黏附强度值不是金属化层真实的黏附强度，其数值不可用来判断金属化层黏附强度是否合格，必须

进行生瓷件制作工艺优化及高温共烧前后的筛选、测试软硬结合夹持等来消除测量误差。

第3次测试验证：样件在第2次测试验证的基础上，采用生瓷件模具冲制，增加隐裂纹检查并对其做消除处理，钎焊和测试采取测试施力有缓冲作用的软硬连接。表3是改进批测试数据，较准确地测量出陶瓷外壳金属化层黏附强度在13kg/mm^{2}以上，远高于行业内氧化铝HTCC设计手册上的4.3kg/mm^2。

经过实际测试验证表明，生瓷片上印刷金属化层再冲制出圆形样件，检查并消除隐裂纹，经高温共烧钎焊后按正常工艺标准筛选缺陷样件，测试施加力采用软连接，可以较准确地测得金属化层黏附强度。

表3 无孢裂纹和W层微分立瓷件的1组金属化层黏附强度测试值（单位：kg/mm^2）

样件	测试	
	软硬结合夹持	失效模式
1	16.57	瓷层、金属化层均部分留在可伐杆上
2	16.32	
3	15.01	
4	15.23	
5	14.75	
6	16.89	
7	13.78	
8	14.22	
平均值	15.35	
最小值	13.78	
最大值	16.89	
σ	1.13	

4 结论

本文分析了现有陶瓷外壳等金属化层黏附强度的测试方法和评价标准，准确测量黏附强度金属化层下不允许有金属通孔或与测试区相连的金属化层等，制样方式尤其制样存在隐裂纹或微分层、不同施力，均对测试值有影响，最后给出了可信的金属化层黏附强度制样及测量方法：0.3—2.0mm生瓷片正面、底面印刷W浆后采用模具冲制，高温共烧出Φ2.0—3.0mm直径的瓷件，再化镀镍、银铜钎焊于测试底座上，按正常工艺标准筛选掉有隐裂纹等缺陷的不合格标样，与测试仪采用软连接，可以准确地评测金属化浆料质量，实现高温共烧金属化层黏度强度在线监测，消除不同封装形式陶瓷外壳金属化层黏附强度评价方法不同所带来的合格判据不统一、不等同且不能真实反映金属化黏度强度的问题，为金属化浆料研制、陶瓷外壳金属化黏附强度质量监控提供了测量方法。

原载《电子与封装》2021年第5期

高温烟气过滤SiC多孔陶瓷孔隙率及烧结工艺研究

伦文山　徐泽跃　朱军　沈云进　彭文博　郭文飞

0 引言

目前，我国电力、化工、钢铁、水泥等行业在生产过程中会排放大量的高温烟气，但烟气净化水平不高，不但污染环境，而且存在大量的热能和有用资源的浪费。高温气体除尘技术是一种先进的节能、高效技术，该项技术的应用可以促进我国资源、经济与环境的协调，实现可持续发展。高温气体除尘技术的关键是要将烟气在高温下直接实现气固净化分离，并使排出的烟气符合环保标准。

要除去高温烟气中的尘粒，所选陶瓷材料必须要能承受高温（500—900℃）、高压（1.0—3.0MPa）以及脉冲反吹时因温度差突变而引起的热应力变化。因此，需要具有优异力学性能和高孔隙率的耐高温多孔陶瓷材料。采用碳化硅制备的多孔陶瓷材料最大的优点在于它的抗热冲击性好、耐高温强度高和耐腐蚀性好，在严酷的条件下可以保持很好的稳定性。同时碳化硅陶瓷具有良好的抗弯强度，可以用作非对称多孔陶瓷过滤管的内层支撑体，为非对称多孔陶瓷过滤管的外层过滤膜提供一个良好的载体。抗弯强度的大小直接影响碳化硅多孔陶瓷材料的使用寿命。因此制备的碳化硅多孔陶瓷材料是一种优良的高温气固分离材料。

本文主要表征了制备的碳化硅多孔陶瓷的孔隙率的影响因素以及烧结工艺参数，探索其中的变化规律，为制备出具有高孔隙率、低过滤压降的碳化硅多孔陶瓷产品提供了有力的保障。

1 试验过程

1.1 试验原料及设备

试验原料：碳化硅（60目）、超细高岭土、硅微粉、滑石粉、钛白粉、碳酸钡、木屑以及黏结剂等。

主要设备：冷等静压机、电动抗折试验机、高温烧结炉、显气孔体密测定仪等。

1.2 试样的制备

以碳化硅颗粒为骨料搭建骨架，利用细粉作为陶瓷结合剂，将混合均匀的陶瓷结合剂缓缓加入骨料中混合均匀，然后将造孔剂加入骨料中，然后放入转动的混炼机中将其碾压均匀，之后陈化24h。在等静压模具中成型，尺寸为Φ60mm×Φ40mm×750/1500mm；成型后的试样放入恒温烘箱中进行低温烘干处理，在1330℃下烧成，保温时间为4h。

2 结果与讨论

2.1 碳化硅颗粒粒径对碳化硅多孔陶瓷孔隙率及孔径的影响

试验得出了碳化硅多孔陶瓷的孔隙率和孔径随碳化硅颗粒粒径的变化规律。随着碳化硅颗粒粒径的减小，碳化硅多孔陶瓷的孔隙率不断增大，气孔平均孔径不断降低。渗透率和孔径大小的公式如下：

$$\mu=qr^2/8\zeta$$

其中，μ为渗透率；q为开气孔隙率；r为气孔半径；ζ为气孔曲折度。

由公式看出，孔径大小对渗透率的影响成平方的关系，而碳化硅多孔陶瓷的渗透率越大，其过滤压降越小。由公式可知，气孔孔径的大小比孔隙率对过滤压降的影响更大。碳化硅颗粒粒径≥80目时，孔隙率虽然较高（≥39.8%），但是孔径偏低（≤40.12μm）。因此其过滤压降偏高，高温烟气通过多孔陶瓷的阻力会增大，不利于高温烟气的过滤。通过分析，碳化硅颗粒粒径选取60目（250μm）时，制备的碳化硅多孔陶瓷的孔隙率和孔径趋于平衡。因此制备碳化硅多孔陶瓷时选取的碳化硅的颗粒度为60目。

2.2 碳化硅含量对碳化硅多孔陶瓷孔隙率的影响

通过试验可以看出，随着碳化硅含量的增加，孔隙率随之增高，基本呈线性关系。由于孔隙率的高低和孔径的大小是影响过滤压降的关键因素，因此本试验的主要目的是在具有一定抗折强度范围的前提下尽可能地提高碳化硅多孔陶瓷的孔隙率和孔径大小。孔径越大，孔隙率越高，碳化硅多孔陶瓷的过滤压降越小。碳化硅含量过高，陶瓷结合剂的含量相应减少，会导致碳化硅多孔陶瓷不易成型，且烧成时液相偏少，导致强度偏低；碳化硅含量过少，陶瓷结合剂的含量升高，使碳化硅多孔陶瓷的液相增加，使碳化硅多孔陶瓷烧成时更易变形，孔隙率降低，使得过滤压降偏大，气体的渗透率偏低。

通过研究发现，碳化硅的含量在88wt.%时，制备的碳化硅多孔陶瓷的孔隙率和强度值趋于平衡。

2.3 造孔剂含量对碳化硅多孔陶瓷孔隙率的影响

在一般的陶瓷制备过程中，通过调节成型压力、烧结温度以及保温时间，可以控制制品的孔隙率。但是成型压力过低，虽然制品的孔隙率高，但是制品的强度会降低，易破碎；成型压力过高，孔隙率会大幅度降低。烧结温度太高或保温时间较长会使部分气孔封闭甚至消失，导致孔隙率降低而烧结温度太低或保温时间较短，则制品烧结不完全，导致内部结构缺陷偏多，相应的力学性能显著下降。对于多孔陶瓷，单纯依靠成型压力和烧结温度以及保温时间很难同时满足强度和孔隙率的要求，因此需要引入部分造孔剂来改善多孔陶瓷的性能。造孔剂的引入在坯体中占据一定的空间，经过高温烧结，造孔剂燃烧或分解，从而留下一定的空隙，引入的造孔剂需满足两个条件：一是不能和陶瓷基体进行反应；二是烧结过程中易排除，不会留下对多孔陶瓷性能影响的残留物质。在多孔陶瓷材料中，对造孔剂的选取有很多种，常用的有活性炭粉、石墨、淀粉、聚乙烯醇、纤维素等。

而本试验采用的造孔剂为一定尺寸的木屑纤维，其作为造孔剂，有三大优点：一是容易烧掉而不会留下残留物；二是因为是纤维，加入后会对成型的坯体的强度有一定的提高；三是木纤维的比重轻，不会过多地增加坯体的重量。

结果所示，随着造孔剂含量的提高，孔隙率基本呈线性升高，抗折强度呈线性下降。虽然造孔剂的含量提高，孔隙率大幅度升高，碳化硅多孔陶瓷的过滤压降降低，但是相应的碳化硅多孔陶瓷的强度呈线性下降，在等静压成型、脱模过程以及使用过程中碳化硅多孔陶瓷易开裂破碎，使用寿命会大幅度缩短。可见，在保持抗折强度>20MPa的条件下，当造孔剂含量在3wt.%时，碳化硅多孔陶瓷的孔隙率为37.5%，抗折强度23.2MPa，测试得到过滤压降390Pa。此时制备的碳化硅多孔陶瓷性能较为理想。

加入造孔剂后，不但孔隙率提高了，尤其是孔径明显增大了，由公式$u=qr^2/8\zeta$推算分析，孔径大小对过滤压降的影响呈指数关系，孔径比孔隙率对过滤压降的影响更大。因此，大孔径的碳化硅多孔陶瓷具有相对更低的过滤压降，使得碳化硅多孔陶瓷具有更优异的使用性能。

2.4 烧成温度对碳化硅多孔陶瓷孔隙率的影响

对于陶瓷材料烧成温度的研究是整个工艺研究中至关重要的部分，烧成过程是陶瓷制品排水、排胶、发生物理化学反应、致密化烧结的过程。烧成温度的高低直接影响到陶瓷材料的热力学性能。通过研究发现，相同的烧成温度，在还原气氛中，烧结不完全，结构中的液相含量偏少，且局部造孔剂未烧掉，使得制备的碳化硅多孔陶瓷的力学性能偏低；而在氧化气氛中，烧成后碳化硅多陶瓷的表面光滑，颜色均一，抗折强度以及孔隙率相对还原气氛烧成有了大幅度的提高。

随着烧成温度的不断提高，碳化硅多孔陶瓷的抗折强度随之升高，孔隙率随之下降。当温度超过1000℃时，陶瓷材料中液相量增加，促进陶瓷材料的烧成，随着温度的不断提高，材料中液相不断升高，使碳化硅颗粒能完全地被液相包裹，颗粒与颗粒之间能很好地结合在一起，使得碳化硅多孔陶瓷的强度得到提高。但是温度过高时，碳化硅多孔陶瓷内部会出现多余的液相，通过不断流动填充到碳化硅多孔陶瓷的各个空隙中，阻塞空隙，使得碳化硅多孔陶瓷材料的闭气孔数量增加，显气孔率下降，影响碳化硅多孔陶瓷气固分离时气体的渗透率，增大了碳化硅多孔陶瓷的过滤压降。温度过低，碳化硅多孔陶瓷强度偏低，且烧结不完全，影响碳化硅多孔陶瓷的使用寿命。

3 结论

本文对碳化硅多孔陶瓷孔隙率进行了研究，得出如下结论：

（1）通过研究，孔隙率和孔径是影响碳化硅多孔陶瓷过滤压降的两大主要因素，且孔径对过滤压降的影响显著。

（2）碳化硅骨料选取60目，入量为88%时所制得的碳化硅多孔陶瓷的孔隙率和强度值趋于平衡，此时的孔隙率为37.5%，抗折强度在23.5MPa左右。

（3）本研究的碳化硅多孔陶瓷的烧成温度在1330℃时，其孔隙率及抗折强度等性能较为理想。

原载《中国陶瓷工业》2017年第1期

溶液浸渍法制备CeO_2陶瓷纤维板的研究

陆丽芳　徐泽跃　李平　彭文博　沈云进

0 前言

陶瓷纤维材料具有电绝缘性好、化学稳定性强、导热性能低、热熔小、质量轻等特性，并且具有一定的柔韧性，可操作性好，在绝热、保温、光催化等领域应用广泛。如用于航空、航天和其他对温度和力学性能要求高的组件等；用于高温气液体的过滤材料，是较理想的节能增效材料。本研究所制备的氧化铈陶瓷纤维板具有较高的离子电导率，除具有普通陶瓷纤维材料的用途之外，还可作为各种燃料电池的垫圈，例如熔融碳酸盐燃料电池（MCFC）。

粘胶纤维属再生纤维素纤维，它是以天然纤维素为原料，经碱化、老化、磺化等工序制成可溶性红维素磺酸酯，再溶于稀碱液制成粘胶，经湿法纺丝而制成的。从它的分子式可见纤维素分子间有较多的氢键，在漫渍过程中，纤维毡的纤维分子链易溶胀，氢键新裂，产生较多的羟基，羟基与水分子结合形成更多的吸附中心，从而吸附更多铈盐。本研究所用的是有机聚合物转化法，其特点为操作简单，对设备的要求低。通过溶液浸渍、烧成等一系列程序，制得结构与粘胶纤维类似的陶瓷纤维板。

1 试验过程

1.1 试验原料及设备

试验原料：粘胶红维毡、六水硝酸铈晶体、盐酸（1:1）、去离子水等。

主要设备：水浴锅、微波发生器、低温电炉、KSF1 600型高温炉、金相显微镜等。

1.2 纤维板试样的制备

本实验采用溶液浸渍法，通过粘胶纤维毡分解，$Ce(NO_3)_3·6H_2O$氧化烧结等一系列反应，制备CeO_2陶瓷纤维板。其制备方法如下：首先，将粘胶纤维毡浸渍在去离子水溶液中1—2h，溶胀处理后机械干燥，然后置于20—65℃、pH为1.5—5的0.6mol/L$Ce(NO_3)_3 \cdot 6H_2O$溶液中4h，之后采用机械干燥、微波干燥除去纤维毡表面及纤维间多余的铈盐溶液。最后，在氧气气氛中采用两次烧成法制备氧化铈陶瓷纤维板，一次烧成温度为1200℃，二次烧成温度为1560℃。

1.3 性能与表征

（1）采用电子天平秤对烧结前后的试样进行质量分析。

（2）采用游标卡尺对不同温度烧结前后试样的收缩进行分析。

（3）采用金相显微镜对烧结后的试样进行形貌分析。

2 结果与讨论

2.1 pH对单位质量的粘胶纤维毡生成CeO_2，陶瓷纤维板量的影响

表1为不同pH浸渍液制备粘胶纤维板烧成前后质量及单位质量转化量。实验所用纤维毡厚度为6mm，表中单位质量转化量为二次烧成后纤维毡与烧成前粘胶纤维毡的比。结合图表可以看出，随着pH的变大，单位质量粘胶纤维毡生成CeO_2陶瓷纤维板量先增多后减少，在pH为4时，粘胶纤维毡转化率最高，接近10%，1g粘胶纤维毡烧成0.099g氧化铈纤维布。说明了pH较小的溶液会和粘胶纤维毡反应，使得纤维的直径变小，有效吸附铈离子的表面积变小，因此单位质量粘胶纤维毡转化量小；当pH为5时，此时的pH为不需要加盐酸调节的pH，此时溶液中没有过量的H^+，不易形成更多的铈离子吸附中心，因此，单位质量粘胶纤维毡转化量有所降低。

表1 不同pH浸渍液对粘胶纤维板烧成转化量的影响

pH值	6mm纤维毡（g）	一次烧成（g）	二次烧成（g）	单位质量转化量（g）
1.5	5.76	0.45	0.435	0.075
3	5.68	0.43	0.43	0.076
4	6.08	0.6	0.6	0.099
5	6.77	0.61	0.61	0.09

2.2 溶液温度对单位质量的粘胶纤维毡生成CeO_2陶瓷纤维板量的影响

表2为不同温度浸渍液制备粘胶纤维板烧成前后质量及单位质量转化量。实验所用纤维毡厚度为6mm厚，表中单位质量转化量为二次烧成后纤维毡与烧成前粘胶纤维毡的比。结合表2可以看出，当浸渍液pH为4时，浸渍液温度从20℃增加到

65℃，粘胶纤维毡单位质量转化量都在0.1g以上。因此，可以得出pH对制备纤维毡单位质量转化率的影响较大，而温度对其的影响较小。从表中数据可知，随着温度的升高，纤维毡单位质量转化量先变大后减小，因为随着温度的升高，加快了离子的运动速率，更多的铈离子与粘胶纤维结合，因此增加了纤维毡单位质量转化量，进一步升高温度，溶液蒸发加快，溶液pH降低，纤维毡单位质量转化量降低，与pH试验结果相符。最佳的浸渍液温度为50℃。

表2 不同温度浸渍液对粘胶纤维板烧成转化量的影响

温度（℃）	6mm纤维毡（g）	一次烧成（g）	二次烧成（g）	单位质量
20	3.61	0.4	0.375	0.104
35	3.7	0.41	0.388	0.105
50	4.43	0.49	0.478	0.108
65	3.84	0.42	0.405	0.105

2.3不同烧结温度对纤维板的纤维组织结构的影响

实验将粘胶纤维毡分别在350℃、800℃、1350℃、1550℃时烧结，纤维出现不同烧结温度测得的收缩率。随着烧结温度的升高，纤维组织结构越来越致密，孔隙率降低，350℃到800℃烧结时单根纤维出现断裂的现象，且孔径较大，分布不均。而1350℃烧结时纤维组织排列整齐，密度增大，单根纤维断裂情况明显较少这说明随着烧结温度的提高，纤维断裂程度降低，纤维密度增加。1550℃烧结时，纤维已晶化，此时纤维强度增大，分析其原因，在350℃时处于烧结初期，纤维收缩率达到34.9%，纤维收缩过程中受到向内的拉应力及外部施加的张力，由于烧结温度较低。收缩相对较大，沿着纤维方向排列的氧化铈颗粒没有形成颗粒相融合而断裂而1350℃、1550℃烧结时，此时氧化铈品粒长大，沿着纤维轴向方向CeO_2晶粒相融合，从而纤维强度增加，断裂程度逐渐减小。

3 结论

（1）采用溶液浸渍法可以制备出连续、平整、柔韧性较好的CeO_2陶瓷纤维板。

（2）当浸渍液pH为4、温度为50℃时，单位质量粘胶纤维毡生成的CeO_2陶瓷纤维板量最高。

（3）随着烧结温度升高，CeO_2陶瓷纤维板趋于致密，纤维断裂程度逐渐减小，

1550℃是合适的烧结温度。

原载《江苏陶瓷》2016年第5期

三维多孔氧化铝陶瓷石墨烯复合材料的研制

池凯 王帅 陆丽芳 徐泽跃

0 引言

石墨烯是一种由sp2杂化的碳原子以六边形周期排列形成的二维结构，其厚度只有0.335nm，是目前世界上发现的最薄却最坚硬的材料，具有独特的单原子层结构，是其他维碳材料的基本结构单元，石墨烯比表面积的理论计算值为2630m^2/g，强度达130GPa，杨氏模量约为1100GPa。其断裂强度约为125GPa，与碳纳米管相当。同时，其独特的结构使其具有室温量子霍尔效应、量子隧道效应、双极电场效应和良好的电磁性等特性。

随着对石墨烯研究的深入，石墨烯在陶瓷基块体复合材料中的应用越来越受到关注，传统的陶瓷基复合材料使用一维碳纤维、碳纳米管以及陶瓷晶须作为增强相，但是这些材料在陶瓷基体中分散不均匀容易团聚；相对于低维的纳米复合组分来说，石墨烯能够较好地分散于陶瓷基体中，加之其优异的力学和物化性能，将其复合到陶瓷基块体复合材料中，对提高材料综合性能有很大的帮助，有希望得到具有某些独特性能的结构、功能一体化块体陶瓷复合材料。在制备方法上，传统陶瓷石墨烯复合材料大多采用氧化石墨烯与陶瓷粉末球磨、煅烧，此类方法不易控制复合材料的复合质量，且氧化石墨烯制备有大量废酸、重金属离子产生，严重污染环境，不利于工业生产。本文研究制备的三维多孔陶瓷石墨烯块体复合材料有效地解决了这些问题，还具有低密度、高强度、抗氧化、耐热冲刷、耐烧蚀性能优良等优点，还能赋予陶瓷材料半导体、导电导热、电化学等性能，可应用于传感器、加热器件、储能电极等诸多领域中。

1 试验过程

1.1 试验原料及设备

试验原料：三维多孔氧化铝陶瓷块体、硝酸镍、氢气、氩气、甲烷。

主要设备：烘箱、CVD系统。

1.2 三维多孔陶瓷石墨烯块体复合材料的制备

（1）制备陶瓷—催化剂块体

将大小为10×10×5（mm）的多孔氧化铝陶瓷块体浸入0.5M浓度的硝酸镍溶液中，2h后取出，60℃烘干蒸发多余水分，得到多孔氧化铝陶瓷催化剂块体。

（2）制备三维多孔陶瓷石墨烯块体复合材料

将多孔氧化铝陶瓷催化剂块状材料置于管式炉中，先通入氩气除去空气，再升温至400℃后通入1vol%氢气，加热1h使硝酸镍还原形成镍颗粒。再升温至900℃，通入比例为1∶2∶30的甲烷、氢气、氩气混合气体，甲烷流量为10sccm，通过原位气相沉积生长3h，降温至室温即可得到三维多孔氧化铝陶瓷石墨烯块体复合材料。

1.3 性能与表征

（1）采用相机对三维多孔陶瓷制备石墨烯过程块体表观进行分析。

（2）采用扫描电子显微镜对三维多孔陶瓷、三维多孔陶瓷石墨烯块体进行形貌分析。

（3）采用拉曼光谱对三维多孔陶瓷石墨烯复合材料进行结晶情况分析。

2 结果与讨论

2.1 三维多孔陶瓷制备石墨烯过程块体表观进行分析

试验获得三维多孔氧化铝陶瓷、三维多孔氧化铝陶瓷镍催化剂、三维多孔氧化铝陶瓷石墨烯复合材料实物光学照片，从中可以看出，随着对白色三维多孔氧化铝陶瓷块体进行处理，氧化铝陶瓷的颜色逐渐变化，首先是含有对石墨烯生长具有催化作用的硝酸镍的盐溶液均匀渗透进入多孔氧化铝陶瓷块体的孔隙中，干燥后多孔陶瓷块体表面变为镍盐独有的绿色，随后内部的硝酸镍盐溶液在还原气氛中加热还原，形成对石墨烯生长具有催化作用的镍催化剂；然后以镍为催化剂，在含碳气体中进行原位气相沉积，得到了照中的黑色陶瓷块体复合材料，证实了有石墨烯生长沉积在三维多孔氧化铝陶瓷骨架表面。

2.2 三维多孔陶瓷、三维多孔陶瓷石墨烯块体形貌分析

图为三维多孔氧化铝陶瓷、三维多孔氧化铝陶瓷石墨烯复合材料的SEM图（图略），从图中可以看出，在三维多孔氧化铝陶瓷骨架表面包括外表面和骨架内部孔

隙表面均生长了石墨烯。

2.3 三维多孔陶瓷石墨烯复合材料结晶情况分析

拉曼光谱是一种研究石墨烯内部结构和结晶质量的有效表征手段，通过拉曼光谱我们能够大致了解制备得到的石墨烯的质量和层数，从三维多孔陶瓷石墨烯复合材料的拉曼光谱图中看出，位于1580cm^{-1}附近的G峰主要说明碳材料内部的有序化程度，可以看出结晶峰G峰远远高于缺陷峰D峰，证明其碳结晶性很好，为结晶碳即石墨烯。位于2700cm^{-1}附近的2D峰峰强能够显示出石墨烯的层数和层与层之间的堆叠程度，通过2D峰峰强与G峰峰强的比值可以证明石墨烯为少层或寡层。

3 结论

本文提供了一种以化学气相沉积法制备得到的三维多孔陶瓷石墨烯块体复合材料，该复合材料以多孔陶瓷为骨架，石墨烯原位生长在陶瓷表面，石墨烯与陶瓷材料表面紧密结合，具有良好的稳定性。同时，该制备方法简单、快速、安全且制备出的材料无须进行后续处理。因此本文提供了具有工业化应用前景的多孔陶瓷石墨烯复合材料及其制备方法，在催化、能源、光电等应用领域具有广阔前景。

原载《江苏陶瓷》2018年第4期

陶瓷膜技术处理含油废水的应用研究

易佑宁　彭文博

0 引言

含油废水的化学耗氧量（COD）高，对环境危害大，污染后难以治理，这就要求对含油废水进行处理后排放。含油废水的处理技术和分离的难易程度取决于油在水中的存在形式以及油类回收和处理后水的回用要求，油在水中的存在形式分为浮油（粒径大于150μm）、分散油（粒径20—50μm）、乳化油（粒径小于20μm）。传统含油废水处理方法有：物理法、物理化学法、化学法、生物化学法等，其中膜分离法主要用来分离乳化油，在含油废水处理工艺中有如下优点：（1）不需添加化学试剂即可处理乳化油的废水；（2）适用范围广，既能分离悬浮油、分散油、乳化油，又可以回收浓缩后的油类，处理过的回用水油含量低；（3）分离效率高，工艺过程简单，设备占地面积小，陶瓷膜管强度高、耐腐蚀（便于化学清洗）耐高温、使用寿命长。因此，陶瓷膜在石油化工、石油开采、机械加工、纺织和食品行业的应用受到广泛关注。

1 陶瓷膜技术简介

现有陶瓷膜从材质上可以分为Al_2O_3、SiO_2、ZrO_2、TiO_2膜，目前孔径为4—5000nm的多孔Al_2O_3膜、ZrO_2膜均已商品化，其构型有管状及多通道状、板状纤维状等。从用途上陶瓷膜可分为微滤、超滤、纳滤、气体分离膜等，目前已在工业上得到广泛的应用，在含油废水处理方面效果十分明显。

2 试验内容

2.1 试验装置和原材料

取某轧钢厂含油废水，经砂滤后进行陶瓷膜过滤试验。

陶瓷膜管采用江苏省陶瓷研究所有限公司生产的膜管的指标：膜孔径：200nm；单只膜管过滤面积：$0.2m^2$。

2.2 试验过程

废水原液经过砂滤后进入水箱，经泵加压打入管道，经过回流阀和流量计角阀调节过滤压力和流速，流经膜管过滤后循环回到水箱，滤后清液由滤出水管道流出收集。

记录测试过程中的渗透率、过滤温度、过滤时间、压力差、过滤出水量之间的变化。

渗透率S，过滤时间t，过滤时间内的出水量V，膜管过滤面积$0.2m^2$，$S=V/t\times0.2$。

过滤压力P，膜管前压力P_1，膜管后压力P_2，$P=(P_1+P_2)/2$。

膜面流速V，流量计读数q，管道面积m，$V=q/m$。

过滤一段时间之后，陶瓷膜渗透率逐渐下降，下降到一定值后需要进行清洗。清洗采用两步：(1)物理反冲洗，每过滤20分钟进行反冲洗10秒；：(2)过滤4h后渗透率下降到一定值后，采用化学清洗30min，采用1.6%的NaOH清洗15min，再用2%的HNO_3清洗15min。

3 试验结果与讨论

影响陶瓷膜过滤分离性能的因素主要有以下几个方面:

(1)陶瓷膜孔径的选择是否合适,水能否达到需求。

(2)料液预处理后性质能否达到要求及过滤过程的稳定性和出水指标情况。

(3)过滤过程中设备调节的过滤压力、流速等参数与清洗工艺是否合适,及设备能否稳定运行。

3.1 过滤压力对渗透率的影响

保持一定的过滤压力是进行过滤分离的必要条件,压力大小直接影响到陶瓷膜的初始渗透率和稳定后的渗透率。在稳定膜面流速于15m/s。通过调节不同的压差,膜的渗透率随时间的变化。

3.2 膜面流速对渗透率的影响

陶瓷管式膜进行油水分离的最大优点是不易堵塞,关键在于进行错流过滤时选择合适的流速。合适的流速保证流体和膜面之间的剪切力把膜面沉积和堵塞吸附的油滴带走,有效减少膜面沉积和堵塞的厚度,保证过滤过程中渗透率稳定在一个合适的范围。

经过试验,流速过小,膜面剪切力不够,渗透率下降较快,稳定渗透率较小;流速过大,渗透率增加不明显,能耗较高,经过对比,选择15m/s膜面流速进行过滤为首选。

3.3 陶瓷膜的清洗

陶瓷膜过滤含油废水的过程中,初始过程渗透率较高,随着渗透过程的发生,部分油滴和水中的凝胶和固体杂质吸附在膜表面,渗透率逐步下降,较快的液体流速也不停地带走部分膜表面吸附的杂质,达到一个平衡后渗透率会稳定在一定的范围,但是总体还是逐步下降,到一定值后需要进行停机清洗。好的清洗工艺可以使陶瓷膜渗透率恢复初始值的90%以上。

试验采用酸碱复合清洗的办法,采用不同浓度的NaOH、HNO_3和不同的清洗时间对堵塞后的陶瓷膜管进行清洗试验,最终选择了1.6%的NaOH清洗15min,再使用2%的HNO_3进行15min清洗,清水测试,膜渗透率恢复至初始值的90%,比较理想。

3.4 出水水质

经过检测,出水水质(见表1)满足排放要求。

表1 出水水质

项目	COD（mg/L）	pH（mg/L）	油（mg/L）	氨氮（mg/L）	SS（mg/L）
含油废水	1000—3000	6—9	2000	100	200—400
出水要求	≤100	6—9	8	≤10	≤10
处理后水质	≤40	7	6	5	8

4 结论

（1）使用管式陶瓷膜错流过滤含油废水，经过试验发现，设备使用参数控制在：压力0.1MPa，流速15m/s时，渗透率可以稳定在130L/h.m^2，出水水质可以满足排放要求。

（2）采用1.6%的NaOH清洗15min，再使用2%的HNO_3进行15min清洗，清水测试，膜渗透率可以恢复至初始值的90%，达到工业化应用的要求。

（3）由于含油废水处理现场情况比较复杂，含油和杂质的量有所波动，膜渗透率会产生较大波动。单一地采用陶瓷膜处理存在一定的不足，因此必须与其他水处理工艺集成使用，从而不断提高陶瓷膜在处理含油废水中的作用。

原载《江苏陶瓷》2019年第1期

细晶结构氧化铝陶瓷材料研究

朱军　浦雪琴　薛志岗　郑兴益

0 前 言

研究表明，氧化铝陶瓷晶粒细化可以提高性能，使晶界物质的内应力降低，不易造成穿晶断裂，提高材料的密度、机械性能及化学性能，显著降低烧成温度达到节能目的，不断地晶粒细化对氧化铝陶瓷是比较难的。首先，纳米级微细的α-$A1_2O_3$，价格高而且容易团聚不易分散；其次，细料有较高的表面活性，在烧结过程中易产生化学反应造成晶粒异常长大，有报道显示，加压快烧也是获得细晶陶瓷的一种方法，实现晶粒尺寸达到1—2μm，但是只适用于形状简单陶瓷结构件。因此选用适当的添加剂以细化晶粒结构并降低烧成温度受到了广泛的关注。MgO、Y_2O_3等几种添加剂有较好的细化晶粒效果。一般来说，有以下两种作用：其一，与Al_2O_3在晶界形成第二相以抑制品料生长使结构晶体得以细化，或提高Al^{3+}离子的缺陷浓度，加速Al^{3+}离子的晶格扩散提高结构密度；其二弥散颗粒、电畴运动来韧化氧化铝陶瓷等。本研究主要选用不同添加剂制备性能较好的细晶结构氧化铝陶瓷。

1 试验

1.1 试验原料

α-Al_2O_3，粒度1—3μm，纯度99.90%，马丁铝业公司。MgO为工业纯，La_2O_3、Y_2O_3为化学纯。分散剂为A115，黏结剂为PVA19-88。

1.2 试验过程

以99% Al_2O_3为基础，以正交配方进行添加剂优化组合，添加剂采用外加式引入，加水球磨成浆料，喷雾造粒，100MPa等静压成型，采用电推板窑1570℃高温烧结，精磨加工成10×5×110（mm）试样进行性能测试。

2 物理性能测试结果

2.1 六个配方试样的硬度及抗折强度测试

抗折强度测试仪：502型；测试方法：一点垂直压折法。

2.2 SEM测试分析

SEM：F-20000扫描仪；试样断面扫描结果图略。

表1　添加剂组成及性能测试

编号	添加剂	烧结密度（g/cm^3）	线收缩（%）	吸水率（%）	HRA	$σ_f$（MPa）
1#	La_2O_3-MgO（<1%）	3.75	15.0	0.7	81.0	288
2#	La_2O_3-Y_2O_3（<1%）	3.79	16.0	0.4	82.0	320
3#	Y_2O_3-MgO（<1%）	3.84	16.4	0.3	86.1	370
4#	La_2O_3-MgO（<0.7%）	3.76	15.2	0.6	85.3	302
5#	La_2O_3-Y_2O_3（<0.7%）	3.85	16.3	0.3	87.0	386
6#	Y_2O_3-MgO（<0.7%）	3.89	17.1	0.02	91.0	420

3 结果分析与讨论

3.1 结果分析

由表1可以看出，添加剂加入量不大于1%的情况下，1#样品硬度HRA为81，由SEM照片可以看出某些晶粒边缘有细长微晶15μm出现，大小差别明显，且有明显空隙；2#添加剂样品采用全稀土元素进行了实验，硬度、密度略有提升，SEM照片显示稀土对细化晶粒作用明显，晶粒2—3μm，但是内部颗粒容易有团聚，产生小的分裂；3#样品密度强度明显增加，SEM显示其结构晶体中存在明显的第二相，并且第二相多为球形；添加剂加入量不大于0.7%的情况下，4#样品密度、硬度和强度中等，其SEM显示其中有包晶形成且晶粒不正常长大现象，部分晶粒较为粗大，大于10μm，颗粒大小也不均匀；5#样品硬度和强度比2#样有所增加，由SEM图可以看出晶粒成长较为均匀，粒径3—7μm；6#试样的密度、硬度和强度达到相对最高水平，由其SEM图可以看出其晶粒细小且分布均匀，粒径1—3μm。系列实验显示，添加剂对降低烧结温度似有作用，由于该系列引入了少量MgO和稀土元素，使得晶粒较为细小，4#呈圆形小颗粒的第二晶相主要是$MgAl_2O_4$，而其他元素也有可能形成固溶形式进入主晶相。

通过添加剂优化法组合系列实验，取得较为明显效果，最小平均晶粒1μm左右，抗弯强度等机械性能也达到氧化铝陶瓷材料较为理想的技术性能。

3.2 添加剂作用机理分析讨论

上述分析表明，引入不同类型的添加剂或添加剂的组合方式不同，作用效果差异较大。一般来说添加剂可以分为两类，一类是与Al_2O_3能够生成固溶体的，如Y_2O_3的添加，不仅加快烧结时气孔的逸出，还能与Al_2O_3生成固溶体，限制Al_2O_3晶粒快速长大并增加韧性，第二类是能够生成液相的，如MgO能和Al_2O_3等其他添加剂生成二元、三元低共熔物，只要局部范围内满足MgO和Al_2O_3，比例适配，新晶相$MgAl_2O_4$便易于从熔体中析出生成第二相，起到钉扎作用限制晶粒长大，但过量的MgO引入不会促进致密过程，细化晶粒效果并不明显。

3.3 晶粒细化与结构均匀致密

从提高性能角度出发，烧结过程应使致密化和细晶化同时实现。致密化是指坯体烧结过程排除气孔，结构紧密，细晶化则指控制晶粒长大，这是两个不同的概念。但是气孔与晶界之间的作用形式往往是晶粒不正常长大的因素之一，它们之间的依存方式对结构产生很大影响。

抗弯强度σ_f，与晶体平均粒径d、材料内部气孔率p有以下关系式：

$$\sigma_f=(\sigma_0+k\cdot d^{-1/2})\exp^{-np}$$

式中σ_0、k、n均为常数，由此可以看出强度随气孔率增加呈指数规律降低，同时只有在材料内部气孔分布均匀且尺寸较小时，晶粒尺寸才起决定作用。也说明晶粒尺寸过大或气孔率较高，材料结构强度急剧降低，但晶粒细化和致密有时是相互矛盾的，既要细化晶体又要提高密度是有不少困难，还要控制烧成时的温度和压力。

4 结论

（1）添加剂选择不当时，氧化铝陶瓷晶粒会随烧成温度增高而变得粗大。

（2）细晶结构与颗粒均匀致密同时满足条件，才能有效提高氧化铝陶瓷材料结构强度。

（3）在引入条件适当时，Y_2O_3对氧化铝陶瓷不仅有细化晶粒结构作用，也具有增韧作用，有效降低烧成温度。

（4）采用Y_2O_3-MgO（<0.7%）的添加剂制备氧化铝陶瓷粉料，等静压成型、高温1570℃左右烧结，可以获得晶粒小于1—3μm的物理性能优良的微细结构氧化铝陶瓷。

原载《江苏陶瓷》2016年第5期

氧化铝平板陶瓷膜的制备

王跃超　汪永清

0 前言

随着工业化的发展，水污染等问题日益严重，对高效的膜法水处理技术的需求越来越大。平板陶瓷膜材料作为膜法水处理的核心元件，与传统的有机膜材料相比具有耐酸碱、耐高温、耐溶剂、耐生物侵蚀、通量大、刚性好等特点，使其在使用过程中具备寿命长、适用范围广、易于清洗再生、处理能力强等优点。

平板陶瓷膜通常由支撑体、膜分离层组成。支撑体通常采用挤出法和干压法等工艺进行成型，在高温下烧制出多孔陶瓷支撑体。膜分离层则可采用喷涂法、浸渍法、吸镀法等工艺在支撑体表面进行镀膜，最后经烧成制备出合格的平板陶瓷膜。

目前已开发出的陶瓷平板膜材质主要有氧化铝、碳化硅、莫来石、二氧化钛、氧化锆等。其中，氧化铝质陶瓷平板膜具有原料来源广、综合性能优异、易于低温烧结、制造成本较低等优点。

本文先以氧化铝（D50=7μm）为骨料，采用挤出成型的方法制备出多孔氧化铝平板支撑体，再以氧化铝微粉（D50=1μm）与少量无机黏结剂为主要原料，采用浸渍法和喷涂法两种镀膜工艺在氧化铝平板支撑体上制备氧化铝陶瓷平板膜，研究分散剂、固含量、镀膜工艺等对膜材料性能的影响。

1 实验部分

1.1 实验原料及生产厂家（见表1）

1.2 氧化铝平板膜支撑体的制备

采用挤出成型法和固态粒子烧结法制备氧化铝陶瓷平板膜支撑体，以α-Al_2O_3为骨料，按比例加入结合剂、增塑剂和水。先用高速搅拌机混合均匀，放入真空练泥机中进行真空练泥，泥料经陈腐24h—48h后，采用真空挤出成型机成型；经过干燥，最后在高温梭式窑中烧成，烧成温度为1350℃—1450℃；烧好后，经表面预处理后烘干备用。

表1 实验原料及生产厂家

原料名称	等级、型号	生产厂家
硅微粉	工业级（500目）	浙江湖州高纯硅微粉厂
$BaCO_3$	工业级（300目）	河北辛集化工集团
TiO_2	工业级（300目）	济南金泉化工
$CaCO_3$	工业级（300目）	上海碳酸钙厂
滑石	工业级（200目）	青岛华盛源矿产制品有限公司
苏州土	手选1号（块状）	苏州高岭土公司
氧化铝	DN-2006	德国马丁公司
氧化铝	SA32	日本轻金属
聚丙烯酸铵	MQ-569	武汉美琪林
羟甲基纤维素纳	工业级（100目）	河北省任丘市鹏达化工有限公司

1.3 膜分离层的制备

以α-Al_2O_3微粉为主要原料，采用喷涂法或浸渍成型工艺制备膜分离层。具体工艺如下：将氧化铝、无机黏结剂、分散剂、水及其他外加剂置于球磨机内混合，控制球磨2h—3h后，将混合均匀的浆料通过浸渍法或喷涂法涂覆到处理好的载体上，成型好的膜层经40℃干燥5h—6h后，再在60℃的温度下干燥5h—6h。干燥好后，放入梭式窑中烧成，烧成温度控制在1250℃—1350℃之间。

1.4 性能测试

（1）浆料稳定性的测试。采用统一规格的量筒（50ml），把浆料分别倒入相应的量筒中，然后分别在浆料静置了24h、48h后观察各个量筒内浆料沉降的高度及清液的高度，判断浆料的悬浮稳定性。

（2）通过NDJ-9S型旋转黏度计测定浆料的黏度（60r/min）。

（3）采用GB/T 1967多孔陶瓷孔道直径试验方法测量试样的平均孔径。

（4）按照HY064-2002《管式陶瓷微孔滤膜测试方法》测试试样的纯水通量。

（5）用SEM观察样品的膜表面显微结构。

2 结论与分析

2.1 分散剂对膜浆料性能的影响

在实验中我们选用90wt%的α-Al_2O_3（D50=1μm）为骨料，加入10wt%的无机结合剂，外加2%的黏结剂（CMC）和400wt%的水。混合均匀后，分别加入0.1wt%、0.2wt%、0.3wt%、0.4wt%、0.5wt%和0.6wt%的聚丙烯酸铵做分散剂，研究聚丙烯酸铵添加量对浆料性能的影响。

通过6个样品得出，1—4号样品随着浆料中聚丙烯酸铵加入量的增多，浆料的黏度降低，稳定性逐渐提高；但从样品4到样品6，随着聚丙烯酸铵加入量的增多浆料的黏度略有升高，稳定性逐渐降低。

分析其原因：随着聚丙烯酸铵的加入，聚丙烯酸铵发生电离，并吸附于Al_2O_3颗粒表面，使Al_2O_3颗粒表面产生净电荷势。从样品1到样品4随着聚丙烯酸铵加入量的提高，Al_2O_3颗粒表面包裹的电荷增加颗粒表面净电荷势增大，颗粒间的斥力变大，浆料的分散性变好，浆料黏度降低，稳定性提高。但随着聚丙烯酸铵的进一步增加，过剩而游离的聚丙烯酸铵分子会在颗粒间形成桥架而导致絮凝，使浆料的稳定性变差，黏度增大。

2.2 浆料固含量对膜性能的影响

在实验中，我们选用固含量浓度分别为10%、15%、20%、25%、30%和35%的浆料做镀膜液，采用浸渍法在同种支撑体上进行镀膜，在相同的条件下制备出不同的试样，测试试样的平均孔径和纯水通量。

表2 聚丙烯酸铵对浆料稳定性的影响

样品编号	分散剂加入量（wt%）	浆料黏度（mPa·s）	24h		48h	
			沉降（ml）	清液（ml）	沉降（ml）	清液（ml）
1	0.1	43.2	0.5	1.5	1.3	2.4
2	0.2	35.2	不明显	不明显	不明显	1.6
3	0.3	31.2	不明显	不明显	不明显	0.5
4	0.4	28.2	不明显	不明显	不明显	不明显
5	0.5	29.7	不明显	不明显	不明显	0.7
6	0.6	31.3	不明显	不明显	不明显	1.2

通过实验可以看出随着浆料固含量的提高，试样的平均孔径逐渐降低，纯水通量也逐渐降低。分析其原因：当浆料固含量低时，浸渍时支撑体上吸附的浆料较少，膜层厚度较薄，膜层中大孔径比例相对较高，膜平均孔径相对较大，试样纯水通量较大；随着浆料固含量的提高，支撑体上吸附的浆料增加，膜层变厚，膜层中的大孔被覆盖的概率提高，膜层中大孔比例逐渐降低，膜平均孔径降低。膜层厚度的增加和平均孔径的降低，导致了试样的纯水通量降低。

通过实验可以看出，固含量超过20%以后，试样平均孔径与纯水通量降幅明显变缓。分析其原因：随着固含量的进一步提高，膜层中颗粒堆积厚度增加，膜层中大孔基本被覆盖，孔径变化较小；另一方面由于浆料在支撑体上形成“滤饼”，导致支撑体吸附浆料能力变差，膜层厚度增加不明显，最终导致随固含量的增加，试样的平均孔径与纯水通量降幅变小。

2.3 镀膜工艺对膜性能的影响

以90wt%的α-Al_2O_3（1μm）为骨料，加入10wt%的无机结合剂，外加2%的黏结剂（CMC）和400wt%的水混合均匀后，加入5%的分散剂制成浆料。在相同的氧化铝平板膜支撑体上，分别采用浸渍法和喷涂法制备膜层，通过吸浆时间和喷涂速度、次数等工艺的控制，确保膜层厚度基本相同，烘干后在相同的温度下烧成。测试样品的纯水通过量，用SEM观察样品的表面显微结构，研究工艺对产品性能的影响。

表3 镀膜工艺对膜性的影响

镀膜工艺	平均孔径μm)	纯水通量（mL/min·m²·0.1MPa）
浸渍法	0.48	560
喷涂法	0.62	800

从表3可以看出，与浸渍法制备的平板膜相比，喷涂法制备出的膜平均孔径较大，纯水通量较高。

通过采用浸渍法制备的氧化铝陶瓷平板膜的SEM图可以看出，片层状的氧化铝颗粒相互交织堆积，氧化铝颗粒粒度大小基本一致。气孔主要来自氧化铝颗粒间的孔隙，颗粒之间的堆积相对紧密，图中未见明显大孔。

而通过采用喷涂法制备的氧化铝陶瓷平板膜的SEM图可以看出，氧化铝颗粒之间的堆积相对松散，颗粒间的间隙更大，这也是喷涂法制备的膜平均气孔更大、纯水通量更高的原因。同时，还发现许多可见大小不一且形状不规则的大孔，分析其原因，可能是喷涂过程中，浆料在和空气接触的过程中产生了气泡，喷涂到支撑体上后，随着气泡的消失在膜体中形成不规则的大气孔。

3 结论

根据上述讨论，我们得出以下结论：

（1）在膜浆料的制备过程中，聚丙烯酸铵的加入量控制在0.4wt%左右比较合适，此时浆料的稳定性最好。

（2）镀膜液固含量的高低影响着膜的平均孔径和纯水通量。通过实验，我们发现镀膜液的固含量控制在20%左右比较适宜，此时的膜平均孔径相对较小而通量较大。

（3）在镀膜工艺的对比中，我们发现：浸渍法制备的膜结构相对紧密，水通量相对较小，但孔径均匀，无明显缺陷；喷涂法制备的陶瓷膜水通量较大，但易产生大孔等缺陷。

原载《江苏陶瓷》2019年第6期

黏结剂对热压铸成型用氧化铝喂料的影响

武振飞 张弘毅 庞佳敏 陆丽芳

0 引言

热压铸成型可以制备形状复杂的陶瓷制品，产品尺寸精度高，后续加工量低，有些制品甚至不需要后续加工，是制作异形陶瓷制品的主要成型方式。而黏结剂是制备热压铸成型用喂料的关键，喂料的组成和制备技术决定了喂料的流动性和均匀性，对后序的成型性能和脱脂烧结都会产生很大的影响。

本文中的有机黏结剂以分子量低、流动性好的石蜡为主要成分，以硬脂酸和蜂蜡为表面活性剂和润滑剂，研究黏结剂的含量以及硬脂酸和蜂蜡的加入量对喂料的均匀性、流动性及生坯强度的影响。

1 实验部分

1.1 实验原料

实验所用的氧化铝粉体成分如表1所示。

表1 氧化铝粉体组成

组分	氧化铝	氧化镁	氧化硅	氧化锆
含量（wt%）	99.5	0.2	0.1	0.15

1.2 实验方法

对氧化铝粉体加0.5%的油酸进行干法球磨，然后过筛得到预处理好的氧化铝粉体。将称量好的56#石蜡加入90℃的双行星混料机中进行熔化，石蜡变成液态时依次加入蜂蜡等其他有机物进行混合，待其完全熔化后加入预处理的氧化铝粉体进行搅拌，当氧化铝粉体变成浆料时加入硬脂酸进行充分混合，并进行抽真空处理，最后得到石蜡基氧化铝喂料。

1.3 样品表征与性能测试

坯体的强度采用三点弯曲法（GB/T4741-1999）在万能试验机上测试，试条尺寸为100mm×12.7mm×4.15mm。采用微电脑熔融指数测定仪（JX-9022-A）测定喂料的熔体流动速率，测试温度为52℃。

2 实验结果与讨论

2.1 黏结剂含量对氧化铝喂料均匀性的影响

由于氧化铝粉体过细，表面张力过大，在制备喂料的过程中很容易会出现团聚，特别是在加蜡搅拌过程中极易出现结块和团聚现象，所以喂料的均匀性对后续的成型、脱脂烧结以及产品的性能影响很大。本文通过喂料的烧失量来评价黏结剂的含量变化对其喂料均匀性的影响。公式为：$M=1-S^2/So^2$

其中M为混合料的均匀度参数，S^2为喂料间黏结剂含量偏差，So^2为配方黏结剂的含量方差，即$So^2=X(1-X)$，X为氧化铝粉体含量。

表2 喂料的烧失量测试

黏结剂含量（%）	喂料的烧失量（%）					平均值	S^2	So^2	M
	X_1	X_2	X_3	X_4	X_5				
12.66	13.9	12.5	13.2	12.86	13.40	13.17	0.1173	0.1106	0.0606
13.04	12.97	12.86	13.97	13.37	13.6	13.36	0.0416	0.1134	0.6332
13.79	14.46	14.34	14.5	14.25	14.2	14.35	0.0069	0.1189	0.9420
14.16	14.8	14.7	14.8	14.93	14.73	14.79	0.1215	0.1215	0.9942
14.53	15.09	15.23	15.02	15.02	15.10	15.14	0.0003	0.1242	0.9976

由表2可知，随着黏结剂含量的增多，混合料的均匀度参数越来越大，当喂料中黏结剂含量超过14.16%时，M已经基本上接近1，说明黏结剂含量为14.16%时，喂料已经混合均匀。这是因为氧化铝粉体颗粒较小，表面积较大，对黏结剂的吸附量较大，当喂料中的黏结剂含量较少时，在颗粒间起润滑作用的黏结剂就会减少，黏性阻力增大，氧化铝颗粒之间容易团聚而不容易分散，使得喂料混合不均匀。

2.2 黏结剂含量对氧化铝喂料流动性及生坯强度的影响

随着黏结剂含量的增多，喂料的熔融指数呈近似线性增加，流动性提高。生坯强度呈先快速增加，再缓慢增加，最后降低的趋势。

当黏结剂含量较低时，喂料中的有机物体积比较低，黏结剂不能有效地包裹氧化铝颗粒，同时在颗粒之间缺乏足够的黏结剂起润滑作用，使得喂料黏度增加，流动性降低。而坯体的强度由黏结剂的性能、黏结剂与粉体颗粒的结合状况及固相含量决定。当黏结剂含量较低时，喂料黏度较大，均匀性较差，坯体在成型过程中容易产生缺陷，从而导致生坯强度较低。随着黏结剂含量的增加，颗粒间有足够包裹以外的黏结剂，流动性增加，同时喂料的均匀性逐渐变好，生坯强度快速增加，当增加到一定程度时，喂料已经混合均匀，黏结剂对强度的影响效果不再明显，此时喂料的固相含量对强度的影响起主要作用，故黏结剂含量继续增加，喂料固含量减小，生坯强度降低。

2.3 硬脂酸含量对喂料流动性和生坯强度的影响度

随着硬脂酸含量的增多，喂料的流动性提高，生坯强度先快速增加，然后基本保持不变。

硬脂酸因为分子量小、改性强，能够降低氧化铝颗粒与黏结剂之间的界面能，改善两者之间的润湿性，同时在黏结剂和氧化铝颗粒之间起桥梁作用，使氧化铝颗粒和黏结剂能够很好地黏结起来，在硬脂酸含量相对较低时，氧化铝颗粒对硬脂酸的吸附量随硬脂酸加入量的增加而显著增加，所以硬脂酸的含量增加，喂料的流动性增加；而生坯强度随硬脂酸含量的增加先快速增加，后变化不再明显。因为随硬脂酸含量的增加，喂料的均匀性逐渐变好，且纯硬脂酸的强度比纯石蜡的强度高，石蜡—硬脂酸混溶体系样品的强度随硬脂酸质量分数的增加而增加，当硬脂酸的含量较高时，喂料已经混合均匀，硬脂酸对强度的影响作用不再明显，继续增加硬脂酸对强度影响效果较小。

2.4 蜂蜡含量对喂料流动性和生坯强度的影响

蜂蜡作为一种表面活性物质，可以改善喂料的成型及脱模性能。与石蜡相比，蜂蜡的熔点较高，分子量较大，极易形成网络结构，在喂料中添加一定量的蜂蜡能够在黏结剂中形成网状结构，对氧化铝粉体进行网络包覆。经测试，随着喂料中蜂蜡含量的增加，生坯的强度逐渐增大。在实验中观察到，当峰蜡含量高于2%时，强度不再有明显变化。由于蜂蜡的分子量较大，容易在喂料中形成网络结构，从而导致喂料的黏度变大，流动性变差。

3 结论

（1）喂料的均匀性随着黏结剂含量的增多而逐渐变好，当黏结剂含量为14.16%时，喂料已经混合均匀。

（2）黏结剂含量的适当增加会提高坯体强度，增加到一定程度时，坯体强度增速减缓，黏结剂对强度的影响效果不再明显，继续增加黏结剂含量，生坯强度降低，喂料的流动性随着黏结剂含量的增加而提高。

(3)黏结剂中硬脂酸含量的增加会显著提高坯体强度，到达拐点后坯体强度变化不明显，喂料的流动性随硬脂酸含量的增加而提高。

(4)喂料中加入少量的蜂蜡能提高生坯强度，超过一定量后对强度的影响效果不再明显，喂料的流动性随蜂蜡含量的增加而降低。

原载《江苏陶瓷》2020年第4期

影响工业陶瓷发展之几个共性问题的探讨

邱永斌　徐泽跃　朱军

0 前言

新材料是新技术、新产业赖以形成和发展的基础，工业陶瓷作为新材料的重要组成部分，由于其具有高强度、高硬度、耐磨、耐腐蚀、耐高温、绝缘、磁性、透光以及超导、生物相容等一系列优良性能被广泛地应用于国防、信息技术、石油化工、冶金、电子、机械、航天、交通、电力、生物医学等领域。随着现代科学技术的快速发展，对新材料性能的要求越来越高，有力地推动着工业陶瓷的发展。

近20年来，很多与工业陶瓷相关的行业发展十分迅速。2012年，中国半导体消费市场总额达到1512亿美元，电子信息产业销售收入达1.8万亿美元，机械工业累计实现工业总产值3.1万亿美元，从事相关工业陶瓷生产及开发的各类企业如同雨后春笋，遍地开花。但国内工业陶瓷发展还存在各式各样的问题，比如，企业规模普遍较小，产品档次低，材料性能不稳定，新产品创新及开发能力弱，质量意识不强，生产管理水平和工艺控制水平参差不齐，产品结构不合理，高技术产品和市场急需的各类高性能陶瓷件不能实现有效供给，只能依赖进口。低端产品的同质化恶性竞争激烈，导致产品越做越烂，利润越做越薄，可持续性差。有的企业盲目引进项目，负债累累；有的企业自主开发的投入力度不够，成为代理加工受制于人的落后企业，或企业因市场信息不灵，经营不善，最终破产倒闭。

中国加入WTO以后，发达国家看到中国巨大的市场机遇，不断有相关的工业陶瓷厂迁到中国，更加剧了工业陶瓷国内外市场的竞争。

1 影响工业陶瓷发展的共性问题

影响工业陶瓷发展的因素很多，我们认为以下几个共性问题是十分关键的。

1.1 市场信息不对称

当今的世界已经步入信息化时代，及时获取准确的市场信息，才能使企业在市场竞争中把握先机。我国的工业陶瓷企业大多数是中小型规模的，企业管理水平不高，市场信息获取能力低，在具体的产品供需上，存在严重的信息不对称情况。

一方面，用户向企业采购时，许多产品是属于非常规或需要研发的，由于缺乏有效的信息交流机制，除了用户提供，企业从其他方面获取的信息较少，难以正确判断交易是否合理。尤其是当新产品生产可能需要在研发和装备上有较大的投入时，企业前期投入是否可以收回，风险有多大，企业会有困惑，既怕失去商机，又怕投资错误导致企业陷入困境。

另一方面，陶瓷企业提供的产品能达到什么技术水平、性价比如何、新产品的开发成本如何，用户也很难知晓，导致用户的错误采购行为。

例如：结构陶瓷生产中后加工（磨加工）成本占比较高，且随着精度要求的提高，其成本成倍增长。而其他行业对于这点了解不够，往往按照金属部件的加工来理解。我们就经常遇到这样的情况：用户在产品设计时，陶瓷部件精度要求过高，导致加工成本过高，甚至使企业无法生产。

1.2 技术信息不对称

由于工业陶瓷生产在原料、工艺、装备和产品性能上具有特殊性，其他行业的技术人员很难对其有全面正确的理解，就容易导致产品的研发和应用出现技术信息的不对称。

一方面，用户不知道陶瓷材料能够提供哪些特定的性能，不知道企业提供的产品能够达到什么水平，尤其是不了解新型陶瓷材料具有的、传统材料所不具备的性能，这就导致在应用时对陶瓷部件的设计不合理，甚至错失使用陶瓷部件代替其他部件而提高产品性能的优势。

另一方面，陶瓷企业在研发时，对于陶瓷部件的使用环境、功能、安全性要求等相关技术内容也缺乏了解，导致在材料的选择、生产工艺控制等方面不合理，导致陶瓷部件在价格、性能上与需方实际需求达不到最佳的匹配。

1.3 原料采购困难

原料采购困难不是说市场上原料供应短缺，而是企业经常难以采购到价格合理、性能理想、质量稳定的原料。

首先，目前国内市场供应的陶瓷原料的性能不能满足要求。

一是针对性弱。企业现在能采购到的原料大多是通用型的。这些原料在生产时虽兼顾了工艺、成本、使用等各个环节的要求，通用性强，对于一般工业陶瓷产品生产而言，使用这些原料能够有效控制产品的原料成本。但从产品的性能和质量角度考虑，针对性弱。例如：我们在研制的一个新产品需要一种粒径分布很窄的刚玉粉体，找了很多粉体生产企业，结果只拿到了与要求接近的实验室样品，而批量化供应在目前不可能实现。结果这个新产品没能进入中试。目前此类情况时常发生，原因就在于原料生产偏重兼顾，针对性弱。

二是质量稳定性差。相同规格的原料，生产企业不同、生产批次不同，性能指标的波动经常会超出范围，这种情况目前已为常态。工业陶瓷生产企业只能采用进口或加大原料储存规模等增加成本的办法来应对。

其次，原料供需缺乏高效的平台。

工业陶瓷原料的专业性很强，不同的产品会对原料有不同的技术要求，因而有效的采购须建立在有效的技术信息交流基础上，传统的供需方式无法满足要求。因此会导致就某种原料，供方找不到用户，用户又不知道是否有企业生产。

例如，许多生产氧化锆陶瓷的企业，需要采购氧化锆粉料，而氧化锆粉料仅从材料的稳定剂上可以有镁稳定、钙稳定、钇稳定，还可以分成部分稳定、全稳定等，不同粉料有不同的工艺与性能差异，陶瓷产品有性能要求、生产企业有技术、工艺和设备上的限制，因此在缺少有效的采购平台的情况下，陶瓷企业想采购到合适的原料粉体就很不容易。

1.4 装备落后与专业化生产程度低

从事工业陶瓷生产的企业，要不断创新，提高技术含量，才能使产品具有更强的市场竞争力，才不至于被淘汰。就我国的工业陶瓷情况总体来讲，产品档次低，性能不稳定，很多问题出在生产工艺控制上。一是装备自动化及配套程度低。比如成型，仍普遍采用热压、注浆和干压成型，注浆成型完全依赖人工完成，效率低，需要很多的人力资源，而冷等静压、热等静压成型技术及装备少有应用。二是成型用模具质量不高，表面质量差，成型后的坯体表面粗糙，精度不够，需要二次修坯，造成坯体破损、人为缺陷增多、产品尺寸难掌控、人工成本高及生产效率低等一系列问题。三是烧成窑具普遍存在外形尺寸不规范、高温易变形、杂质含量高、机械强度低、抗热震性能差等技术质量问题。不仅严重影响产品烧成合格率，还造成产品性能的不稳定，同时不断地更换窑具，也造成了材料浪费。四是工业陶瓷的精密加工水平比较差，大多数工业陶瓷应用于各种功能器件，需要与其他的零件精密组合装配。可以说，没有工业陶瓷的精密加工，工业陶瓷发展要上档次就是一句空话。随着电子、半导体等相关行业科学技术的发展，我国的机械加工设备自动化和专业化水平越来越高，加工精度也提高很多，提升了工业陶瓷精密加工能力。精密加工装备的自动化、专业化，不仅能实现产品档次和价格上的突破，还能明显提高安全生产系数，减少用工成本，增加产品在国际市场的竞争力。

随着工业陶瓷应用领域的细化，工业陶瓷生产的专业化将成为今后的发展趋势。专业化生产可以更好地配置资金、人才、技术等资源，满足市场需求，同时大幅提高劳动生产率。专业化的分工有如下两类：一类是配套产业分工，如各种规格的原辅材料、各种类型的模具、烧成需要的耐火材料、匣钵、精密加工用磨具，还有生产线上的各类机械配件等。另一类是根据产品应用领域分工，如纺织机械用瓷件、工业阀门用陶瓷零件、绝缘子、电真空陶瓷、耐热陶瓷等，按用途专业化分工生产，分门别类，各自经营，各赢其利，取得共同发展。

我国的工业陶瓷总体来讲，产品档次低、性能不稳定，其主要原因之一就是生产装备落后。

1.5 技术发展不平衡

长期以来，在工业陶瓷的研究上，我们过于偏重材料方面。科研项目偏重实验室研究，新产品的研制只进行到中试阶段。而直接面对生产的工艺技术研究主要依靠企业自主进行，整个行业对于提高产品质量和生产效率的研究不够充分，对工业陶瓷装备研发更少。

造成如此现象的主要原因如下：

一是习惯造成。我们的科研偏重于在实验室开展实验和发表论文，在应用领域偏重于对新材料、新产品的研究，而对于生产过程的相关工艺技术研究不重视。例如，一个新产品批量生产会给企业带来销售和利润，会给研发人员带来成果和荣誉，但生产工艺中的许多革新，其效益不能很好地表现出来，也就很难受到重视，导致研究的动力降低。

二是现行科研政策的导向。对于新材料、新产品的研究容易在政府的科技项目指南中找到，有可能获得政府的支持，研究成果容易赢得政府奖励，而工艺的改进，设备的改进，辅助材料、配套工具的研发等生产技术的研究，不在政府科技项目指南中，不能获得政府的支持，只能由企业根据自身需要开展。企业开展此类研究没有积极性。

三是由于公共技术服务的欠缺。许多企业尤其是中小企业，自身的研发能力不足，要进行系统性的深入研究，缺乏能力和动力，工艺技术方面的研究就更得不到应有的重视。如果企业能够通过公共技术服务获得外部技术帮助，工艺技术方面的研究就会显著增加，技术不平衡的现象就会显著改善。

因此，工业陶瓷的发展要及早解决技术发展不平衡的问题。一是要加大政府对于生产过程技术研究的支持；二是要通过发挥公共技术服务平台的作用，帮助企业提高技术水平，使企业在产品质量和生产效率提高方面有更大的进步。

1.6 管理制度不适应

国内工业陶瓷生产企业采用的管理制度大多类似于传统陶瓷企业，不能满足工业陶瓷生产的需要。主要的问题如下：

一是企业缺乏先进的内部管理制度。国内许多工业陶瓷生产企业的经营管理不仅落后于先进国家，而且落后于国内其他行业。尤其是改革开放以来迅速发展起来的中小民营企业，凭着闯劲和勤劳，利用中低端产品技术，在工业陶瓷领域站住了脚，他们的成功虽然使工业陶瓷的发展充满了活力，推动了行业的快速发展，但很多企业实行家族式经营管理体制，企业的所有权和管理权混淆，企业管理制度的作用弱化，员工忠于的不是企业而是企业主，员工的行为往往不是基于规范的制度或科学合理的判断，而是对老板的盲从，企业的团队力量、创新能力削弱。

二是企业新一代经营管理者亟待成长。老一代的经营者已经完成了创业的使命，企业需要具有掌握新知识、新理念和创新精神的新一代经营管理者。现许多企业正由于人才的青黄不接而处于危机之中。

三是公共技术服务机制不够健全。企业需要各级人才的培训、需要技术上的协作，这在一般的企业之间很难获取。一个有效的办法是利用公共技术服务平台。

虽然很多地方已建有这类平台，但缺乏有效的运行机制，作用发挥不明显。

四是企业创新资金筹措能力低和经营良性循环的能力缺乏。相对于传统陶瓷，工业陶瓷具有资金密集、技术密集、人才密集的特点，有些门类甚至是高投入高风险；工业陶瓷主要的产品是材料或零部件，在产业链中位于上游，处于相对弱势；工业陶瓷企业以中小规模为主，在地方经济中对地区生产总值和财税的贡献低，进而导致工业陶瓷企业在创新活动、资金筹措上难以得到政府的大力支持和外部资金的帮助。

工业陶瓷新产品开发往往需要在设备方面有较大的投入，且市场开发周期相对较长，一旦企业在资金上的困难得不到解决，就会导致企业的创新能力、市场运作能力下降。企业很容易陷入低成本、低价格、低利润的恶性循环中，这也促使资本市场对工业陶瓷行业更多是采取观望的态度，从而影响工业陶瓷的快速发展。

2 结语

在激烈竞争的国内外市场环境下，工业陶瓷行业必须提高新产品开发、质量控制、生产组织、市场开拓等方面的能力，使企业具有强大的竞争力。只有认真努力，不断前进，才能使工业陶瓷企业迸发活力，立于不败之地。

原载《江苏陶瓷》2016年第5期

走高端之路　逐精业之梦

近期，江苏国豪耐火科技有限公司扩大新项目正加快推进，将扩大面积13000多平方米，计划总投资6000多万元，新上无铬碱性新型耐火材料生产线，使本企业成为极少数既生产酸性、中性耐火材料，又生产碱性耐火材料的企业之一。无铬碱性耐火材料区别于一般碱性耐材，将专供特种钢冶炼炉使用，助力特钢企业突破技术瓶颈，填补国内空白。

江苏国豪耐火科技有限公司是位于丁蜀镇陶瓷产业园内的一家专业生产耐火材料的科技型企业，是创建于2010年的“延伸式老牌型”企业，多年来以生产酸性耐火材料为主，以产品种类之多、技术之领先在行业内享有盛名，产销规模列全市前三位。由于耐火材料的行业特殊性，这类企业的产值规模通常不大，所以优质企业的效益指标、税收贡献、就业创业精神值得赞赏。国豪公司作为制造企业亩均税收贡献达34万多元，亩均交纳社保金等指标均位列业内前茅，国豪公司正以旺盛的发展势头开启“十四五”新征程。深入了解国豪公司，其强劲的发展势头得益于对主业的专注和坚持走高端精业的发展之路。

一、坚持专注主业与创新发展高度统一的总体策略，使传统产业保持旺盛活力

耐火材料产业在我市有着50多年的发展历史，在20世纪八九十年代曾是我市四大支柱产业之一。随着我市工业的迅速发展，耐材产业的比重明显下降，由此产生了耐火材料产业是落后的“夕阳产业”的错觉。国豪公司董事长周建国坚定地表示，耐材产业不仅不是传统落后产业，而且还是制造业链中的重要环节。随着新兴高端制造业的发展，对耐火材料的要求不断攀升，从未停步，仍充满着巨大的发展潜力。事实上，国家对耐材产业转型升级十分重视，浙江省、河南省等地出台了专项扶持政策，促进耐火材料创新、传统产业升级转型。周建国已从事耐材行业34年，创办耐材企业也近15年，他始终坚守产业自信，将专注耐材主业与紧跟前沿发展步伐，不断进行产业、产品创新升级，并将其作为本企业发展的基本战略，不断创新发展。耐材产业历史悠久，企业众多，被动或主动淘汰也很多，国豪公司心无旁骛坚守主业，千方百计做精、做优主业，使企业在激烈的竞争中生存，在行业发展中脱颖而出。

二、坚持走高端化发展之路，在激烈的市场竞争中取得领先优势

多年来，国豪公司将产品高端化战略作为企业的基本定位。周建国认为，由原来乡镇企业演变过来的大量民营企业，再也不能走过去低水平、低价位的恶性竞争的老路，过去依靠强大的供销队伍、打人情关系牌，在改革开放初期是有功劳的，但如果现在仍用这一套营销策略会严重制约产业升级进步，陷入低效益、低积累、无投资升级能力、无力吸引人才等恶性循环的泥潭。而国豪企业坚持实施高端产品、优质优价差异化竞争的营销方式，除少数几个销售联络员外没有传统的“强推型供销员”。目前，国豪企业主要生产各类固废焚烧炉用耐火材料，它的特点是种类繁多、标准繁杂而质量要求很高，而且随着固废处理的环保标准提高，对固废处理设备及相关配套产品也不断提出更高要求。为此，国豪企业坚持不懈抓科技创新，

不惜重金投入引人才、寻合作，不断创新改善，不断投入引进先进生产设备，取得了多项技术专利，以稳定过硬的质量赢得市场，赢得较高的附加值。走进国豪企业生产车间，看到的是一排排整齐、先进的设备正生产着精密、优质的产品，流水作业线有序运转，成品包装整齐摆放……正是由于旺盛的产销形势和较高的利润水平，使得该企业的产、销、利、税对资源的占比以及社会效益在同行业中处于领先地位。也由于较高的经济效益和自我积累能力，他们才有底气抓住先机投资新项目，在做专、做优基础上向做强攀登。

三、坚持以“市场前沿导向”作为创新发展目标，跻身于产品第一主阵

产品应以市场为导向这已成为企业发展的共识，而国豪公司强烈地透露出的是“市场前沿导向”的发展理念，他们坚持主动出击，捕捉最新信息，迅速组织技术力量进行前期可行性分析，在初步可行基础上及时组织技术攻关、小样试验，第一时间拿出样品与新需求设备方对接协作攻关，形成牢固的供需合作关系。耐火材料行业与其他大宗商品最大的区别就是产品小众，需求量不大而品种繁多、标准复杂，有时变化很快，国豪企业坚持“市场前沿导向”理念正是切中其要害的有效举措，这是他们多年来稳健发展的秘诀。不久前，我国第一台等离子60吨炉建成，等离子炉对耐材温度要求极高，进而对制造的炉温、磨具、压力要求也很高，国豪企业成功进行了匹配，成为唯一供应商。该企业正在筹建中的无铬碱性特种钢炉用耐火材料，也正是他们发现我国加快补缺特钢业短腿需求的最新信息而引进消化、自主研发的新品项目。最近，该企业依据国家对芯片生产重点扶持的产业导向，已与有关企业对接，研发高纯度硅晶片（制造芯片的基础材料）生产所需特种耐火材料，共同为填补国内产业空白而努力，为自身做强、做优开拓更广阔的市场空间。

四、坚持实施以自力更生与开放合作相结合的企业科技创新战略，努力成为充满活力的科技型企业

从员工数量看，国豪公司虽是只有110多名员工的小型企业，但其员工结构却颇具特色：在车间一线直接从事生产的操作工人仅31人，其余均为管理和技术研发人员，而中高级职称以上的技术研发人员达28人，间接为科研服务的管理人员（含项目经理）50多人，形成了“研发优先、新品引领、自动化生产”的生存发展格局。

国豪公司在注重培育企业自己的人才、着力实用性研发的同时，注重采取开放合作的策略，与辽宁科技大学、武汉科技大学、中科院洛阳耐材研究院等紧密合作，获得最新科研成果，校企、院企科研人员快速对接，加快科研成果转化，产、学、研紧密结合，取得多赢。国豪企业依靠新品获得竞争优势，积蓄发展后劲，充满发展活力，也充分得益于产、学、研紧密结合。

五、倡导“仁爱孝义”文化，努力优化劳资关系和外部环境，提高企业发展软实力

已成为国民经济强大经济支柱的民营企业，是由20世纪80年代乘改革开放春风应运而生的乡镇企业裂变发展而来的辉煌成果。民营企业的主要特点之一就是“本土性”，工厂建在家乡，老板是本土人，职工多数为本乡人。广大民营企业家怀着浓厚的家乡情结创办自己的企业，为家乡奉献，为家乡增光，为家乡增加就业岗位、增加收入来源。周建国将“仁爱孝义”作为企业文化积极推广。对内，坚持以人为本的发展理念，将每一名员工都作为企业的财富，真诚关爱，尽可能提高职工的收入，一线操作工的平均年收入也达到10多万元。因此，企业职工的主动意识强，队伍稳定，更不存在招工难、留人难问题。

国豪公司连续六年春节前组织一次敬乡亲、敬老人活动，由最初的周边4个村民小组（原生产队）扩增到近年的10多个村民小组，安排专车接送周边60岁以上300多位老龄村民到企业参观，宴请村民，赠送礼品，使他们感受到来自家乡企业的温暖。周建国表示，这个活动将一直坚持下去，成为附近村民的一个小节日。

国豪公司的精业发展之路将越走越宽广！

原载《宜兴企业》2021年第11期

让宜兴特种陶瓷之舟扬帆远航
——宜兴化机厂有限公司六十年精彩记录

蒋尧基

今年，江苏省宜兴非金属化工机械厂有限公司迎来了一个甲子的华诞。60年，在历史的长河中仅仅是短暂的瞬间，而对于一个企业来说，从无到有，从弱变强，好比是一棵茁壮成长的树苗，变成枝繁叶茂的参天大树，雄立于陶都大地，是值得为之骄傲和点赞的喜事。60年奋力拼搏，60年同舟共济，60年矢志进取，60年春华秋实，一代又一代化机人在各级领导的关心、关注和关爱下，在兄弟单位、国内同行的支持、支助和支援下，艰苦创业，奋发有为，将公司打造成了宜兴陶瓷行业中的骨干企业和排头兵。于是，一路春风，一路歌。

1957年，陶乡丁蜀镇发生了一件轰动一时的大事，上海天原化工厂陶器车间要迁到宜兴丁山扩建成厂，江苏省计委决定把常州大成一厂的500千瓦发电机组调拨给该厂，总投资100多万元，筹建生产化工陶瓷的专业工厂，由当时的宜兴县县长唐均一担任建厂筹委会主任。经过1年多时间的建设，于1958年4月竣工投产，定名为地方国营宜兴化工陶瓷厂。建厂之初，企业员工333人，包括从上海、常州调来的技术骨干和宜兴当地招聘的工人和管理技术人员，主要生产耐酸陶管、瓷板、鼓风机、耐酸耐温砖、离心分离器等产品。从此，陶都宜兴的陶瓷门类从原来的日用陶瓷、建筑陶瓷、园林陶瓷拓展了工业陶瓷领域，改变了传统的格局，为以后宜兴工业陶瓷的发展壮大开启了新的征程，奠定了扎实的基础，引领宜兴陶瓷工业迈向更加广阔的市场。

地方国营宜兴化工陶瓷厂到1961年1月更名为江苏省宜兴非金属化工机械厂，1995年10月，组成宜兴化机集团，1996年在改革改制中成立江苏省宜兴非金属化工机械厂有限公司，企业的整体规模和技术优势得到了量的扩大和质的提升。60年来，企业始终把产品创新作为助推企业又好又快发展的抓手，努力发挥厂办科研的主阵地作用，又与大专院校、科研单位联合走产学研结合的道路；不断开发适应市场需求的高新技术产品，“宇星”遨游蓝天，企业长足发展。

江苏省宜兴非金属化工机械厂有限公司在中国工业特种陶瓷产品中开创了许多的“中国第一”和“国内首创”。

——1957—1967年，专业生产填补国内空白的化工陶瓷泵机。此后相继研制成功12英寸陶瓷混流水泵、陶瓷27型深水泵、陶瓷电动机、陶瓷车床、耐酸耐温砖，填补了国内空白。设计制造HTB-3.2-120-1耐酸陶瓷泵，是国内首次试制成功产品，荣获国家银质奖。

——1967—1977年，开发生产的陶瓷隔膜阀、水环式陶瓷真空泵陶瓷砂浆泵等均填补了国内空白。国内首次研制成功纺织用瓷辊。

——1977—1987年，研发成功了陶瓷铠装塔、陶瓷气流粉碎机、陶瓷过滤机等，均为国内首创。

——1997—2007年，国内率先研制成功壁流式蜂窝陶瓷，列入国家863科技计划项目。开发成功的600孔/平方英寸汽油车尾气净化用薄壁蜂窝陶瓷载体，列入国家科技创新基金项目。

——2007—2016年，国内首先研制成功高温非对称陶瓷膜、碳化硅陶瓷气流粉碎机，填补了国内空白。

60年来取得的主要科技成果中，有66个荣获国家和省部级奖项；拥有专利113件，其中授权专利93件，发明专利22件；牵头制定国家标准1种，国家行业标准5种，待批起草国家行业标准1种。

企业的荣誉有：国家二级企业、化工部清洁文明工厂、国家重点高新技术企业、江苏省文明单位（1993年）、江苏省技术进步先进企业（1990年）、江苏省知识产权先进企业、江苏省知识产权战略示范企业、江苏省重合同守信用企业、江苏省AAA级资信等级企业。宇星商标被评为江苏省著名商标，宇星牌产品被评为江苏省名牌产品。

广大职工爱岗敬业，以主人翁的姿态投身到企业的发展之中，涌现了一大批先进工作者，其中宜兴化工陶瓷先驱者、企业老领导顾浩元荣获“全国劳动模范”称号，出席全国先进生产者代表大会。董事长、总经理冯家迪于1993年被全国总工会授予“全国优秀经营管理者”称号和五一劳动奖章，2007年被中国陶瓷工业协会授予中国陶瓷行业杰出企业家奖。荣获省劳模的有：杨益如、时炳华、吴香顺；获无锡市劳模的有：吴杏新、邵静娟、鲍开壬。

60年来，化机人用辛勤的汗水不断浇灌这朵鲜艳骄人的陶都奇葩，用勤劳的双手不断创造化机发展的新成就和新历史。辛勤耕耘，换来丰硕成果，目前已发展成为一家以结构陶瓷、微孔陶瓷为核心的国家重点高新技术企业。工厂占地面积15万平方米，拥有固定资产近一个亿，下设一个设计室、一个新材料研究室、一个新材料实验工场、三个分厂，现有员工560多人。

产品结构不断优化、升级，目前产品主要有：蜂窝陶瓷、陶瓷过滤机、液固分离陶瓷膜及过滤设备、高温陶瓷膜及气固分离装置、耐腐蚀泵机、陶瓷气流粉碎机、硫酸吸收塔承重条梁等，广泛应用于汽油车和柴油车尾气净化、环保、化工、冶炼、制药、矿山、污水处理等行业，并远销欧美、韩国、印度等国家和地区。

坚持“稳步走、不停步”和“企业做长做强”的经营理念，使企业在长期的发展中持续稳定健康发展。2016年，化机集团完成应税销售2.7亿元，财税贡献3539.2万元，列全市第53位，列丁蜀镇实体经济第二位。

“一生勤为本，世代诚作基。”创造过辉煌业绩的化机人，深知今后的路更长，任重而道远。憧憬美好的未来，必须不忘初心、砥砺前行，将“工匠精神”倾注于自己的本职，以“团队精神”不断地开拓创新，为化机的明天谱写更加光彩的新篇章。

原载2017年7月26日《陶都通讯》

以高质量耐火制品助力大型钢铁行业
——丁山耐火器材有限公司科技创新之路侧记

史建洪　陶讯

金秋时节，位于丁蜀镇陶瓷产业园区的宜兴市丁山耐火器材有限公司（以下简称丁耐公司）内，一辆超长卡车满载着一批耐火制品即将发往国内某大型钢铁企业。厂区西侧一幢投入1500多万元设计为三层5000平方米的新厂房已完成土建工程量的三分之二，设备安装到位后，预计明年5月份竣工投产。到时，将增加50%的销售产值。数据显示，今年1月至9月，该公司完成应税销售收入同比增长36%。

丁耐公司是在1958年成立的国营江苏宜兴丁山耐火器材厂的基础上，于1999年改制成立的股份合作制企业。2004年搬迁至陶瓷产业园区。公司拥有超高温隧道窑和中温隧道窑各1座，超高温梭式窑多座以及全套原料加工设备，高吨位高安全性能压砖机11台及全套生产耐火制品的设施，国内领先水平的不定形耐火材料自动化生产线，计算机控制，并配备完善的实验设备和先进的检测设施。企业紧紧围绕大型钢铁冶金等行业的需求，立足于科技创新、自主研发，开发出一批批科技含量高、拥有自主知识产权和国家发明专利的高质量耐火制品，成为业界享有较高声誉的专业耐火材料开发制造商之一。公司董事长程平平说：“作为耐材企业，面对市场竞争的激烈挑战，必须与大专院校合作，充分发挥科技人才的作用。”公司先后研制开发了大型浇注高温釉面炉门砖、干熄焦用应力缓冲型耐火材料、高强度耐磨耐酸缸砖三大类产品，其中高强度耐磨耐酸缸砖为企业独创，其他两项国内仅23家企业能制造，均属于节能环保型新材质项目产品。所以，企业在新品开发上立足于“专”和“精”才能在市场竞争中保持领先优势。

“走出去”（访市场）“请进来”（与院校合作），是丁耐公司发展壮大的重要举措。通过走访市场，深入用户生产现场实地了解行业发展需求动向，先后与武汉科技大学冶金与材料学院、中冶集团焦耐设计院、中钢研究院等科研单位长期合作开发应用新产品、新技术新材质。组建了公司研究所和产品技术开发部，拥有占员工总数36%的专业技术人才，80%以上为本科生。科技人员不仅在项目研究上出成果，有些还直接参加生产实践，掌握各道工序第一手数据。公司申报获批“无锡市工程技术研究中心”和“无锡市焦化行业耐火材料研究中心”，立项研发产品都得到了知识产权保护，申报了专利，现拥有自主开发的发明专利3项和实用新型专利10项，“干熄焦用应力缓冲型耐火材料”成功申报并成为“科技部中小企业科技创新基金”立项项目以及“宜兴市节能减排项目”等获奖项目。有两个发明专利都通过《国家火炬计划产业化示范项目》验收，极大地提高了企业知名度和产品影响力。

如宝钢钢铁股份有限公司、京唐钢铁有限公司、包头钢铁有限公司、柳州钢铁有限公司、宝钢八一钢厂、唐山钢铁公司等几十家国内知名企业，在使用该公司的耐材产品后，都已达到或超过了设计所定的各项技术指标和质量要求，在提高产能、节能降耗、减少环境污染等方面都取得了显著效果；“大型浇注高温釉面炉门砖”经宝钢公司炼焦分厂、柳钢焦化厂、唐钢美锦等单位的使用，使用寿命均已达到5年以上，目前仍在使用之中，用户赞誉有加。

近年来，该公司新产品、新项目成果迭出，助推了行业技术改造和进步，荣誉接踵而至，先后获得“国家高新技术企业”“国家火炬计划项目企业”“江苏省科技型中小企业”“江苏省企业信用管理贯标企业”“江苏省重点新产品企业”“江苏省民营科技企业”“无锡市名牌产品企业”“无锡市AAA级重合同守信用企业”和“无锡市安全生产标准化企业”等荣誉称号。

荣誉见证了丁耐领导和员工的创业创新精神，诠释了科技创新在企业高质量发展中的深刻意义，也印证了科学技术是第一生产力的深刻内涵和现实意义。

原载2018年10月30日《陶都通讯》

《陶都通讯》集锦

【"省陶瓷基复合多孔材料工程技术研究中心"通过验收】

2003年1月20日，位于江苏省陶瓷研究所有限公司内的"江苏省陶瓷基复合多孔材料工程技术研究中心"（以下简称工程中心）通过验收。工程中心于1997年12月由省科学技术厅批准组建，经过几年的建设，在基础设施、科研与开发等方面均取得了较好的成绩，受到了专家的好评。验收会由省科学技术厅主持。

工程中心在建设期间，本着边建设边开展研究的原则，几年来，承担和完成省攻关项目及部、省级各类课题8项，获部、省科技进步奖3项，2项被认定为"国家重点新产品"，5项被认定为"省高新技术产品"，发表论文30余篇。4项鉴定项目的研制水平达到了国内领先水平，部分达到了国际先进水平，并形成规模化生产，产生了良好的社会经济效益。（王苏新）

原载2003年2月27日《陶都通讯》

【继承传统产业 开发新兴领域——省陶研所公司以科技成就品质】

江苏省陶瓷研究所有限公司是2002年4月由江苏省陶瓷研究所改革转制的一家科技型企业，主要从事工程陶瓷、功能陶瓷、复合多孔陶瓷、陶瓷色釉料、陶瓷机械等方面的科研和生产，年销售额和出口创汇均以30%以上的增幅持续发展。今年的销售额可达7000万元，其中出口创汇300万美元。

改革转制以来，该公司坚持"继承传统产业 开发新兴领域"的方针，实施自营出口带动战略，走科工贸一体化的道路，取得了明显成效。他们的科研成果和产品已经渗透到矿山机电、冶金、环保、能源、军工等行业，畅销国内及欧美、日本等国际市场。企业属江苏省高新技术企业，获ISO9001质量体系认证和输美陶瓷认证。江苏省陶瓷信息中心、江苏省新型陶瓷材料工程技术研究中心都设在这个公司，还编辑出版《江苏陶瓷》季刊。而且他们的质检中心又是江苏省及中国轻工业联合会的陶瓷耐火产品质量检测站，成为国家认可的实验室。

为了加快企业的发展，他们与日本昭和制陶株式会社合资，在宜兴陶都工业集中区创办了天一昭和陶瓷有限公司，已于今年投产。这不仅为地方经济的发展，也为企业真正成为科工贸一体化和具有一定规模的有相当科技含量的科技型陶瓷企业

奠定了基础。(苏陶)

原载2004年11月25日《陶都通讯》

【宜兴市工业陶瓷行业异军突起】

近年来，我市工业陶瓷异军突起，去年全市工业陶瓷已形成20多亿元销售规模，像陶都锡阳、南方耐火等公司已分别成为全国工业陶瓷行业的“单打冠军”。

长期以来，工业陶瓷一直是陶都宜兴的一条短腿，近年我市通过加大陶瓷产业结构的调整和科技创新，使原来所占比重小而发展前景好、经济附加值高的工业陶瓷得到长足发展。今年头8个月的增幅均在三成以上。无锡南方耐火材料有限公司开发的不定形高档陶瓷耐火材料，为大型炼钢企业解决了很多陶瓷耐材使用面临的技术难题，公司被国家科技部列为高科技企业。今年4月，该公司与英国德曼国际贸易有限公司合资成立的无锡南方德曼耐材有限公司在宜兴环科园落户，生产规模迅速壮大，在全国该行业独占鳌头，连续几年成为我市对上贡献的“十强企业”。宜兴非金属化工机械厂开发的工业蜂窝陶瓷系列产品，填补了国内空白，并被国家列入了“星火计划”。东方石油支撑剂有限公司开发的陶粒产品，广泛应用于石油和天然气的开采，并替代了同类进口产品，成为国内最大的陶粒生产企业，其产品已覆盖全国80%的市场，占到国内50%的市场份额和全国50%的年出口量，已被列入国家重点新产品和国家级“火炬计划”。日前，中国轻工业进出口总公司首批出口南非的200吨高性能陶瓷微珠，从我市陶都锡阳公司启运。至此，今年陶都锡阳公司出口欧美、东南亚、南非等国家和地区的高性能陶瓷微珠已有1200多吨。中国轻工业进出口总公司提供的资料显示，陶都锡阳公司陶瓷微珠出口量占到全国出口量的65%。(宜报)

原载2006年9月30日《陶都通讯》

【“拜富”商标荣获“中国驰名商标”】

前不久，江苏拜富色釉料有限公司的“拜富”商标被国家工商总局认定为“中国驰名商标”，这也是我市第三个获国家工商总局认定的“中国驰名商标”，在丁蜀镇是唯一获此殊荣的商标。

位于风景秀丽的太湖之滨、地处中国陶都——江苏宜兴陶瓷产业园区的江苏拜富色釉料有限公司，是一家集设计、研发、生产、销售及进出口贸易于一体的综合性公司。公司前身宜兴拜富实业有限公司创建于1990年，1997年合资成立江苏拜富色釉料有限公司，至今已有近20年的创业、发展史。

江苏拜富企业占地面积30万平方米，建筑面积9.5万平方米，各类技术人才78名，专业研发的科技人才20多名。公司以科学发展观为指导，以创新求变的理念。把握市场信息，加快产品技术创新，提高核心竞争力，成立占地面积4000多平方米的宜兴拜富色釉料技术研究所，拥有价值400多万元的研发设备，专门从事陶瓷、玻璃、搪瓷色釉料的研究开发。主要产品有陶瓷色釉料，陶瓷釉上、釉中、釉下及玻璃颜料，陶瓷、玻璃花纸，超细硅酸锆、锆英粉以及镍钴系列产品等。先后成功开发锆系包覆颜料、无锌无铅透明熔块等新产品，并获国家专利，其中无锌无铅透明熔块产品填补了国内空白。在开发新产品近百项中2项获省高新技术产品，1项获国家重点新产品，2项获国家发明专利。近年来江苏拜富引进吸收欧洲标准的思路，依托企业人才、技术优势，瞄准国内外玻璃市场，自主创新研发无铅玻璃颜料项目取得成功。生产出的无铅玻璃颜料具有结构致密、耐酸侵蚀、化学稳定性好、烧烤温度低、光泽度高的特点，且呈色纯正、色彩艳丽、装饰效果好，是名副其实的绿色环保产品，极具产业化发展前景。

新品拓市场，诚信揽用户。江苏拜富产品覆盖全国25个省市自治区，还远销意大利、英国、日本、印度尼西亚、马来西亚等国家和地区，“拜富”产品多次被评为“江苏省名牌产品”“江苏省高新技术产品”“国家重点新产品”等。2003年公司参与色釉料行业标准的起草，另外《中国玻璃颜料》行业标准的独家起草已报至国家发改委。同时，连续多年获得“AAA”特级资质证书和“重合同、守信用”证书，多次被评为“江苏省环保工作先进集体”“江苏省百强私营企业”“江苏省高新技术企业”“国家重点高新企业”“农业部全面质量管理达标企业”等。

随着企业的不断发展壮大，2004年至今，公司已在境内外投资或创办了多家公司，境外投资企业有泰国SIAMFRIT有限公司。国内投资企业有：宜兴方圆紫砂工艺有限公司、宜兴精陶股份有限公司、宜兴拜富色釉料研究所有限公司、江苏脒诺甫纳米材料有限公司、江苏欧麦特镍钴科技有限公司。

江苏拜富在10多年的市场运作中取得科学发展、率先发展的骄人业绩，发展与荣誉同行，这就是今天的江苏拜富。（佳木）

原载2009年6月29日《陶都通讯》

【省陶瓷研究所有限公司科研项目管理成效显著】

江苏省陶瓷研究所有限公司围绕科技创新，努力培育科技创新型企业。在科研上，积极组织材料申报上级项目，培育企业支柱产业，并切实加强科研项目的实施与验收管理，取得了良好成效。2009年承担省级以上项目3项、完成省级项目2项，获无锡市科技进步二等奖1项，申请及授权专利4项。

承担项目3项：一是省科技基础设施建设项目“江苏省宜兴新型陶瓷材料公共技术服务中心”获得省拨款100万元，宜兴市科技局匹配20万元；二是省国际合作项目“高性能预埋式纳米复合陶瓷锚栓紧固件成果引进消化”获得省拨款10万元；三是江苏省陶瓷出口基地公共技术服务平台研发中心建设项目，获得省商务厅资金资助30万元。该公司认真按照项目实施要求，抓进度保质量，经费的使用上严格按照预算书单独建账专款专用，确保圆满完成项目任务。

完成项目2项：一是省高技术研究项目“常温远红外电热复合陶瓷的研制”，于2009年7月31日通过验收。该项目申请发明专利1项，发表论文4篇，很好地完成了合同规定的考核指标，专家一致同意通过验收。二是省科技支撑项目“TFT-LCD大型玻璃基板涂膜装置用纳米复合陶瓷载置平板”，已完成了科技合同的各项任务，并准备好验收的相关工作，项目产品是第5代TFT-LCD面板以来生产设备CVD中的关键部件TFT-LCD（薄膜晶体管液晶显示器），是液晶显示器中最重要的一种，广泛应用于电视机、笔记本电脑、监视器、手机等各个场景。（晓静）

原载2010年1月28日《陶都通讯》

【我市瓷件行业专项整治全面开展】

为扎实推进我市瓷件行业专项整治行动，8月5日、6日，市环保局组织全体环境监察人员在属地政府的配合下，分成11个小组，冒着高温对丁蜀镇所有瓷件行业企业、各类窑炉进行地毯式检查，一方面摸清基本底数，另一方面进行宣传协调。为下一步制定专项治理方案，增强专项整治的针对性、有效性提供第一手资料。

据悉，目前我市瓷件行业共有166家企业、梭式排蜡窑197座，主要集中在丁蜀镇。由于这类企业规模偏小，家庭作坊式居多，长期以来，其污染治理和环境管理难度相对较大。民生环保工作开始以来，该局已会同丁蜀镇多次深入企业有的放矢地进行调研，听取多方意见建议，并通过汇总、筛选、研究后初步确定了改进工艺、技能升级控制总量、合理布点、拆除窑炉、整治提升的基本原则与总体要求。

这次检查中发现，大部分企业在生产过程中能够落实各项环保制度，尤其是使用梭式窑排蜡的企业，能够正常运行废气治理设施，保证废气在排蜡过程中做到达标排放。但仍有部分企业不注意对废气治理设施的维护，导致在排蜡过程中废气治理设施不能正常运转，达不到预期的治理效果。对此环境监察人员立即依法要求企业停止排蜡行为，待废气治理设施修复后，方可进行生产。与此同时，该局领导在检查过程中积极与企业主探讨排蜡新工艺，寻找更好的解决排蜡气味扰民问题的办法，并向企业主们宣传民生环保工作，得到了企业主们的积极响应。企业主一致表示将积极配合市委、市政府的民生环保专项行动，切实做好各项环保工作，确保民生环保工作的顺利推进。

瓷件行业是这次市民生环保工作的两个重点行业之一。笔者从环保部门得知，市环保局已对这个行业的专项整治行动制定了总体计划和目标要求。初步定于8月底前制定出整治方案，10月底选择试点，11月底前出台相关政策文件，在报请市政府同意后于12月底前全面实施专项整治，确保在明年6月底前圆满完成。（宜报）

原载2010年8月30日《陶都通讯》

【丰峰陶瓷从元件到器件的跨越】

日前，记者到位于丁蜀镇川埠的宜兴市丰峰陶瓷有限公司采访，得知该企业开始与韩国的一家公司合作，由原来的电子工业陶瓷元件出口变为组装成器件出口，提高了产品的附加值，增加了企业的经济效益。在今年完成应税销售2700万元的基础上，明年有望突破8000万元应税销售。

这个公司主要生产电子陶瓷系列和纺织陶瓷系列两大类工业陶瓷产品，多种型号的瓷管、瓷眼、瓷棒、瓷圈、瓷片，A99陶瓷轴，A95、A75陶瓷和氧化锆陶瓷等几百个品种。产品分别应用于纺织行业的导丝、分丝、脱水以及电子工业中各种电器壳体绝缘和家用电器的发热元件。今年3月份开始，公司与韩国合作，新辟组装车间，由韩国专家驻厂指导，将元件合成组装为电子元器件应用于空调、微波炉、电蚊香等电器行业。今年出口50万件，明年可达1200万件。（陶讯）

原载2007年11月30日《陶都通讯》

【无锡南方德曼耐材有限公司投产】

4月22日上午，坐落在宜兴环科园的中外合资企业——无锡南方德曼耐材有限公司隆重举行投产仪式。宜兴市委副书记、市长王中苏，副市长王敖盘，市政协副主席钮颂坚，以及市有关部门领导，合资双方代表，中国耐材行业协会陶会长、宜兴陶协会长史俊棠，环科园、湖汊镇的领导和有关企业单位领导参加了投产开业仪式。

无锡南方德曼耐材有限公司由无锡市南方耐材有限公司与英国德曼国际贸易有限公司合资成立，投资总额为575万美元，其中无锡南方耐材有限公司占60%股份，英国德曼公司占40%股份。中方股东无锡市南方耐材有限公司是中国著名耐火材料生产企业，产品在国内外大中型钢铁企业中有较高的市场占有率，也是宝钢、首钢连续多年的最大耐火材料供应商。公司自1993年起便涉及连铸功能耐火材料制品的研发与生产，成为目前国内最大的连铸功能耐火材料制品生产商，技术工艺水平在国内外处于领先地位。外方股东英国德曼国际贸易有限公司则是俄罗斯最大的耐火材料生产企业镁砂集团注册在英国伦敦的子公司，有着广泛的海外销售市场网络，尤其是在俄罗斯等欧洲市场。合资公司成立后主要从事连铸功能耐火材料制品的生产、销售、研发及服务，产品将面向国际市场，部分在国内销售。（崔听槐）

原载2006年4月28日《陶都通讯》

【华井科技成功开发氮化硅超级陶瓷】

坐落于丁蜀镇洋岸村的宜兴市华井科技有限公司主要从事高纯度氮化硅及工业用特种陶瓷的研发和创造。

氮化硅被称为“超级陶瓷”，在溶解制造铝行业和热电偶保护管、电热管、低压铸造机、脱氢回旋器、输送管、制动器螺丝绞板等方面广泛使用，在中国市场上一直被日本产品所垄断。华井科技总经理徐叶新致力于开发氮化硅系列产品，以科技助推企业发展，该项目计划总投资1.2亿元，自2014年7月开工，到2015年5月已经投产，完成投资6000多万元，一部分产品已经投放市场。他们从德国引进湿袋式静压机，配套高温真空炉、数控加工中心等生产设备，聘请日本专家成为企业的合作伙伴，同时采用日本的氮化硅原料和混合氮化硅粉末和燃结助材研磨机、成型加工机床，用于烧结的氮化氛围加压炉等。去年5月份，已将热电偶保护管投放国内市场，其质量达到日本同类产品水平，甚至更优，在日本的一些专业报纸和刊物上都作了宣传推介。华井科技的氮化硅制品以耐腐蚀性为主，集耐热性、耐酸性、耐磨性、耐化学性、高强度等优点于一身，是与日本顶级集团相比毫不逊色的世界一流产品，得到了用户认可。预计年生产能力达200吨，年销售额1.5亿元，出口800万美元。

与此同时，华井科技还专门设立研发中心，努力打破国内外技术封锁壁垒，改变国外企业垄断高端氮化硅特种陶瓷材料市场这一局面。未来，华井科技将进一步发挥铝溶解炉保温导热陶瓷套管等产品在铝合金压铸行业的领先优势，不断扩大和丰富产品生产线，不断进行技术研发和创新，努力为国内外客户提供全方位的整套铝合金铸造解决方案，将成为引领整个铝合金压铸行业的标杆，以及宜兴陶瓷行业的又一高新技术企业。（蒋尧基）

原载2016年1月28日《陶都通讯》

【江苏国豪：危废处置行业耐材领跑者】

3月6日，江苏国豪耐火科技有限公司收到来自抗疫前线的湖北中油优艺环保科技有限公司（简称中油环保襄阳公司）的感谢函："在此次打好疫情防控阻击战的相关环保工作中，贵公司提供的焚烧系统关键生产物资耐火材料，为我公司高温无害化处置医疗废物提供了强有力的质量保障，用工业焚烧炉应急处置医疗废物，是对我们设备的又一次考验。……一个优秀供应商的责任和担当尽显，充分体现了同气连枝、共抗疫情的决心和力量，让我们倍感温暖……"

之前的2月18日，国家生态环境部由办公厅以"特急"发函并向社会公开《关于表扬湖北中油优艺环保科技有限公司为疫情防控相关环保工作做出突出贡献的函》，对中油环保襄阳公司为武汉市疫情防控相关环保工作做出的极大努力和突出贡献作了高度评价，并希望该公司积极发挥行业示范带头作用。希望全国各医疗废物、危险废物处置企业，向中油环保襄阳公司学习。

日前，我们来到位于丁蜀镇施荡村的江苏国豪耐火科技有限公司，只见大门外停放着一辆辆载满一袋袋耐火原料的超长载重车，等待卸运到库房。公司董事长周建国说，每年从外地定点运进的各种原料就有2.6万多吨，发往外地用户单位的耐火制品总吨位也达到这个数，进与出就是5万多吨。公司选购的原料，都是质优、价贵的高品质原料，这样才能打造出领跑市场的高端产品。

今年是国豪创办10周年，她的发展实践和市场开拓就是见证。

从国豪创办之初提出“诚信、自信、人品、精品”的企业精神，到近年来定位“诚信、务实、责任、担当”更高发展目标，无不体现了公司精益求精、追求卓越、领跑行业向高质量发展跨越的自信。现今，进入公司大门，这两组充满激情的豪言，都用特大立体红字镶嵌在平行的两幢厂房的外立面上，十分醒目。

宜兴陶瓷骨干企业中，从事耐火材料企业有20多家，面对激烈的市场竞争，国豪切准市场脉搏，放眼未来发展，从2010年至2016年，公司以设计、生产电力、水泥、石油等行业需要的传统耐火制品为主，以过硬的产品进军市场，得到广大用户的好评和科研院校的肯定。现今的国豪是中国建材研究院和中石化工程及国家电力公司耐火材料定点供货单位，也是武汉科技大学耐火材料研究联络点。好产品要有好装备，国豪通过不断投入改造，企业已具备一整套完整趋于国内较先进的生产设备系统及满足产品生产的自检系统，如回转窑用砖的5台压力机、1780摄氏度高温窑炉2条、1550摄氏度中温隧道窑1条以及无尘混炼机、全自动浇注料生产线等关键设备，并拥有一批高素质的耐材技术团队及管理人员，具备了设计、制造、安装等一整套全面的服务能力，确保了用户各类装置的热工设备长期安全运行。

对于耐火企业来说，市场是一个优胜劣汰的舞台，开拓创新则是一个永恒的主题，只有进军号，没有休止符。从2016年下半年开始，董事长周建国又瞄准了环保领域中医疗废物、危险废物处置企业，危废处置因耐材必须抗腐蚀、耐高温，因此公司经过不断攻关，研发成功了新一代耐火制品，如锆刚玉砖、高温复合砖、铬锆刚玉砖等，均采用1700摄氏度以上高温烧结，提供回转窑焚烧炉改造、维修、更换工程项目，每台焚烧炉所用砖的型号、规格都不一样，炉膛容积大到可容危废物100吨、70吨，小的也可容30吨。公司从2017年至2020年与全国企业的签订量显示了产品广阔的市场，与苏伊士、威立雅、亚德、拉斯卡、光大、新中天、北控等国内外100多个著名的危废处置中心建立了良好的合作关系，业绩涵盖全国20多个省市的200多个危废处置企业。先后交付安装维修的就有300多套，今年新订货的用户已有14家企业共14套。国豪用“硬核”的质量，获得国内用户的信任和好评，创造国豪标准第一品牌，领跑国内危废处置耐材行业，在行业内形成了横向联合协作，纵向服务到底的新格局。如绍兴市上虞众联环保有限公司的年焚烧处置9000吨危废项目运行16个月，窑内耐火砖状况良好；南京福昌环保有限公司的危废焚烧线在抢修时用国豪的锆刚玉砖、刚玉质浇注料等产品，回转窑焚烧炉窑砖连续安全使用21个月而没有出现任何问题等等。

好产品必然赢得好口碑。今年2月份以来，从武汉市到湖北省，新冠肺炎疫情防控成为全国的重中之重，中油环保襄阳公司不仅全力以赴担负起襄阳市医疗废物应急处置任务，而且先后抽调四批次共计40辆医疗废物转运车和74名业务骨干，驰援武汉市开展医废应急收集和转运，有效缓解了武汉市医废收集转运和安全处置的巨大压力。这中间，国豪为襄阳公司焚烧炉提供高质量的耐火砖内衬、超负荷安全、连续运行处置医废的作用不可或缺。

国豪耐火进军环保领域危废处置行业用耐火材料，仅3年多时间，就取得了良好的经济效益。2019年，公司应税销售收入14385万元，同比增长27.4%，其中危废处置行业销售9000多万元，约占公司全年销售额70%。展望新的一年，董事长周建国坦言，近期已与武汉华麟公司及四川大学成功开发了等离子焚烧炉耐材新技术，更好地服务于危废焚烧产业的提升。（崔听槐、朱耀华）

原载2020年3月30日《陶都通讯》

附录

一、宜兴主要工业陶瓷企业

【无锡市宜刚耐火材料有限公司】

无锡市宜刚耐火材料有限公司成立于1991年1月，已有30多年建厂历史。公司占地面积110亩，注册资本6000万元，厂房建筑面积4.4万平方米，职工人数850人。2020年，完成应税销售6.97亿元，同比增幅11%，对上贡献4922万元，同比增幅36%。“宜刚”已成为国内外环保电力行业耐火材料供应商及服务商中的著名品牌，拥有多条具有行业国际先进水平的产品生产线，检测设施齐备，产品及服务标准与国际接轨。其中具有高技术含量的自流浇注料和耐磨可塑料是公司的特色产品。其下辖专业配套工程公司（宜兴市金刚耐火工程有限公司）拥有国家及行业权威机构颁发的高级施工资质和多项荣誉证书。

公司是江苏省高新技术企业，是全国耐火材料标准化技术委员会、全国环保产品标准化技术委员会以及全国火力发电厂标准化技术委员会的会员单位，参与制订、修订了多个国家标准及行业标准；以清华大学、中科院为技术依托，完成了国家“十一五”科技计划中多个有关600MW超临界循环流化床锅炉用耐磨耐火材料产品及工程配套技术的研发课题。目前正在攻克“十三五”科技支撑计划的“超临界循环流化床”相关项目子课题，为全球最大、最著名CFB锅炉以及城市垃圾焚烧炉耐磨耐火材料项目作配套。

公司主导着国内大型循环流化床锅炉（CFBB）及大型垃圾焚烧炉（WTPI）两个耐火材料供应及服务总承包市场，且国外工程总包足迹已遍布东南亚、非洲、东欧、中东、南美、美国、日本等地。

2020—2022年，公司拟投资3.9亿元，新上600MW超临界发电系统电站循环流化床锅炉用高档、高传热、高耐磨耐火材料产业化应用二期建设项目和660MW超超临界循环流化床节能环保锅炉用高导热、高耐磨、高抗热震耐火材料应用建设项目，全力为高档、高传热、高耐磨耐火材料在国内绿色电力行业领域广泛应用配套，推进国家“一带一路”基础电力建设项目领域的应用。

【江苏拜富科技股份有限公司】

江苏拜富科技股份有限公司地处宜兴陶都工业园，交通便利，环境优美。集团占地面积320亩，建筑面积88000平方米，拥有职工300多人，科技人员80多人，客座专家、教授及专业技术研究人员20多人，是国家认定的高新技术企业。公司创建于1989年，经过30多年的努力和发展，已成长为涵盖日用陶瓷、建筑卫生陶瓷、光伏玻璃、工业陶瓷、耐火材料、日用玻璃和特种玻璃等行业全面的原辅材料供应商。公司坚持产学研结合，致力于打造技术型企业，先后与中科院上海硅酸盐研究所、景德镇陶瓷大学、上海大学、咸阳陶瓷研究设计院、长沙理工大学、陕西科技大学、武汉理工大学、南京工业大学等高等院校及研究院所进行了技术交流和合作。公司先后投资了江苏脒诺甫纳米材料有限公司、江苏拜富工贸有限公司、拜富科技（香港）有限公司等企业，拥有江苏省高技术陶瓷粉体工程技术研究中心、江苏省高技术陶瓷装饰材料工程中心、江苏省纳米陶瓷粉体材料工程技术研究中心、咸阳陶瓷研究设计院宜兴分院等科技交流平台。

公司坚持专心、专注、创新、发展的经营思路，本着“拜天下人为师、富天下人为贵”的发展理念，孜孜以求。“拜富”商标被评为中国驰名商标、江苏省著名商标。公司先后承担了多项国家及省市级科技项目，承担了国家标准《陶瓷用熔块》《防滑陶瓷砖》《陶瓷砖防滑性等级评价》，行业标准《锆英砂》《陶瓷用硅酸锆》《陶瓷颜料》《陶瓷贴花纸》《陶瓷砖纳米红色着色剂成色性能试验方法》等标准的起草和审议，拥有授权专利79项，其中发明专利18项，国际发明专利4项，受理中的专利20项，注册商标33件。经江苏省工信厅认定，光伏玻璃高反射材料达到国际领先水平，双亲型二氧化硅复合气凝胶、含铬废弃物制陶瓷色料、耐高温硅基氧化物陶瓷气凝胶的关键制备技术达到国际先进水平，通体陶板用无光抗污釉、超细超白硅酸锆达到国内领先水平。

【宜兴王子制陶有限公司】

宜兴王子制陶有限公司创建于2004年，位于江苏省宜兴市丁蜀镇陶都工业园西施路，是一家集科研、生产和销售于一体的企业，为国内最主要的蜂窝陶瓷供应商之一，同时也是汽车尾气排放和自动催化净化器的主要供应商。厂区占地面积90亩，注册资本5700万元，拥有职工达250人，2020年度实现工业应税销售2.86亿元，多次获评无锡市、宜兴市对上杰出贡献奖。

在过去几年中，公司引进国外先进的蜂窝陶瓷生产技术，发展迅猛。公司现有厂房为15000平方米，拥有现代化的试验中心、先进的研发技术和年产量达到400万升的生产能力。王子制陶拥有先进的质量管理体系，从原料进厂到成品出厂的每一道工序都按照严格的标准执行，早在2007年10月公司就通过了ISO9001：2000质量认证体系，并于2008年11月通过了ISO/TS16949：2009质量认证体系。

公司主要生产堇青石蜂窝陶瓷载体、柴油车壁流式颗粒捕捉器、直通式蜂窝陶瓷载体DOC、蜂窝陶瓷过滤片。

2017年5月，山东国瓷功能材料股份有限公司以现金收购宜兴王子制陶有限公司100%股权，公司发展又向前迈进一大步。今天，王子的业务已遍布全球，在汽车、化工、环保等领域获得了极大的成就。在服务客户上，积极提供最好的咨询服务和最完美的产品。

【江苏省宜兴非金属化工机械厂】

江苏省宜兴非金属化工机械厂建于1957年，是国内规模较大、品种规格齐全、技术装备先进的工业陶瓷、非金属防腐耐磨设备和固液分离设备制造企业。

1933年，上海天原化工厂总管吴蕴初，在上海龙华筹建全国第一家化工陶瓷专业工厂定名天盛陶器厂，计有职工60余人，年产储酸坛1万只。1936年，天盛陶器厂内迁四川，并入宜宾天原化工厂建立陶器车间。1946年，陶器车间迁回上海，成为上海天原化工厂的化工陶器车间，主要生产管道、容器、面砖以及吸收塔等化工陶瓷产品。1949—1950年，陶器车间安装了泥料轧练设备、成型开片机，建造了20立方米倒焰窑1座、100立方米倒焰窑2座，先后招收职工100余人，生产的化工陶瓷器具、化工陶瓷机械300多个品种，其中10%天原化工厂自用，90%供应全国各地化工生产单位。1957年1月，陶器车间搬迁至宜兴丁山，扩建成厂定名地方国营宜兴化工陶瓷厂。1969年，更名宜兴非金属化工机械厂。

该厂现有面积23万平方米，净资产1亿多元，下设4个分厂6个生产车间、1个高新技术研发中心、1个陶瓷泵机研究所、2家中外合资企业。员工近千人，其中工程技术人员300多人，年产工业陶瓷1.1万吨，各类非金属防腐耐磨设备以及固液分离设备7000多台（套）。产品有蜂窝陶瓷、全自动陶瓷过滤机、耐酸陶瓷泵、陶瓷膜过滤器、硫酸吸收塔承重条梁以及工程陶瓷、纺织陶瓷制品等12大门类2000余个品种，广泛应用于石油、化工、医药、冶炼、化纤、环保等行业，产品销往全国30个省、市、自治区，并出口至欧美、韩国、日本、印度等国家和地区。产品先后获国家重点新产品奖、省部优质奖、省部科技成果奖，企业被评为国家重点高新技术企业、科技部非金属产业基地骨干企业、江苏省高新技术企业。

【无锡远能耐火材料有限公司】

无锡远能耐火材料有限公司成立于1986年，在原宜兴市张泽锅炉耐火材料厂的基础上组建并发展壮大，下辖公司有：无锡远能耐火材料有限公司（注册资金5080万元，专业生产企业）、无锡远能耐火工程有限公司（注册资金5800万元，防水防腐保温工程专业承包二级、冶金工程施工总承包三级）。该公司坐落在国家著名旅游风景区太湖之滨，专业从事建材、电力、石化、冶金等行业的定形或不定形耐火、耐磨、保温材料的研究和生产开发，先后为全国很多1500吨至10000吨水泥回转窑配套生产，具有良好的业绩和信誉。

该公司拥有3万吨定形、2.5万吨不定形耐火原材料到制成品、成品一条龙的生产能力。现有高温隧道窑一条，全长108米；自动螺旋压力机1000吨2台，630吨4台，315吨2台；原料精选管道式永磁除铁机3台；高温梭式窑2台；行星式强制混炼机8台；砖正形磨光机3台。各种耐火材料技术检测设备齐全。多年以来，该厂与洛耐院、冶金总院、国家建材学院等科研单位通力合作，成功研制开发了多种新型定形、不定形耐火保温系列制品，填补了某些产品的国内空白，各项性能指标均达到甚至超过国内外同类产品水平，荣获国家重点新产品证书、高科技产品认定证书。

该公司长期与天津水泥设计院、南京水泥设计院通力合作，并经过多年来和全国大中型水泥回转窑的广泛使用，水泥回转窑用低导热硅莫砖及耐火保温材料，在水泥行业取得了良好的运行业绩，产品质量、技术支持、售后服务等方面居同行业领先地位，受到了广大用户的肯定与好评。

【宜兴兴贝耐火材料制品有限公司】

宜兴兴贝耐火材料制品有限公司创立于1994年，占地面积40多亩，注册资本3080万元，厂房建筑面积23000多平方米，现有职工68人。2020年，完成应税销售19272万元。作为国际国内知名的环保电力行业高质量成套耐火材料产品、服务及技术供应商之一，经过20多年的持续发展，通过大量国内外成套工程的经验累积，其持有及开发的专有、关键制造技术及工程应用技术一直处于国内领先水平，“兴贝”已成为国内环保电力行业的著名品牌。

该公司是全国耐火材料标准化技术委员会会员单位、江苏省“高新技术企业”、CCTV《发现之旅·品质》栏目入围企业，控股江苏兴贝新材料开发有限公司，建设有宜兴市（兴贝）耐火材料工程技术研究中心，具有自营进出口权，具备完善的质量管理体系（IFA ISO9001：2008）、环境管理体系（IFA ISO14001：2004）以及职业健康安全管理体系（CNAS OHSAS 18001：2007）。公司连续多年取得了多项各级政府及行业权威机构颁发的许可证、资质证书、信用证书及荣誉证书。其独资注册专业配套工程公司宜兴市兴贝耐火保温工程有限公司（注册资本6800万元），具有“冶金工程施工总承包三级”施工资质和“电力防腐保温工程施工能力资格甲级”施工资质。

公司在环保、电力、石化、冶金、建材、电子等行业享有盛誉，是国内多家大型国企的耐火材料及服务合格分供方；与国外著名公司如福斯特惠勒、阿尔斯通、三菱、马丁、西格斯、吉宝、日立造船、荏原等均有密切的技术交流与合作，且其国外工程总包足迹已遍布东南亚、印度、巴基斯坦、非洲、东欧、中东、南美、美国、日本等地。

【江苏国豪耐火科技有限公司】

江苏国豪耐火科技有限公司创立于2010年2月，注册资本6500万元，现有固定资产5000万元，占地面积50亩，厂房建筑面积1.8万平方米。公司从一家10多人的小微企业，经过10余年的发展，现已有职工人数122名。2020年应税销售1.8亿元，同期增长7%，缴税1100万元，同比增长10%。

从2010年至2016年，公司以设计、生产传统的电力、水泥、石油等行业需要的耐火制品为主，以过硬的产品进军市场，得到广大用户的好评和科研院校的肯定。

主要产品有耐磨耐火可塑料、轻质耐酸浇注料、水泥窑窑口及喷煤管专用浇注料、硅莫砖、耐磨砖系列等。从2016年下半年开始，公司又瞄准了环保领域中医疗废物、危险废物处置企业。危废处置因耐材必须抗腐蚀耐高温，因此公司经过不断攻关，研发成功新一代耐火制品，如铬锆刚玉砖、高温铬锆刚玉复合砖、高铬高温砖等，均采用1700摄氏度以上高温烧结，提供回转窑焚烧炉改造、维修、更换工程项目。危废用耐材产品份额已占公司销售额的50%。

目前，该企业已是全国危废焚烧处置用耐材领军型企业，并且制定了《危废用回转窑复合砖》国家团体标准。公司下一步研发向等离子熔融炉用耐材方向发展。

【宜兴市锅炉密封工程有限公司】

宜兴市锅炉密封工程有限公司（宜兴中创耐火材料有限公司）始建于1989年，1998年改制为股份合作制企业，长期以来专业从事电力、化工、冶金等行业的耐磨、耐火、保温材料的研究开发和生产。经过长期不懈的努力，企业规模和实力不断增强，现已发展成为本地区和电站锅炉行业较具影响的耐火、保温材料生产和施工安装企业。

公司厂区占地面积5万平方米，公司注册资本达8800万元，现有固定资产8000万元，在职员工350人，其中高级职称3人，中级职称26人，技术员68人。2020年应税销售1.7亿元（同期增幅15%），缴税1150万元（同期增幅15%）。公司连续10年被无锡市授予“重合同、守信用”企业称号；具有AAA级资信；是宜兴市科技先进企业、无锡市一级企业；连续8年被国家电力公司评为保温、耐火材料质量信得过企业和产品先进企业。

公司属于国家电力公司定点产品归口管理企业。生产设备精良、配套完备，拥有60米高温隧道窑1座，高温梭式窑4座，400-800T成型压机8台，强制式混炼机8台，不定形耐火材料和保温材料生产线各1套，具备年生产中高档耐火定形制品（砖）1万吨、不定形材料（浇注料、可塑料）5万吨、各类保温材料2000吨的生产能力。主要产品有刚玉砖、莫来石砖、碳化硅砖、硅线石砖、轻质保温砖、耐酸砖等定形制品和各种耐磨耐火浇注料、可塑料等不定形制品及硅酸铝保温板（毡）、防腐涂料、胶泥等其他制品，总计十一大系列近百个品种。

公司已先后通过ISO9001质量管理体系、ISO14001国际环境管理体系和ISO28001职业健康安全管理体系认证。

【宜兴市东坡耐火材料有限公司】

宜兴市东坡耐火材料有限公司成立于2005年2月2日，总占地面积10.03亩，注册资本300万元，厂房建筑面积2808平方米，职工人数为50人，2020年的应税销售为7330.7万元，税收贡献为567.8万元，同比增长41.8%。该公司是一家具有50年耐火材料与特种陶瓷生产经验的耐火专业企业，生产设备完善，拥有高素质的生产管理与技术开发人才队伍。

公司生产各类冶金用耐火材料，主导产品为高性能浇注料、喷补料、修补料、各类喷枪、大型预制件和不烧砖等，年生产能力达20000多吨。几十年来为宝钢等国内外一流的钢铁企业提供了优质的炉、包、槽衬用耐材产品和服务。2007年起，致力于宝钢RH无铬耐材项目开发并取得成功。2008年，成为宝钢250t转炉耐材承包商。2012年，成为宝钢RH精炼真空槽耐火材料区域主承包商。公司被宝钢认定为优质供应商。公司于2000年通过了ISO9001质量体系认证，2010年通过ISO14001环境管理体系认证，2014年通过安全生产标准化三级企业。

【宜兴市瑞弘耐火材料有限公司】

宜兴市瑞弘耐火材料有限公司成立于2002年9月，注册资本为1500万元，占地10亩。目前公司有员工60人，其中各类专业技术人员15人。2020年，完成应税销售1.59亿元，同期增幅10.2%，对上贡献550万元。

公司通过了ISO9001质量保证体系、ISO14001环境管理体系、ISO45001职业健康安全管理体系的认证，在全国中小型冶金企业中有较高声誉，连续几年被多家钢铁企业等单位评为最佳耐火材料供应商和战略合作供方。近几年来，公司被评为丁蜀镇先进企业、优秀厂长（经理）单位。

公司主要生产冶金用耐火材料，主要产品有：①炼铁高炉出铁场系列浇注料；②无水炮泥；③炼钢连铸用中间包耐材。其中浇注料年产32000多吨，无水炮泥4000多吨，挡渣堰、精炼炉盖等预制品2000多吨。

公司一贯重视高新技术产品的开发，并和国内多家耐材料研院所紧密合作，相继开发出了一系列具有国内先进水平的耐火材料制品。其中有长寿命高炉出铁沟浇注料、快干浇注料、RH-GC系列无水炮泥等。

【江苏顺星耐火科技有限公司】

江苏顺星耐火科技有限公司前身为宜兴市顺星耐磨浇注材料厂，创建于1990年，占地面积4万多平方米，建筑面积2万多平方米，固定资产8000余万元，是宜兴市重点企业、高新技术企业。公司的主导产品FCCU和CFB用耐磨、耐火材料是江苏省高新技术产品，并列入省级火炬计划项目，拥有近30项发明专利和实用新型专利。

企业现有职工186人，专业技术人员28人，技术骨干6人，并和中国科学院循环流化床锅炉研究中心、洛阳耐火材料研究院等科研机构、高等院校长期合作，研制开发了活性氧化铝系列产品，FCCU和CFB用耐磨耐火材料，相继通过国家级鉴定。CFB用硅线石耐磨、耐火材料的耐磨性能填补了国内空白，创无锡市优质产品，获宜兴市科技进步二等奖。同时，该公司是国家黑色冶金行业标准YB/T4108-2002《循环流化床锅炉用耐磨耐火砖》和YB/T4109-2002《循环流化床锅炉用耐磨耐火浇注料》的主要起草单位。

企业多年来坚持以科学技术为第一生产力，技术力量不断壮大，在原先基础上，先后开发出适用于各种工业窑炉及设备衬里的新产品。为了更好地满足用户的需求，逐步扩大产能规模，加大产品检测及研发的资金投入，稳固并提高产品的质量。原材料做到机械化包装，机械化运输入库，整个生产工艺配套了全过程流水线设备，践行规模化、现代化、科学化的生产管理理念。

企业依靠科学的配方，优质的原料，现代化的技术设备，完善了质量保证和检测手段，做到从原料到半成品、成品的质量全过程控制和管理，使产品达到国家建材设计院和中国电力设计院、冶金院的最新及最高标准要求。

【无锡市南方耐材有限公司】

无锡市南方耐材有限公司是国内生产连铸功能耐材最具规模的专业工厂之一，是国际、国内生产、销售连铸功能耐材名列前茅的优势企业，是中国耐材协会副会长单位。公司是连铸用铝碳质耐火制品（连铸三大件）、滑板砖、精炼钢包用透气砖和座砖、定形耐火制品验收抽样检验规则的行业和国家标准的主要制定单位。

公司创建于20世纪50年代，目前已发展为集研发、设计、科技创新、生产制造、安装施工、整体承包、服务培训于一体的综合型连铸功能耐材生产制造企业。公司与国内外钢铁企业合作，不断地为钢铁企业提供超值的产品和服务，建立完整技术服务网络，提供产品技术培训和使用指导。公司主动适应钢铁企业不断发展的采购模式，供料、吨钢结算、整体承包，最大限度地配合用户降低吨钢生产成本，提高合作钢铁企业的综合竞争力。

公司一贯重视新产品研发、高新技术产品开发，是耐材行业首批“江苏省高新技术企业”。公司拥有江苏省连铸用功能耐材工程技术研究中心及检测中心，注重培养发展科研技术力量，保障产品质量、质检及技术开发的需要，和全国耐材知名科研院所以及宝钢、首钢等钢铁企业紧密合作，相继开发了一系列具有国际先进水平的耐材产品。

多年来，该公司开发并实施的“洁净钢冶炼用耐火材料关键技术与工业应用”获国家科技进步二等奖和冶金工业局科技进步二等奖，先后承担了国家“八五”“九五”重点耐材科技项目和“十二五”国家科技支撑计划项目。公司拥有已授权的自主研发发明专利12项，实用新型专利7项。公司研发的连铸用高耐蚀水口、不吹氩防堵塞浸入式水口、钢包透气砖、高耐磨长寿命滑板、金属陶瓷结合免烧低碳滑板砖、低热导抗热震连铸功能水口等被认定为江苏省高新技术产品、江苏省名牌产品、国家级新产品，并列入国家火炬计划项目。

【江苏省宜兴电子器件总厂有限公司】

江苏省宜兴电子器件总厂有限公司位于宜兴丁蜀镇丁山北路，全民与集体联营企业，隶属宜兴机械电子工业公司。

该厂筹建于1970年6月。1971年1月，被正式批准建厂并定名宜兴半导体厂，主要生产单晶硅、多晶硅、晶体管和精细陶瓷装置零部件。1972年，产品纳入国家计划并开始研发电力半导体器件陶瓷环类产品。1973年3月，由原四机部委托研制集成电路双列直插式陶瓷封装管壳，8月获得成功，10月通过部级鉴定。同年，原四机部拨款34万元，建成年产陶瓷管壳120万件的生产线，成为全国第一家生产陶瓷管壳的专业企业，经上级批复，该厂易名宜兴电子器件厂。至1976年，黑陶瓷低熔玻璃封装外壳、电力半导体器件用平板型、螺栓型陶瓷管壳、扁平焊式陶瓷玻璃封装外壳、光圈数码电路、光速数码电路、梳型电路以及高频大功率制导系统三极管等7种类型陶瓷管壳先后研制成功，该厂被评为江苏省先进企业。据1978年统计，该厂生产各类陶瓷管壳850万只、电子陶瓷装置零件620万只，实现产值3755.9万元，利税565.4万元。1984年，军工生产调整，陶瓷管壳滞销，年产值降至1046万元。这一年，开发的新产品有：特大芯腔混合电路陶瓷管壳、电子手表陶瓷基片、陶瓷微调电容器等。该厂被电子工业部定为地方重点骨干企业后，完成高可靠集成电路、全陶瓷扁平管壳攻关任务，其主产品VST-14A陶瓷管壳获江苏省优质产品称号，陶瓷管壳零件配装运载火箭获四机部颁发的重要贡献奖。

1985年，国家全面实施“军转民”，管壳生产走入低谷，该厂当年产值仅547万元。为了扭转这一被动的局面，该厂开始调整产品结构，组建厚膜电路彩电陶瓷基片、整流可控硅陶瓷管壳等民用生产线。1986年，多层布线陶瓷母板研制成功，为国家“东风31”重点工程配套，获国家颁发的“白陶瓷管壳”和“大规模电路陶瓷管壳”科技攻关2项荣誉证书。

1987年，该厂研制并生产的压电陶瓷蜂鸣片、超大规模64K动态存储器陶瓷管壳、微波电路陶瓷管壳、陶瓷密封载体、厚膜电路陶瓷基片分别通过江苏省技术鉴定，被电子工业部评为“彩电国产化”工作先进单位。是年，实现年产值542万元，利税61万元，产品销往全国26个省市300多个单位。

1990—2000年，该厂历经租赁承包和产权制度改革，划分为13个小型企业，原宜兴电子器件厂成为总厂。这些小型企业分别享有独立法人地位。

宜兴电子器件总厂和香港钟山有限公司合资创建的钟山微电子封装有限公司是国家信息产业部定点科研、生产基地，主要生产多层母板陶瓷基片、霍尔电路陶瓷外壳、混合电路陶瓷外壳等产品。该公司多次完成国家重点工程配套任务，受到国务院、中央军委、国防科工委和信息产业部的嘉奖和表扬。鑫宇特种精细陶瓷厂和伊特陶瓷有限公司是生产氧化铝精细陶瓷及组装件的骨干企业，其电子陶瓷、氩弧焊陶瓷喷嘴、耐磨内衬陶瓷、半导体器件用陶瓷外壳远销意大利、美国、英国、南非、日本等国家。至2005年，宜兴主要电子陶瓷生产企业有11家，产品有陶瓷电容器、集成电路封装外壳、压电滤波器、陶瓷热敏电阻和装置瓷等，应用于国防、航天、电子、通信、机械、化工等领域。

【宜兴市得力陶瓷科技有限公司】

宜兴市得力陶瓷科技有限公司成立于2002年12月3日，公司占地面积25亩，注册资本5528万元，厂房建筑面积1.2万平方米，现有职工人数93名，配套施工人员200多名。2020年完成应税销售1.4亿（同期增幅27%），缴税贡献935万元（同期增幅28%）。公司长期致力于垃圾焚烧炉用耐磨、耐腐蚀、耐火材料以及循环流化床锅炉用耐磨、耐火材料的配套应用。在国内外设计、科研、生产、建设单位的支持下，经过多年来的不懈努力，公司现已发展成为国内深具影响力的、知名的循环流化床锅炉以及垃圾焚烧炉耐火材料专业配套厂家，连续被评为“重合同、守信用”企业，被无锡市资审委评为“AAA”级企业。

该公司产品有刚玉质制品、莫来石质制品、碳化硅质制品、轻质保温制品及系列不定形耐火材料（含各种浇注料、可塑料、涂料及黏结剂）等九大系列共100多个品种，其中具有高技术含量的自流浇注料和耐磨可塑料是公司的特色产品，具有国内领先水平，主要服务于电力、冶金、石化、建材等行业。公司还承揽各种工业窑炉耐火、保温材料施工工程，并提供与耐火材料相关的窑炉设计、技术咨询、产品研发、用户服务等技术支持。

【宜兴新威利成耐火材料有限公司】

宜兴新威利成耐火材料有限公司是中国稀土控股有限公司旗下专业从事中高档耐火材料的研制、开发、生产和施工的全资子公司。

公司生产八大系列178个牌号的耐火材料产品，年生产能力达8万吨，其中，中高档烧结耐火制品5万吨，铝碳系列1.5万吨，不定形耐火材料1.5万吨。公司享有自营进出口经营权，产品远销日本、韩国、俄罗斯、美国等国家。

公司十分注重产品技术、质量的提升，早在公司上市之初就与日本黑崎播磨株式会社签订了长期的技贸合作关系，由黑崎公司长派日本总工在现场进行技术指导与监督。公司根据国内和国际市场的需求，研发的纯度（M+C）≥98.0和≥98.5两个档次的高纯镁钙砖，其纯度较国内现有镁钙砖分别提高1%和1.5%，已达世界先进水平，这对提升国内镁钙砖在国际市场的整体竞争能力起到重大作用。研发的钢铁行业用RH炉、鱼雷罐砖等得到了日本客户的高度认可，同时耐火产业跟踪钢铁冶炼发展趋势，又提出了公司研发代表高档耐材水平的三大件、滑动水口等。这些技术在国内完全属于领先地位，公司也因此被认定为“江苏省高新技术企业”。

宜兴新威利成耐火材料有限公司作为地方经济的重点支柱企业，多年来连续被评为无锡市工业明星企业、无锡市免检企业、宜兴市工业百强企业等，同时被中国银行宜兴支行等多家银行评为AAA级资信企业。

【中耐控股集团有限公司】

中耐控股集团有限公司注册资金为3.2亿元，集团公司的前身成立于20世纪90年代初，主要从事脱硫增效剂〔“石灰石-石膏”湿法脱硫（FGD）工艺〕、中高档耐火耐磨材料的制造销售与研发，是耐火保温行业的重点骨干企业，也是免维护声波吹灰器的创始者。1998年成立了江苏声学技术节能有限公司，免维护声波吹灰器是其主要产品，2012年2月组建成立了中耐控股集团有有限公司。

集团公司为进一步推动企业发展跨越升级，充分利用企业的优势，优化配置，拓展市场，新建了蜂窝式SCR脱硝催化剂生产线5条，年产能力达1万立方米，产品在大唐国际托克托发电有限公司、长安益阳发电有限公司、大唐陕西灞桥电厂、华润电力（唐山曹妃甸）有限公司、沈阳华润热电有限公司、华润电力常熟有限公司、国电滦河热电有限公司、华能临沂发电有限公司、中石化胜利发电厂、中石油乌鲁木齐石化热电厂等单位使用。产品质量得到了用户的一致肯定和好评。

【宜兴摩根热陶瓷有限公司】

宜兴摩根热陶瓷有限公司成立于2002年9月，由原宜兴市陶都高温炉料厂与摩根先进材料有限公司（集团）合资组成，是目前国内生产系列高温莫来石质轻质隔热砖的技术领先的生产厂家，专业为石化、冶金、玻璃、电力、机械热处理等行业的热工窑炉提供高品质的隔热耐火材料，并大量出口国外市场。

该公司成立以来，已经建立了三个生产基地，拥有世界领先的各类制造装备，包括108米的高温隧道窑炉一座，其他类型的高温隧道窑、梭式窑若干，产品烧成温度范围从1200℃到1600℃，目前公司的年生产量可达到50000吨。除此之外，公司还有完备的质量控制和保证体系，2004年8月通过了英国CICSISO9001：2000质量认证，2011年通过了ISO9001：2008和ISO14001：2004质量认证，内部ERP系统采用的金蝶K3系统，实现对生产流程的全面质量管理。公司理化实验室拥有可满足GB/ISOIASTMJIS等各类国际通用检测所要求的轻质砖基础检测装备。

该公司的主要用户包括金山石化、广州石化、茂名石化、齐鲁石化、宝钢、南钢、马钢等。产品同时出口日本、意大利、德国、韩国等国家，产品的各项技术指标均达到和超过国内外标准，得到了国内外客户的一致好评。

主要产品有轻质隔热耐火砖、超高温耐火砖等，并配套提供各种级别的耐火胶泥及浇注料。

【江苏省陶瓷研究所有限公司】

江苏省陶瓷研究所有限公司由创建于1958年的江苏省陶瓷研究所改制而成，是一家集科研开发、技术咨询服务和生产经营为一体的现代科技企业。公司下设工程陶瓷、功能陶瓷、日用艺术陶瓷、陶瓷原辅材料等分公司和进出口部，并建有江苏天裕陶瓷与耐火材料检测有限公司和宜兴陶誉科技创业服务有限公司。

公司主要从事工程结构陶瓷、功能敏感陶瓷、日用陶瓷、艺术陶瓷、发泡陶瓷、复合多孔陶瓷、陶瓷过滤机（板）、陶瓷用色素颜料、釉料等陶瓷新材料的科研、开发、生产并形成了产业化，同时从事陶瓷产品进出口，陶瓷、耐火材料质量检测，陶瓷原辅材料经营，陶瓷技术咨询服务等业务。大件氧化铝陶瓷、电真空陶瓷、耐磨陶瓷、高温PTC陶瓷、嫣红釉陈设艺术瓷、轻质发泡陶瓷、复合多孔陶瓷、陶瓷过滤机系列等多项成果达到国内或较高水平。具有自营进出口经营权，现年自营出口近千万美元，年销售超亿元。是江苏省高新技术企业、江苏省AAA级重合同守信用企业、江苏省AAA级技术咨询企业、江苏省重点科技服务机构、江苏省模范职工之家、无锡市文明单位、无锡市园林化单位、无锡市科研单位、全国和江苏省技术市场金桥奖集体，通过了ISO9001质量管理体系认证、输美日用陶瓷生产厂认证和清洁生产认证。

公司继承传统产业，开拓新兴领域，致力于高新技术产业化，在把公司做大、做强的不懈追求中，重视和加强企业文化建设，坚持以人为本，大力倡导“传承、创新、协作、共赢”的企业精神和相互尊重、相互信任、相互支持的新型人际关系，努力营造团结、和谐、宽松、向上的工作氛围，初步形成了风正、气顺、人和的人文环境和创新争优的企业新文化。公司生机勃发，前程似锦，生产的产品在国内外均有较高的知名度。

【宜兴市隆昌耐火材料有限公司】

宜兴市隆昌耐火材料有限公司成立于2003年9月，占地面积15345平方米，总建筑面积11340平方米。注册资本5168万元。现有职工人数65人，中高级技术人员12人。2020年完成应税销售1.2亿元。

公司专业从事高温窑用耐火材料的研发、设计、生产、配套、施工，是中国耐火材料行业协会会员、全国耐火材料标准化技术委员会委员，多次荣获“江苏省优秀企业”“江苏省名牌企业”“江苏省质量诚信五星级企业”“江苏省科技创新先进单位”“中国水泥行业百强供应商”等称号。

公司主要生产建材行业、工业危废焚烧炉、垃圾焚烧炉、红土镍矿还原及焙烧窑、电力行业锅炉用耐火材料等。根据不同行业、不同工况，专业配比、压制、烧成产品，保证使用单位的生产需要。

公司秉持“品质、责任、创新、感恩”的企业精神，围绕技术进步与社会环境的变化不断创新，研发出耐磨、热震稳定性好、抗侵蚀性优、节能降耗、使用寿命长的绿色环保新型耐火材料，取得了显著成绩。公司服务于众多知名企业，如海螺水泥、中国建材、上峰水泥、拉法基水泥、广州维港环保科技有限公司、镇江新宇固体废物处置有限公司、江苏康博工业固体废弃物处置有限公司、中天环保产业（集团）有限公司等。同时走出国门，在东南亚、中东、中亚、西亚地区拥有大批客户，赢得了良好的声誉。

【无锡国威陶瓷电器有限公司】

无锡国威陶瓷电器有限公司成立于2004年2月6日，占地面积12.88亩，厂房建设面积1.2万平方米，注册资本1176.79万元，职工人数150人，2020年完成应税销售1.26亿元。

1998年，成立宜兴市亚威陶瓷电器有限公司，生产PTC加热器及暖风机、取暖器等小家电。2002年，成立宜兴市国威陶瓷电器有限公司。2004年，新购土地8600平方米、新建厂房10000平方米，无锡国威陶瓷电器有限公司成立。2015年，安徽萧县政府控股的萧县久有股权基金投资国威2800万元，占股25%。国威由此启动宜兴本部的产能扩建和珠海、宿州国威生产基地的建设。2016年，正式启动新三板申报的全部流程。2017年，被评为国家高新技术企业。2015—2017年，获得国家专利累计54项。2018年申报56项，其中发明29项、实用新型27项。

企业30余年来一直致力于专业研发生产PTC热敏材料元件、发热器件和高技术功能材料，广泛用于家用和商用空调、新能源汽车、高铁、军工和各类环电工业设备，拥有140多项发明、实用新型和外观专利自主知识产权。通过了国家ISO9000质量体系认证，产品具有CQC、CE、UL、ROHS、REACH等国内外系列安全、环保认证和测试，进入国内外高端家电行业的大门已彻底被打开。

【无锡市亿洲耐火材料有限公司】

无锡市亿洲耐火材料有限公司是中国石化、中国石油、中海油、神华宁煤集团、延长石油、国电、中煤集团供应商成员单位，是集耐火材料研发、生产及施工于一体的混合型企业。

公司成立于2006年，占地面积28000余平方米，员工160人，具有中级职称的技术人员15名，具有初级职称及以上的专业技术人员占员工总数的85%以上。公司注册资金6060万元，固定资产5932万元，年生产耐火砖5万吨、浇注料6万吨，生产各类金属、非金属锚固件以及陶瓷纤维制品、保温材料等。

公司主要产品有石化行业乙烯裂解炉、芳烃加热炉、炼油装置常减压炉、硫黄回收、制氢加氢炉、延迟焦化炉、催化裂化两器等用耐火材料；煤化工行业气化炉、电石炉、一二段转化炉、加氢反应器；电力行业电站锅炉、垃圾焚烧炉用耐磨、耐火材料；冶金行业金属熔炼炉、矿石烧结炉和炼焦炉等。

公司技术力量雄厚，生产设备先进，测试设备齐全，有丰富的生产经验和管理经验，产品质量稳定，能保证顾客各类装置长期安全高效运行，公司通过ISO9001质量体系认证、ISO14001环境体系认证及职业健康GB28001体系认证等，现拥有专利22件，其中发明4件。

【艾杰旭工业陶瓷（宜兴）有限公司】

艾杰旭工业陶瓷（宜兴）有限公司成立于2011年6月，占地面积67亩，厂房建筑面积3.5万平方米，注册资本2300万美元，企业职工人数101名，2020年完成应税销售9478万元，对上贡献640万元。公司自投产以来，通过了ISO9001的认证，被评选为“无锡市职业卫生示范企业”，通过了二级安全标准化生产的验收，并被宜兴市政府评为“2018年度安全生产先进企业”。

公司着力于实现和适应窑预热器处理废弃物增加而恶化的环保要求，开发出了新型耐火砖。目前所有品种的耐火材料为了缓和冲击，在设计时都把微气孔构造作为设计基础。现有生产的NSD镁铁砖，HAS、ACF尖晶石系列的耐火砖等水泥回转窑用烧结砖，满足了客户的需求，产品销往全球各地，国外主要客户区域分布于日本、欧洲、俄罗斯、中东、北美等地。

近年来，水泥回转窑开始进行垃圾处理。废弃物处理产生的气体会侵蚀砖中的铁成分。镁铁砖中含有铁成分较多，反而会使耐用性降低。因此，公司开发的HAS和ACF，既能在一般回转窑中拥有高耐用性，同时也能在废弃物处理的窑炉中拥有良好的性能。

【宜兴市丁山耐火器材有限公司】

宜兴市丁山耐火器材有限公司是在原江苏宜兴陶瓷公司丁山耐火器材厂基础上改制而来的股份合作制企业。公司从1998年改制运作以来，围绕焦化行业特种耐火材料的需求，长期致力于与国内一流耐火材料专业科研院校合作，研发了一批与之相适应的新产品。

公司生产的耐火材料主要有三大类：一是干熄焦用耐火材料系列产品，该系列产品于2011年8月获得了国家发明专利。所谓“干熄焦”是针对“湿熄焦”而言的，焦炭的生产过程，其实就是将煤烧红后及时熄灭掉，就变成了焦炭，原来是用水来熄灭的，叫“湿熄焦”。现在用干法熄灭，在一座炉里，用风来熄灭，称为“干熄焦”。这一类产品就是应用在干熄炉里的耐火材料。二是大型浇注釉面炉门砖，该产品于2013年10月获得了国家发明专利。焦炭的烧红过程，是在炉体中实现的，这个炉体称作焦炉。焦炉有很多炉门，这炉门上就要有炉门砖，原来的炉门砖是小块的，现在用大块的砖，对于节能减排，增加效益有很大好处。三是焦炉用缸砖，该产品于2012年5月也同样获得了国家发明专利。迄今为止，公司拥有完全自主知识产权的国家发明专利6个，并有2个国家发明专利已在申报受理过程中。

该公司的三大类产品，在国内市场乃至国际市场上都获得了较好的评价，在国内众多的耐火材料生产企业中稳居前三。在焦化行业中，获得了众多用户的好评。公司在长期以来的发展过程中，始终把立足点放在“专”和“精”上，而不是追求简单的“量”上，这同样也获得了众多用户的认可。

【无锡市晨光耐火材料有限公司】

无锡市晨光耐火材料有限公司成立于2001年，注册资本5018万元，占地面积29.18亩，厂房建筑面积0.792万平方米，职工人数68人。2020年完成应税销售9200万元，同期增幅20%，缴税贡献560万元，具有良好的投资与贸易合作环境。

公司是集科研开发、生产经营、施工安装于一体的综合性经济实体。生产设备配套齐全，检测手段完备，技术力量雄厚，产品质量过硬，通过了ISO9001:2008质量体系认证。并以国家冶建研究总院、建材科学院、洛阳耐火材料研究院、中石化洛阳石油工程公司、中石化北京设计院等科研单位为技术依靠，专业从事开发研制，生产各种高温、高纯特种耐火制品，新型不定形高档耐火材料以及各种轻质隔热、保温耐火材料，主要为电力、冶金、石化、建材等行业服务，并在这些行业中享有较高的声誉。

2003年，与西安建筑科技大学合作开发生产高级碳化硅制品。主要从事Sialon/Si_3N_4结合碳化硅材料、Sialon结合刚玉材料、Sialon结合氧化铝空心球材料的生产与应用研究。其中Sialon结合刚玉滑板、特种碳化硅窑具、Sialon/Si_3N_4结合碳化硅制品等分别获得部、省级科技进步奖。目前公司拥有4000吨定形耐火制品和10000吨不定形材料的年生产能力。

【江苏嘉耐高温材料股份有限公司】

江苏嘉耐高温材料股份有限公司是一家高温工业材料的专业提供商与服务运营商，尤其在钢铁冶金用耐火材料及辅助材料领域积累了独特的技术优势。公司是中国耐火材料行业协会副会长单位、无锡市瞪羚企业、江苏省服务型制造示范企业、国家高新技术企业。

公司践行“人才强企”的发展战略，现拥有一支多专业领域人才组合、稳定担当的技术与服务队伍，并与东北大学、重庆大学、武汉科技大学等科研院所深度合作，先后创建有“东大-振球冶金材料研究所”“武科大-嘉耐特钢精炼材料工程技术研究中心”。2013年，成立“江苏省特钢用精炼耐火材料及辅助材料工程技术研究中心”。2016年，成立“江苏省博士后创新实践基地”。2019年，成立“江苏中特嘉耐新材料研究院”。2020年，创建江苏省“省级企业技术中心”，同年与苏州大学合作建立“洁净钢关键工艺智能模拟研发中心”，与重庆大学共建“冶金熔剂和保护渣联合实验室”。这些科研平台始终是嘉耐股份强劲的技术支撑。

公司持续投资升级“数字化、智能化”生产线，践行“低碳环保、循环经济”理念，与钢铁、有色、玻璃、环保、建材、电力及石化等行业知名企业建立了长期稳定的合作关系。

公司秉承“诚信、规范、合作、共赢”的经营理念，倡导“担当、感恩”的企业文化，以“瞄准高端、依托华东、辐射全国、面向全球”为发展战略，努力发展成为具有国际竞争力、享有社会尊重的行业一流企业。

【江苏诺明高温材料股份有限公司】

江苏诺明高温材料股份有限公司成立于2000年，注册资金7500万元，位于宜兴市新庄街道工业集中区内。公司坚持“科技创新、质量至上、用户满意”的方针，经过20多年的发展，现已成为耐材行业具有一定规模和知名度的企业。

公司通过了ISO9001:2015质量管理体系认证、ISO14001:2015环境管理体系认证、ISO45001:2018职业健康安全管理体系认证。2005年起，连续被江苏省科技厅、江苏省财政厅、国家税务总局、江苏省税务局评定为“高新技术企业”。“诺明”牌商标被江苏省工商行政管理局评为“江苏省著名商标”，“诺明牌干熄焦用耐火材料”被江苏省名牌战略推进委员会授予“江苏名牌产品”称号。公司技术中心被江苏省科技厅、江苏省财政厅评为“江苏省（诺明）环保型高温耐材工程技术研究中心”。公司于2016年被江苏省经济和信息化委员会评为“科技小巨人”企业；被江苏省经济和信息化委员会评为“江苏省信息化与工业化融合试点企业”；连续被江苏省工商行政管理局评为省级“守合同重信用企业”。2021年，被国家工信部认定为专精特新“小巨人”企业。2021年，获得两化融合管理体系评定证书。干熄焦用碳化硅质节能材料被评定为“江苏省专精特产品”。

公司装备先进，检测仪器齐全，研发能力强，专业生产六大系列耐火材料，即干熄焦及焦炉用耐火材料、有色金属冶炼用耐火材料、石灰窑用耐火材料、RH精炼用耐火材料、玻璃窑等建材用耐火材料和配套不定形耐火材料，年产能达10万余吨。“一种镁尖晶石锆砖的制备方法”“一种铝-尖晶石砖-镁砂复合耐火材料及其制备方法和应用”和“干熄焦用耐火材料”获国家发明专利。公司主导制定了《干熄焦炉用耐火制品》《石灰窑用镁铝尖晶石砖》《石灰窑用高纯莫来石砖》三个行业标准，标准号分别为YB/T4447-2014、YB/T4446-2014、YB/T4445-2014。2020年，公司主导制定了《干熄炉用复合碳化硅砖》《干熄炉用高强耐磨砖》《石灰回转窑用镁铝尖晶石-镁橄榄石复合砖》三个团体标准，标准号分别为T/CMCA 40016-2021、T/CMCA 40017-2021、T/CMCA 40018-2021。公司获得国家发明专利10项，实用新型专利17项。

公司以先进的技术、优异的产品质量和完善的服务体系赢得了市场的认可，并与宝武集团、鞍钢、中冶焦耐等多家企业建立了长期稳定的合作关系。

【无锡市宝宜耐火材料集团公司】

无锡市宝宜耐火材料集团公司始建于1956年，公司总部位于太湖之滨的宜兴市经济技术开发区，是江苏省高新技术企业。下辖江苏宜兴、广东湛江、河南三门峡三个生产基地。其中湛江宝宜公司成立于2015年，厂区位于广东省湛江市经济技术开发区，占地面积3.3万平方米，主要服务于宝钢湛江。义马宝宜公司位于河南三门峡市，占地面积9.9万平方米，厂房建筑面积5.6万平方米。公司拥有专业生产设备及化、检验设备230余台（套），拥有年产不定形耐火材料12万吨、无水炮泥3万吨的能力，产品广泛应用于冶金、建材、化工、电力、轻工、机械等行业，是著称全国的耐火材料专业生产企业。公司为追求高科技含量产品，先后与宝钢（集团）公司钢研所、洛阳耐火材料研究院、武汉科技大学、安徽工业大学等科研单位或高等院校合作，相继开发了炼铁高炉出铁沟用主铁沟浇注料、无水炮泥、高炉永久层预制件内衬等高科技产品。其中冶金用耐材产品分别在宝钢、首钢、沙钢、马钢、重钢等全国大中型钢铁企业使用，同时与国内投产的9座5000立方级以上特大型高炉紧密合作，在设备智能化、管理数字化方面始终走在前列，连续多年被评为宝武集团A级供应商并荣获宜兴市“安全环保先进企业”等称号。

【宜兴市君耀科技集团有限公司】

宜兴市君耀科技集团有限公司是一家集科研、生产、经营、设计施工于一体的股份制企业，下设江苏君耀耐磨耐火材料有限公司、江苏君耀建设工程有限公司、江苏君耀环保工程有限公司、贵州君耀科技有限公司、江苏君耀矿业贸易有限公司和一个省级耐火材料工程技术研发中心，集团年产值达5亿元。

江苏君耀耐磨耐火材料有限公司为君耀集团下属子公司，重点为水泥、石化、电子、冶金、电力等行业服务，是中石化工程建设部推荐单位、中石油物资装备一级网络单位、国家电力公司耐火材料定点供货单位、AAA级资信企业。

君耀耐火与洛耐院、冶金总院、建材科学院等科研单位长期合作，共同研制了各种工业窑用特殊要求的新型定形、不定形耐火材料。经国家质量监督检验测试中心检测，并通过水泥、石油化工、电子、冶金、电力等行业千余家用户长期使用，产品技术性能稳定，并达到和超过国内外同类产品水平。

君耀耐火拥有注册员工150人，中级职称以上的技术人员25人，外聘专家5名。企业注册资金8280万元。拥有高温隧道窑3条，6座梭式窑，100t、200t、300t、400t、500t、630t、1250t摩擦压力机和1250t全自动液压机、2500t全自动液压机、振动压力机和液压机20余台，自动拣选垛码生产线1条、自动包装线1条，全套耐火材料检测设备，高档轻质隔热耐火砖流水线、高温隔热耐火浇注料流水线各一条。年产定形耐火材料80000吨、不定形耐火材料20000吨。

技术创造价值。江苏君耀拥有自主知识产权的硅莫红砖（专利号：ZL200610097276.1）是在上过渡带和窑口全面替代进口尖晶石砖的新材料，具有使用寿命长、节能减排、仓储便捷等优点，达到了全窑耐火材料同步使用的理想效果。

【华东瑞泰科技有限公司】

华东瑞泰科技有限公司是由中国建材集团有限公司旗下上市公司——瑞泰科技股份有限公司控股设立的，集钢铁、有色、电力、石化、煤化工等行业用耐火材料于一体的高新技术企业，依托建材集团和建材研究总院的资源优势配备了一流的研发设备，与多家大专院校、科研院所建立了长期的产学研战略合作关系，为企业的稳步发展奠定了坚实的基础。

目前，公司旗下拥有宜兴市耐火材料有限公司、宜兴瑞泰耐火材料有限公司和华东瑞泰科技有限公司宜兴机械分公司（原无锡双木机械科技有限公司）。公司主要产品有吨铁、吨钢系列总包耐材，包括系列滑动水口砖、透气座砖及透气砖、中间包用三大件；转炉挡渣及钢包滑动机构系列；石化、电力、垃圾处理、煤化工行业用耐火材料。拥有国家专利、实用新型专利几十项，产品多次获得国家、省、市科技进步奖和优秀新产品奖，多次列入国家火炬计划项目，是滑板砖、铸口砖、座砖、石化行业用耐材国家标准的制订单位之一。

公司秉承“诚信赢得市场，科技创造未来”的经营理念，坚持以高档耐火材料为主业的产品方向；坚持自主创新，引领行业技术进步；依托中央企业的政策优势、资源优势、规模优势、资本优势、人才优势和技术优势，真正成为创新绩效型、环境友好型、资源节约型、社会责任型的现代化企业。

【江苏三恒高技术窑具有限公司】

江苏三恒高技术窑具有限公司成立于2007年，是一家专业从事电子材料和特种陶瓷高温过程材料供应并提供解决方案服务的高新技术企业。

公司始终专注于高性能窑具、炉体部件、精细陶瓷的研发制造和集成供应。多年来，确立“人本、真本、持续”的价值观以及“客户至上、创造价值、卓越管理”的经营理念，公司的目标是成为全球领先的电子材料和特种陶瓷高温过程材料供应和解决方案服务商。

近年来，公司以技术创新为战略，项目研发工作取得了一定的实效，并得到了政府科技部门的扶持，其中电子陶瓷烧结用复合台板获科技部科技型中小企业技术创新基金的项目无偿资助60万元；电子材料烧成用长寿命台板的产业化研发项目获宜兴市科技局资助20万元；宜兴市高技术窑具研发中心获宜兴市科技局资助10万元。政府部门对项目的资助，为企业的发展提供了强有力的帮助。公司已累计研发新品108项，批量生产49项。

三恒窑具品牌推动了中国电子材料行业的健康发展和技术进步。复合承烧板、复合台板、锂电池抗腐蚀炉体和高抗热振陶瓷基板等多项产品技术领先，市场占有率高。公司已获授权7项发明专利、20项实用新型专利。公司还获得了高新技术企业认定，被评为江苏省科技型中小企业、宜兴市丁蜀镇先进企业、宜兴市丁蜀镇对上贡献先进单位、振兴宜兴陶瓷作出重大贡献企业、“十二五”中国陶瓷行业科技创新先进集体，还多次获得“宜兴市丁蜀镇科技创新先进集体”等荣誉称号。

【江苏金石研磨有限公司】

作为国家非金属矿深加工工程技术研究中心定点企业和江苏省高新技术企业，江苏金石研磨有限公司同时也是宜兴市政府与央企对接重点项目、中国轻工业品出口集团有限公司研磨介质的出口基地以及中国非金属矿工业协会加工利用专委会副理事长成员企业。公司生产的高性能耐磨陶瓷微珠系列产品获得国家重点新产品奖、江苏省高新技术产品奖和华东地区优秀科技产品奖。2001年，公司通过了江苏省科委科技成果鉴定并获得了国家科委设立的科技创新基金。自2011年完成股权重组并组建新的管理团队至今，公司获得了7项发明专利，13项实用新型专利，通过2项高新技术产品认证。此外，公司是“硅酸锆研磨介质球”以及“陶瓷研磨介质磨耗试验方法-行星磨法”的国家行业标准起草单位。

坐落于公司内的“江苏省超细研磨工程技术中心”是由江苏省科学技术厅和江苏省财政厅共同挂牌成立的。该中心拥有国内外主流超细研磨实验设备、陶瓷研磨微珠以及矿物分析表征的各种现代化测试仪器。该中心能够根据客户的研磨需求为客户匹配定制化的超细研磨解决方案，如提高产能、降低能耗、去除粗颗粒、获得更窄粒径分布曲线等专业需求。该中心模拟测试的结果多次在客户的大生产工业测试中成功复现。公司以该中心为依托，在提供一流产品的同时，为客户提供完整的研磨解决方案，为产品增值，实现与客户共赢。

公司陶瓷研磨介质产品远销亚洲、美洲、大洋洲、欧洲、非洲等66个国家和地区，并与众多国际知名企业建立了长期战略合作关系，在国内外均享有较高的知名度，并受到用户的一致好评。

【宜兴市九荣特种陶瓷有限公司】

宜兴市九荣特种陶瓷有限公司是一家专业生产氧化铝、氧化钛、氧化锆、氮化硼、氮化硅及碳化硅等各种材质陶瓷企业，除传统的低压注射、干压成型工艺外，还具备等静型、高压注射成型工艺，并具备先进的高温真空烧结及气氛烧结工艺，同时还具备先进的陶瓷后加工技术，产品广泛应用于纺织、电子、化工等领域。公司成立于1996年，经过20多年的不懈努力，企业规模逐步扩大，如今已发展成一家拥有200多名员工，固定资产3800多万，占地面积80多亩的企业。

公司以高起点、高质量为标准，严格选材和生产工艺的标准化，保证了产品质量的稳定，质量已达国内同行先进水平，在业内深受广大客户的好评和推崇。公司已通过ISO9001质量管理体系认证。

近几年来，公司先后投入2000多万元，从国外引进加工中心、数控车床等加工设备，配备了进口粗糙度仪、数码显微镜、二维测量仪等检测设备，公司具备独立的材料研发能力，每年在新材料技术上都会推陈出新。

【无锡市陶都电力器件厂】

无锡市陶都电力器件厂成立于1993年3月。20多年来，该厂在不断扩大规模的同时，在技术上也不断改进，以高质量的产品而驰名中外，现在是国家电力电子协会副理事单位，通过了ISO9001质量管理体系认证与ISO14001环境管理体系认证。

企业采用先进的生产设备，拥有精良的工艺技术和严格的管理方式，主要生产电力半导体用平板型陶瓷管壳、螺旋形管壳、定制晶闸管管壳以及纺织陶瓷、九五氧化铝陶瓷和陶瓷金属化产品，广泛应用于冶金、化工、电力电子、铁道、军工、纺织、科研等部门。产品远销美国、俄罗斯、乌克兰等，也是国内大型电子企业如株洲南车时代集团、西安电力电子技术研究所、湖北台基股份有限公司等的配套供应商。

【宜兴市瑞华工业炉科技有限公司】

宜兴市瑞华工业炉科技有限公司成立于2007年12月，是从事生产和销售冶金辅助材料、陶瓷紫砂原料的专业厂家，占地面积8亩，生产及办公面积6700多平方米。公司拥有专业技术人员为主的技术、生产、销售队伍。拥有职工人数33人（其中大专以上12人，硕士以上2人）。2000年度实现应税销售4500万元，保持良好增长势头，完成税收509万元，增幅26.18%，连续六年获得税务评级“A级”。公司目前拥有发明专利2项，实用新型1项。2012年获得江苏省民营科技企业认证，2014年获得江苏省科技型中小企业认证。2018年、2019年连续获评科技创新先进集体。

公司专业生产中高端特钢用辅助材料，拥有自动生产线3条，并配置全套除尘系统。2019年，公司再加大投入购置荧光分析仪等先进产品分析测试设备，年生产能力达到30000吨，占国内市场10%左右。2016年，与武科大共同合作开发“高温相变储能材料及装置”。2018年7月，实验室小试已基本结束，现已进入中试状态。2019年7月，对该新技术申请相关发明专利。

2020年开始将“物联网”大数据信息化运用于生产过程中，实现对产能、质量状况的“在线控制”；加强与高校“产学研”合作，完成与武汉科技大学“高温相变储能材料及装置”从研发向应用方面的实际转化。

【宜兴海登皇格精细陶瓷有限公司】

海登皇格作为全球领先的高科技陶瓷生产商，1865年成立于德国，1997年加入摩根先进材料公司，是摩根重要的业务组成部分。在德国、中国和美国有工厂和机构，为全球的客户提供优质的产品和服务。

宜兴海登皇格精细陶瓷有限公司于1993年由海登皇格投资成立，并引进海登皇格技术，目前是英国摩根先进材料在中国的独资公司。主要产品有氧化铝陶瓷制品、熔融石英制品、氧化锆制品及其他陶瓷制品，主要应用于玻璃、太阳能、建筑陶瓷、金属热处理、能源、半导体、钢铁、石化等领域。

【宜兴市华井科技有限公司】

宜兴市华井科技有限公司成立于2014年，总投资1.2亿元，是一家专业从事铝熔液铸造用氮化硅超级陶瓷产品的研发、制造和销售的企业。

公司拥有世界先进的生产技术，引进欧洲先进的装备，采用世界优质的原材料，生产出高质量的氮化硅陶瓷产品。设计年生产能力200吨，是国内专业生产氮化硅超级陶瓷的生产基地。

公司设立专业的研发中心和售后服务团队，秉承“优良品质、诚信为本、服务至上”的企业经营理念，为客户提供优质的产品、适合的价位、诚挚的服务。

二、宜兴工业陶领域主要人物

【张兰舟】

张兰舟（1882—1938），宜兴川埠乡潜洛村人。祖辈贫寒，以紫砂工艺为主要职业，兼种薄田度日。张兰舟只读过几年私塾，即从师学做陶器。他勤奋好学，善动脑筋，平时尤善创造发明，在乡里小有名气，较早独立谋生。张氏除制作茗壶、杯、盘、花瓶外，亦擅制鸡、牛等禽兽一类的儿童玩具，颇受当地工商界欢迎。戊戌变法后，宜兴兴办学堂，设置书法、美工课程。张兰舟应时设计烧制的笔架、砚台、笔洗、笔筒以及水壶，一时盛销市场，名传四方，为他以后的经营事业创造了条件。

20世纪初，洋货充斥我国市场。张兰舟有一次在上海见到汽油灯的附件——泥龙头三脚只，都是德国进口的，且价格昂贵，市场上供不应求，他回家后即着手试制，经过多次钻研实践，终于在1922年成功制造了“泥龙头三脚只压机”。于是，国产泥龙头三脚只问世，并以低廉价格投放上海市场，与国外进口货抗争，打破了德国人的垄断。

张氏多才多艺，他生前所创新的陶瓷产品款式之多，在当时陶瓷界中首屈一指，宜兴窑场第一座倒焰窑的设计建造也出自他手。

【崔鹤鸣】

崔鹤鸣（1913—1988），宜兴洑东兰右人，15岁在丁山鲍家当学徒，18岁进江苏公立陶瓷职业学校艺徒班学习制陶工艺，两年后与弟崔鹤年开始创业。

1936年，崔鹤鸣与上海客商合股在宜兴兰右东山渚合股开办江苏省第一家电瓷厂，定名鹤鸣窑业厂，主要生产电炉板、瓷来板、瓷挺好座、克令葫芦等，销往上海，其后生产的纺织瓷件、耐酸缸、抽水马桶等替代洋货。

崔鹤鸣先后在江西景德镇开办了大明陶瓷厂（生产卫生陶、低压电瓷、工艺品），为景德镇引进了低压电瓷的生产；在湖南醴陵开办了建民窑业股份有限公司，厂基180多亩；在上海南市开办了鹤鸣陶瓷厂生产泥龙头玩具、低压瓷；在上海新闸路开办了铜牌厂，生产标牌；在南京栖霞山开办了两百多亩的砖瓦厂；在宜兴丁山开办了鹤鸣陶瓷厂（宜兴青瓷厂前身）。

中华人民共和国成立后，崔鹤鸣积极配合对私改造和公私合营，他把南京、江西、湖南的企业都送给国家，并主动向公方厂长和干部介绍情况，使他们熟悉业务，接收和管理工作顺利进行。公私合营后他便回到宜兴，在宜兴青瓷厂（原鹤鸣陶瓷厂）担任私方厂长，为宜兴恢复青瓷及促成上海天原化工厂车间迁往宜兴（宜兴非金属化工陶瓷机械厂）、创建丁山耐火厂做出了努力和贡献，并连任几届宜兴市政协委员，为建设宜兴出谋划策。

【顾浩元】

顾浩元（1901—1989），男，汉族，江苏宜兴人。1934年在上海天盛陶器厂做工人，1946年进天原电化厂，1952年任上海天原化工厂陶器车间副主任，同年加入中国共产党。1956年10月，陶器车间支援外省建设迁往宜兴，归属江苏省工业厅，顾调任宜兴化工陶瓷厂副厂长，并任党总支委员。1959年，调任宜兴工业陶瓷厂厂长。1962年，任宜兴陶瓷公司副经理。1982年退休。

顾浩元被评为1950年上海市劳动模范，1953年上海市工业劳动模范，1954年、1955年连续两年上海市工业建筑业、交通运输业劳动模范，1956年被评为上海市先进生产者，并出席全国先进生产者代表会议。1959年在宜兴被评为全国先进工作者，并出席全国工业、交通运输、基本建设、财贸方面社会主义建设先进集体和先进生产者代表大会。1977年被评为江苏省先进生产工作者。曾任江苏省第二、三届人大代表。

化工陶瓷是化工耐腐蚀的一种优良材料。当时国内只能生产简单的化工陶瓷产品，顾浩元和技术人员、工人逐步试制结构比较复杂的陶瓷机械和陶瓷设备，1952年制成陶瓷烘板机，1956年生产陶瓷泵近百台。

顾浩元先后研制出的陶瓷泵、鼓风机，使工业用陶瓷的品种由近百种扩大到近千种。他提出和解决了陶器机械加工成型装缸炼泥主要技术项目，降低了成本，压缩了工时，对提高陶瓷质量和产量起了积极作用，为发展我国的陶瓷工业做出了创造性的贡献。

【顾汉彬】

顾汉彬，1931年出生于江苏宜兴，长期从事宜兴工业陶企业领导工作。1946年顾汉彬随父顾浩元去上海天原化工厂工作。1950年加入中国共产党，并任天原化工厂人保科科长。1958年调至江苏宜兴化工陶瓷厂工作，1960年任厂长。1970年任江苏宜兴半导体厂书记兼厂长。1981年先后调任江苏宜兴市计经委、经委体制改革办等部门从事领导工作。

顾汉彬在1960年至1969年任宜兴化工陶瓷厂（后宜兴非金属化工机械厂）厂

长期间，组织实施了轻工部投资30万元试制耐酸、耐温砖获得成功，广泛应用于造纸行业。其间，企业研制生产的机械密封陶瓷泵定型并投入少量生产，被列入工厂通用标准设备。

顾汉彬在1970年至1981年任江苏省宜兴半导体厂（后宜兴电子器件总厂）厂长期间，参与多晶硅、单晶硅会战小组。实战成功后，参与开发集成电路陶瓷封装外壳亦获得成功。

【钦征骑】

钦征骑，1945年生，宜兴丁蜀镇人，中共党员，高级工程师。主要专业特长：陶瓷、耐火材料、玻璃及磨料磨具。曾任宜兴丁山耐火器材厂厂办研究所所长、技术副厂长、厂长，江苏省宜兴陶瓷公司总经理，江苏省陶瓷研究所所长，兼任中国陶瓷工业协会技术陶瓷专业委员会主任委员，全国工业陶瓷标准化技术委员会副主任委员，江苏省硅酸盐学会陶瓷专业委员会主任委员，江苏省技术监督陶瓷耐火材料产品质量监测站站长，国家轻工业陶瓷、耐火材料质量监督检测宜兴站站长。2001年退休后，返聘《江苏陶瓷》杂志主编。其社会兼职：1996年至2006年，被科技部聘为国家科学技术奖励轻工专业组和无机非金属材料专业组评审委员、江苏省生产力促进中心信息部科技专家、中国质量管理体系认证中心技术专家。

主要工作业绩计有五项：一是先后承担并完成部、省科研项目25项，其中江苏省“九五”科技攻关项目1项，江苏省“八五”“九五”重大科技攻关项目2项。二是先后承担并完成江苏省新型陶瓷材料科技开发（中试）基地、江苏省新型陶瓷材料重点技术工程实验室的建设。三是主编《新型陶瓷材料手册》，由江苏省科学技术出版社出版发行。四是于2003—2006年，申报并完成科技部科技型中小企业技术创新基金项目“高性能耐磨陶瓷微珠”。五是于2005年，申报“高性能轻质玻化陶瓷”项目并被科技部列为中小型企业技术创新基金项目，取得明显成效。

国家、省、市授予的荣誉称号和奖励有：第一届江苏省技术市场金桥奖先进个人奖、1992年江苏省轻工业科技进步先进工作者、省级优秀科研院所长奖、第三届江苏省技术市场金桥奖先进个人奖、无锡市劳动模范、江苏省有突出贡献的中青年专家、宜兴市学术技术带头人。享受国务院政府特殊津贴。

【邱永斌】

邱永斌，1961年12月出生，江苏溧水人，中共党员，高级工程师。现任江苏省陶瓷研究所有限公司党委书记、董事长、总经理。兼任中国陶瓷工业协会常务理事、技术陶瓷专业委员会主任委员、江苏省陶瓷行业协会副会长、中国硅酸盐学会陶瓷分会日用陶瓷专业委员会副主任、江苏省硅酸盐学会副理事长、陶瓷专业委员会主任委员、江苏省轻工协会常务理事等行业和学术团体职务。

邱永斌长期从事陶瓷颜料、釉料和新型陶瓷材料、装饰及工艺技术的科研创新工作。作为项目负责人先后承担并完成了部、省级等科研项目20余项。1990年参与“发泡陶瓷装饰砖”的研究，这一成果获江苏省科技进步二等奖，并被认定为省高新技术产品和国家级重点新产品。另有“陶瓷中硅酸锆放射机理及改性研究”获国家质检总局科技兴检三等奖，“轻质发泡陶瓷介质球”获中国轻工业联合会科技进步三等奖、无锡市科技进步二等奖。其个人两次获无锡市技术市场金桥奖，被评为宜兴市第一批科技英才、第三批学术技术带头人、江苏省有突出贡献的中青年专家。2007年，由中国陶瓷行业协会授予“有突出贡献的科技专家奖”。2011年，江苏省人才工作领导小组中共江苏省委组织部评定邱永斌为江苏省首批产业教授、江苏省首批科技企业家培养对象，被苏州科技学院、无锡工艺职业技术学院聘为兼职教授。编撰出版专著《陶瓷花釉与装饰技术》，分别在《硅酸盐通报》《新型建筑材料》以及《江苏陶瓷》等专业期刊发表论文20余篇；申请获得的国家发明专利有5项，实用新型专利2项。

【路济民】

路济民，1945年出生，江苏宜兴人，高级工程师。2008年至今，任无锡市南方耐火材料有限公司党委书记、董事长，兼任中国耐火材料行业协会副会长、全国耐火材料标准化技术委员会委员、江苏省陶瓷行业协会副会长、宜兴市耐火材料行业协会名誉会长等。

路济民全身心投入企业科技开发，主持研制成功的宝钢3001钢包下水口、宝钢连铸用铝碳制水口砖、高强高效新型铁钩浇注料、宝钢钢包透气砖、连铸用高耐蚀水口、不吹氩防堵塞浸入式水口、高耐磨长寿命滑板均被列入国家级火炬计划项目、国家重点新产品、国家级创新基金项目，并被评为江苏省高新技术产品、江苏省名牌产品。连铸用铝碳质品生产线、不吹氩防堵塞浸入式水口作为国家“八五”“九五”重点耐火材料科技攻关项目，分别通过专家组的鉴定验收，各项技术指标达到国际先进水平，所有这些研究成果获得各级科技进步奖10项、国家发明专利3项。

路济民在科技成果向生产转化的工作实践中也取得了突出的业绩。1990年以来，由他主持和参加研制的高新技术产品累计新增产品值20亿元以上，实现利税5亿元以上，取得了显著的社会效益和经济效益。企业先后获“国家重点高新技术企业”“全国重合同守信用企业”以及“江苏省高新技术企业”等10余项荣誉称号，其个人被评为“中国陶瓷行业杰出企业家”“中国耐火材料工业二十年杰出耐火人”“江苏省有突出贡献的中青年专家”“江苏省优秀知识分子”“江苏省优秀科技工作者”“无锡市劳动模范”“无锡市十佳科技之星”，享受国务院特殊津贴，并由中华全国总工会颁发“全国五一劳动奖章”。

【裴小罗】

裴小罗，1956年12月生于宜兴市大浦。长期致力于高级耐火材料的技术研发、制造、应用30余年，所创办的宜兴市刚玉砖厂、无锡市宜刚耐火材料有限公司、无锡市环保耐火材料工程技术研究中心和江苏省超临界循环流化床锅炉耐火材料工程技术研究中心，对耐火材料在国家工业炉上的科学应用作了很大的贡献。负责起草了多项国家标准，承担了多个科技部“十一五”科技攻关项目。获得多项重大科技进步奖励，特别是在国家20世纪90年代初引进的循环流化床锅炉用耐磨耐火材料的研发制造和应用上具有较大成就，使宜刚耐火品牌名列全国第一、全球领先。企业荣获江苏、无锡两级“质量服务诚信企业”、中国电力企业联合会“保温材料质量信得过企业”，“宜刚”品牌为江苏省著名商标。

裴小罗20多年来多次被评为先进工作者、先进厂长经理、明星企业家、中国陶瓷行业杰出企业家等。现任宜兴市刚玉砖厂、无锡市宜刚耐火材料有限公司董事长，无锡市环保耐火材料工程技术研究中心、江苏省超临界循环流化床锅炉耐火材料工程技术研究中心主任，宜兴市耐火材料协会副会长、宜兴市陶瓷行业协会副会长、宜兴市工业陶瓷协会副会长。

【冯家迪】

冯家迪，1948年12月出生，宜兴扶风人。现任江苏省宜兴非金属化工机械厂有限公司董事长、总经理。公司于2001年由国营企业改制为股份制企业，先后研制和开发了HTC型陶瓷过滤机，无机陶瓷膜及陶瓷膜液固分离装置，高温高压、高温低压陶瓷膜过滤管，陶瓷膜高温气固分离装置，高性能蜂窝陶瓷，大流量耐腐蚀泵，大型硫酸吸收塔承重条梁等新产品。与此同时，承担10多项省级以上科技项目，其中国家863计划课题2项、国家科技创新基金项目6项。HTC陶瓷过滤机为国内首创，列入江苏省“九五”重点科技攻关项目、国家级和江苏省火炬计划项目、国家科技创新基金项目，并被国家五部委评为国家重点新产品。其余评为国家、省高新技术产品的有柴油机用壁流式碳烟颗粒捕集器、薄壁蜂窝陶瓷、600孔/平方英寸、高温高压陶瓷过滤管。公司成为国内蜂窝陶瓷制造行业的龙头企业，其经营业绩逐年递增。现拥有一个省级非金属材料工程技术研究中心，每年用于产品材料的研发投入占企业销售收入4.3%以上。

冯家迪于1991年被评为“江苏省劳动模范”。1993年，由中华全国总工会授予“五一劳动奖章”和“全国优秀经营管理者”称号。2007年，被评为“中国陶瓷行业杰出企业家”。获得其他省、市荣誉称号有：江苏省石化系统优秀企业家、无锡市优秀厂长经理、无锡市优秀民营企业家。并由地方选举为无锡市人大代表。

【孙炳华】

孙炳华，1957年6月出生，江苏宜兴人。1996年3月任江苏省宜兴电子器件总厂厂长、党委书记，长期以品质创效益、以诚信赢天下，坚持将企业管理作为重点抓手，带领团队不断开拓市场和科技创新，企业逐步发展壮大。历年来完成了上百项为核心元器件、关键元器件、基础元器件配套HTCC陶瓷外壳和盖板的科研任务。树立“技术高起点、产业规模化、生产专业化”的总体方针，不断增强自主创新能力，推动企业发展方向和产品结构调整，提高产品市场竞争力和提升电子元器件行业地位；围绕“新技术、新工艺、新材料”，大力推进科技创新和国产化研究工作，解决HTCC陶瓷外壳的关键技术难点。

2009年至2013年期间，孙炳华牵头完成了国家02重大科技专项“极大规模集成电路及成套工艺”项目中的“CLCC高可靠陶瓷管壳开发与产业化项目”课题。该项目建成后，公司新开发了7个CLCC高可靠陶瓷管壳，使极大规模集成电路行业具备了较高的技术实力，填补了我国在CLCC陶瓷外壳设计技术、加工技术上的空白，提高了我国陶瓷外壳的自主创新能力，摆脱了同类产品对国外进口的依赖。

2015年至2017年期间，孙炳华积极响应国家军民融合政策号召，结合企业自身优势牵头申报并完成了省级军民融合发展引导资金项目。项目建成后，使公司形成了每年2~3个品种的宇航级高可靠陶瓷外壳新品的研发能力，为我国航空、航天及武器装备的迅速发展提供了有力支撑，具备了宇航级高可靠陶瓷外壳的研发和质量检测能力，缩短了公司陶瓷外壳生产技术水平与国内外同行的差距，为我国武器装备跨越式发展战略目标和军用电子元器件的飞速发展奠定了基础。其后，孙炳华带领公司科研人员等完成了3项“核高基”科技重大专项和获得了国家资金支持的条件建设技改等项目，通过综合技改、基础设施新建及新购置先进设备仪器等方式，实现了创新驱动的发展战略，使我国军用电子元器件陶瓷外壳自主保障能力大幅提升。同时，公司不断自筹资金，增加研发和生产手段提升工艺技术水平，扩大产品品种和产能，通过邀请国内外专家辅导和培训等提高公司技术以及管理团队的能力和水平，与中国电子科技集团58所合作筹建了企业研发中心，公司近两年经济总量快速增长。

【钱元英】

钱元英，1959年生，江苏宜兴人，1976年9月参加工作，1988年12月加入中国共产党，大学学历，高级经济师。现任中国稀土控股有限公司董事长，宜兴新威集团有限公司副董事长。

1983年，身为教师的钱元英毅然从教育一线退出，加盟到蒋泉龙先生创建的宜兴镁质耐火材料厂，先后担任镁质耐火材料厂技术员、宜兴稀土分离厂总工程师、威尔发耐火材料有限公司总经理。

1999年10月，集团在香港上市，建立起以稀土、耐材两大产业为主体，稳健推进对外投资原料基地建设，大力发展深加工产业。并于2010年和2011年分别引进欧司朗、旭硝子两家世界五百强企业。通过自身的管理和努力，集团先后获得“江苏省高新技术企业”“无锡市工业明星企业”“宜兴市工业百强企业”等多项荣誉称号。2011年，由环保部认定为第一批符合环保要求的稀土企业。2012年，由工信部列入第二批稀土行业准入名单，同年由工信部列为国家级信息化和工业化深度融合示范企业。此外，公司还是中国稀土行业协会常务理事单位、江苏省稀土行业协会会长单位、江苏省钢铁行业协会副会长单位。

多年来，钱元英先后多次当选为市镇两级党代表和人大代表，2012年当选为无锡市第十五届人大代表。

【崔勤仙】

崔勤仙，1951年生，江苏宜兴人，宜兴摩根热陶瓷有限公司董事长、江苏华磊生物科技有限公司董事长、净滋露品牌创始人。

1995年，崔勤仙创建了宜兴陶都高温炉料厂，主营轻质莫来石隔热砖。2003年，考虑到公司国际市场开发和技术实力等各方因素，经过长时间的洽谈和协商，最后选择与英国摩根坩埚有限公司（2013年5月正式更名为英国先进材料有限公司）合资，注册资本300万美元，成立宜兴摩根热陶瓷有限公司。这标志着公司的性质从原来的民营企业转化成了合资企业。2004年，扩建生产规模，完成耐火砖生产线在陶都工业园的二期建设。2007年，通过与国外兄弟公司的合作，扩建宜兴摩根热陶瓷的三期耐火砖生产项目，注册资本增至800万美元。

十多年间，崔勤仙主导企业的发展方向，将宜兴摩根热陶瓷有限公司从一家默默无闻的小厂发展成拥有国内一流品牌的大公司。现如今，公司已经成为国内生产系列高温莫来石质轻质隔热砖的技术领先的生产厂家，专业为石化、冶金、电力、机械、陶瓷、热处理等行业的热工窑炉提供高品质的隔热耐火材料，并大量出口国外市场。

【周建国】

周建国，1968年出生，江苏宜兴人，工程师。先后担任张泽耐火电瓷厂副总经理、江苏国窑科技有限公司总经理，2010年至今任江苏国豪耐火科技有限公司董事长兼总经理，兼任江苏省生态环保科技产业商会副会长、宜兴市耐材协会副会长，被特聘为武汉科技大学硕士研究生兼职导师。

周建国重视产品科技开发，先后主持“水泥窑窑口、喷煤管专用浇注料及其制备方法”“一种高性能可逆性耐温防腐黏结材料及其制备方法”“可逆性耐温防腐胶及其制备方法”的研制获国家发明专利，并对40多项实用型专利进行指导。作为主要起草人，参与中国材料与试验团体标准委员会《危废焚烧回转窑用复合砖》团体标准的起草获得通过。

周建国在注重科技创新、企业发展实践的同时，重视产业理论研究，2018年在中国危废产业网被列为危废产业大会主席团成员和主讲人。

【王立平】

王立平，1964年出生，江苏宜兴人。先后担任宜兴市矿泉啤酒厂技术科长、宜兴市酒厂技术科长、江苏宜兴经济开发区管委会项目部科员、无锡市陶都房地产开发公司副总经理。2007年，创办江苏三恒高技术窑具有限公司任总经理、技术总监至今。

王立平长期从事高性能窑具炉材研发和制造，通过十余年的引领发展，企业从小到大，不断壮大发展，其承烧板、台板、匣钵、坩埚、支柱等窑具和炉体部件、精细陶瓷行销全球，客户囊括大部分应用行业主流制造商。在他的主持下公司拥有发明专利6项，实用新型专利15项。2012年10月，公司被认定为江苏省高新技术企业。2013年7月，公司被认定为江苏省科技型中小企业，11月，公司被认定为无锡市科技研发机构——无锡市高技术窑具工程技术研究中心。2014年12月，公司的软磁铁氧体氮窑烧结用台板被江苏省科学技术厅认定为高新技术产品。2017年至2022年入选中国陶瓷工业协会工业陶瓷分会副会长单位，2017年7月宜兴市陶瓷行业协会颁发宜兴陶瓷功勋企业奖牌。

【蒋锡初】

蒋锡初，1969年12月出生，江苏宜兴人，工程师。1998年创建成立了江苏声学技术节能有限公司，2008年创建成立了江苏锡耐衬里工程有限公司，2012年2月组建成立了中耐控股集团有限公司，2016年创建成立了江苏中耐催化剂再生技术有限公司，并担任集团公司及各子公司董事长兼总经理。

蒋锡初注重产品的科技研发及创新，是免维护声波吹灰器十项实用新型专利技术的发明人、电厂热力设备超温治理陶纤复合保温体及致密性陶瓷纤维喷涂在电站锅炉上应用新型专利技术的发明人、SCR脱硝催化剂九项实用新型专利技术的发明人及脱硝催化剂制备方法专利发明人之一。

在蒋锡初的带领下，公司多次获评丁蜀镇明星企业、对上贡献先进企业，其个人被评为丁蜀镇优秀企业厂长（经理）、慈善先进等代表。

【程平平】

程平平，1957年生，现任宜兴市丁山耐火器材有限公司董事长。1975年，知青下乡参与农村建设，后担任大队会计。1979年，返城进入国营宜兴市大新陶瓷厂工作，先后担任销售科科长、副厂长等职务。1983年至1986年，在江苏省陶瓷轻工学院企业管理脱产学习。1995年，调任国营宜兴市丁山耐火器材厂厂长。

1996年，国营丁山耐火器材厂按照现代企业制度正式改制成功，成立宜兴市丁山耐火器材有限公司。2001年，公司搬迁至江苏省宜兴市陶都工业园，同时公司开始转型走专业化路线，坚持研究开发焦化行业应用专业耐火材料，并且在该领域持续创新20年，如今形成了以浇注涂釉炉门砖系列、干熄焦耐火材料为代表的专精特新产品，服务于海内外钢铁、焦化龙头客户。公司重视专业技术的提升，设立焦化耐材研究中心，2012年，成立无锡市耐火材料工程技术研究中心，多次获得高新技术企业认证。取得多项焦化耐材专利，每年针对产品创新、技术迭代，不断提出全新的科研课题，持续创新投入。

近年来，程平平重视加大现代化生产设备的投入，全面提升企业装备智能化水平，先后投资建成了自动化浇注生产线，以及即将投产的全自动原料成型生产线，为产品的加工制造提供现代、绿色、智能硬件条件，助力焦化行业的绿色环保发展。

【赵九荣】

赵九荣，1985年参加工作，1985—1990年在宜兴市精密陶瓷厂工作，1991—1995年在江南衬衫厂工作，1996年回村创办宜兴市九荣特种陶瓷有限公司。公司专业生产研发各行业部门（航空、航天、军工、化工、冶金、纺织、电子、机械）所用各种特种陶瓷零件。企业荣获丁蜀镇“科技创新先进单位”“环境保护工作先进单位”“慈善捐赠先进单位”等称号，被宜兴市陶瓷行业协会评为“振兴宜兴陶瓷作出重大贡献先进单位”。

在企业运作上，以高起点、高质量为标准，严格选材，精酌生产工艺，建立独有企业技术标准。确保产品质量的稳定性，产品质量达到国内领先水平。并与清华大学合作，成为清华大学博士研究生实习基地。具有独立开发新产品及高新陶瓷技术的能力，目前主要生产的特种陶瓷品种有氧化铝、氧化锆、氧化钛、氮化硅、碳化硅、氮化硼等材料生产的产品。

【薛兴荣】

薛兴荣，1959年出生，江苏宜兴人，中共党员。1993年创办无锡市陶都电力器件厂并担任厂长至今，兼任中国工业电力电子协会理事长。于2006年筹建创办宜兴市陶乐源美术陶瓷博物馆，目前为该馆馆长，并担任中国民办博物馆协会理事、江苏民办博物馆协会理事。

薛兴荣及其陶都电力团队注重产学研相结合，与西安电力电子研究所、株洲中车集团、清华大学等全国行业龙头标杆保持良好的技术沟通，参与了行业标准化的制定。产品远销国内外。

薛兴荣作为宜兴市唯一的民办博物馆馆长，深入调研民博现状，励精探索发展之路，积极参与省内和全国的会议，连续数年被评为文化开放户和博物馆之友。

【王建东】

王建东，1971年出生，江苏宜兴人。1988年财务专业毕业，2002年创办宜兴市瑞华新型炉料厂，2007年创办宜兴市瑞华工业炉科技有限公司，现担任公司总经理，兼任宜兴陶瓷行业协会工业陶分会副秘书长。

王建东注重产品技术、质量控制、环保体系和安全体系管控。经过多年努力，企业不断发展壮大，现拥有生产线3条，已形成年生产能力“特钢用炼钢辅料”3万余吨，供应国内多家特钢公司。近年来，与公司研发团队一起，共同参与技术研发，参与的公司“纯净钢精炼用连铸用中间包气幕挡墙”项目获宜兴市工业支撑支持。2019年11月，公司与高校合作研发的“高温相变储能材料及装置”已申请发明专利。目前，公司获2项发明专利和1项实用新型专利，另有3项目发明专利正在受理。

在管理企业的实践过程中，获得多项个人和集体荣誉。公司2012年被评为江苏省民营科技企业、2014年评为江苏省科技型中小企业，2018年、2019年连续被评为科技创新先进集体，2019年被评为宜兴市守信示范企业，2018年、2020年分别获得亩均效益突出奖，2020年被评为宜兴市守信示范企业和安全生产先进单位。个人于2019年、2020年获得丁蜀镇优秀厂长经理的荣誉。

【沈建忠】

沈建忠，1967年出生，江苏宜兴人，工程师。先后担任江南炉料厂副厂长、宜兴市长风窑炉材料有限公司总经理，1998年至今任宜兴中创耐火材料有限公司（宜兴市锅炉密封工程有限公司）董事长兼总经理，兼任中国电力建设企业协会保温耐火防腐分会会长。

沈建忠重视产品科技开发，先后主持“渣井耐用型衬里”“刚玉树脂耐磨龟甲网”“炉顶密封保温结构”“烟囱内衬防腐板”“烟囱内筒补偿器式防腐板”“新型复合承烧板”等多项研制获实用型专利。

作为主要起草人，参与国家《耐磨耐火材料》团体标准的起草获得通过，参与电力行业《耐磨耐火材料技术条件与检验方法》团体标准起草获得通过。

【黄振球】

黄振球，1968年出生，江苏宜兴人，高级经济师。江苏省劳动模范，无锡市第十五、十六届人大代表。现任中共新庄街道洪巷村党总支书记兼村委会主任，江苏振球投资有限公司董事长、总经理，江苏嘉耐高温材料股份有限公司董事长。兼任宜兴市工商联副主席、宜兴市耐材协会会长、宜兴市企业家协会副会长、瑞昌市慈善会终身荣誉会长、宜兴市新庄街道商会会长。

黄振球名下的产业已经从单一的耐材企业逐步发展成为一家集高温材料、冶金辅料、矿山深加工、房地产、金融等多行业、多领域于一体，年产值超30亿的企业。黄振球带领江苏嘉耐高温材料股份有限公司成为中国特钢用耐材和冶金辅料领域市场领先、耐材行业销售规模行业前十的企业，产品基本实现钢铁冶炼工艺流程全覆盖，中间包总承包市场占有率行业领先。秉承“客户至上、体验极致”的服务宗旨，开创耐材行业总体承包模式，与钢铁、有色、玻璃、环保、建材等行业众多知名企业（兴澄特钢、沙钢集团、中天钢铁、南京钢铁等）建立长期稳定的战略合作关系；践行“低碳环保、循环经济”理念，引进智能化定性耐材制品生产线、智能化无人立体库、MES系统等设备优化生产基础设施，打造数字化、信息化、智能化生产、工艺、管理系统，实现“供、产、销、研、用”全流程无缝对接。

黄振球致力打造“冶金人+耐材人”组成的团队，主推与东北大学、重庆大学、武汉科技大学、苏州大学等科研院所深度合作，先后创建东大-振球冶金材料研究所、武科大-嘉耐特钢精炼材料工程技术研究中心、江苏省特钢用精炼耐火材料及辅助材料工程技术研究中心、江苏中特嘉耐新材料研究院、苏州大学洁净钢关键工艺智能模拟研发中心等研发平台，近年来申请专利38项，23项专利授权，切实解决客户痛点，保障科研成果转化力度与效力，融理论、生产与应用实践为一体。

【俞益君】

俞益君，现任江苏君耀耐磨耐火材料有限公司总经理。他始终不渝地坚持党的原则，政治立场坚定，积极贯彻党的路线、方针、政策，具有很强的爱国心、事业心和社会责任感。在他的带领下，江苏君耀耐磨耐火材料有限公司组建了一支政治素质过硬、业务技术精干的团队。2020年销售收入达3亿元。

俞益君又是一位敢于创新、敢于大胆改革的企业家。在学习及实践过程中，他发现公司有许多不合理的地方，如原材料采购不严谨、物料进出太随意、生产工具落后、生产流程布局不合理、管理制度不健全、员工素质低、责任心不强等等，于是他提出了改革措施，完善企业管理制度，提高员工素质，引进先进智能生产设备，提高了生产效率。

他始终坚持科技兴企的理念，在他的带领下公司陆续获得多项发明专利和实用新型专利，多项科技成果获得成功转化，被评为“高新技术企业”，同时不断完善江苏省硅莫红耐火材料工程技术研究中心管理制度，加大科研经费投入，对工程技术研究中心购置先进设备深入产学研合作，与南京工业大学签订长期战略合作协议，进一步提升了企业研发实力。不断研制出系列硅莫红耐火材料新产品，新产品的技术含量高，市场竞争力强，成为新的经济增长点，经济效益、社会效益显著。

【李锡春】

李锡春，1949年生，江苏宜兴人，大专学历。先后任丁山特陶厂厂长、无锡市陶都锡阳实业公司董事长，曾兼任中国非金属矿协会副理事长、江苏省工商联工业陶瓷同业商会会长、宜兴市政协委员。

李锡春长期从事工业陶瓷的生产经营管理工作，热爱陶业，具有丰富的陶瓷管理经验。20世纪90年代初创办无锡市锡阳实业公司，主要从事陶瓷微珠的研究和生产。2000年，公司生产的0.4—6毫米陶瓷微珠分别被国家科委、江苏省评为“国家重点新产品”“江苏省高新技术产品”。李锡春热心宜兴工业陶产业的发展，多次策划举办工业陶科研和发展论坛，受到业内人士的好评。

【吴俊亮】

吴俊亮，1976年出生，江苏宜兴人，工程师，本科毕业于江苏省广播电视大学。2001年担任宜兴市顺星耐磨浇注材料厂总经理，2012年至今担任宜兴市顺星科技有限公司总经理，并兼任丁蜀镇青年商会会长。

吴俊亮自2001年从村办小企业开始创业，企业创办之初，注重产品开发，不断改变经营理念，转换经营方式，实施厂区搬迁，并通过20年的努力，逐步扩大为占地25000平方米的公司。公司业务也得到飞速发展，成功地与中国电力建设工程咨询公司签订了1000多万元的购销合同。

吴俊亮重视企业内部技术研究，不断研发新产品。他不断参与继续再教育学习，多次参加各级部门组织的技术培训。在他的带领下，企业先后开发研究出高温耐火浇注料、耐碱浇注料、耐磨陶瓷贴片、硅莫砖、耐火余热发电等，适用于国内建材、电力、冶金、玻璃、造纸等行业，形成8大系列60多个品种的耐火材料和保温材料。其中莫来石高强耐火浇注料、一种莫来石质浇注料及其制备方法、镶嵌式硅莫砖、高耐磨硅莫砖及其制备方法、高耐磨硅莫红砖及其制备工艺；一种传送带、一种振动筛、一种锤式破碎机、一种搅拌传输一体机、一种料仓、一种搅拌机、低导热复合耐磨砖、低导热耐磨砖耐磨测试装置、低导热复合耐磨砖测试夹具、碳化硅砖、硅莫砖厚度检测装置、低导热复合硅莫砖、自固定硅莫砖、镶嵌式硅莫砖、低导热复合耐磨砖、炉顶浇注料砌块、浇注料抗热震测试夹具、浇注料粉除铁装置、浇注料管状模具等获得了实用新型专利证书。良好的产品为企业赢得了很好的社会信誉。

吴俊亮连续多次被评为丁蜀镇工业先进厂长经理、工业先进生产者、优秀共产党员、丁蜀镇党代表。

【王美兰】

王美兰，1961年出生，江苏宜兴人，高级经济师。现任江苏拜富科技股份有限公司董事长、总经理，兼任江苏脒诺甫纳米材料有限公司总经理、中建材咸阳陶瓷研究设计院宜兴分院院长、江苏省高技术陶瓷粉体工程技术研究中心主任、江苏省高技术陶瓷装饰材料工程中心主任、中国建筑卫生陶瓷协会色釉料原辅材料分会执行理事长、中国陶瓷工业协会工业陶瓷分会副会长、宜兴市第十七届人大代表。

王美兰在20多年的企业管理当中，潜心钻研，积极学习，利用业余时间自费培训通过了东南大学MBA考试，用现代化的管理理念武装自己，并充分应用在企业内部管理实践中，同时结合公司的实际情况，因地制宜地制定了许多包含先进管理理念同时又契合公司实际需求的管理制度，为公司稳健的发展奠定了一定的基础。

在她的带领下，公司与中国科学院上海硅酸盐研究所、上海大学、景德镇陶瓷大学、中建材咸阳陶瓷研究设计院、清华大学、陕西科技大学、武汉理工大学、南京工业大学、湖南长沙理工大学等高等院校及研究院所进行技术合作和交流。取得了中国驰名商标、江苏省著名商标、国家级高新技术企业、江苏省高技术陶瓷粉体工程技术研究中心、江苏省高技术陶瓷装饰材料工程中心、江苏省重点研发计划项目、中建材咸阳陶瓷研究设计院宜兴分院等诸多荣誉和重点项目，主导参与起草了国家标准《陶瓷用熔块》《防滑陶瓷砖》《陶瓷砖防滑性等级评价指南》《陶瓷颜料》《陶瓷用硅酸锆》《锆英砂》《陶瓷用贴花纸》等行业标准。公司现拥有授权发明专利20多项，注册商标33项。

【胡新堂】

胡新堂，1972年出生，江苏宜兴人，祖籍河南省周口市商水县，北京理工大学工商管理专业毕业。先后担任河南省义马瑞森耐火材料有限公司董事长、宝宜新材料有限公司董事长，现任无锡市宝宜耐材集团公司董事长。集团下辖江苏宜兴、河南三门峡、广东湛江三个生产基地，年产值4.8亿元，产品覆盖国内8座5000立方级以上国有特大型高炉。现担任全国耐标委员会委员，河南省第十三届政协委员，三门峡市政协委员、工商联副主席，宜兴市青年企业家理事。连续荣获2017—2020年宜兴市经济技术开发区“优秀厂长”称号。兼任江苏省河南商会副会长、无锡市河南商会副会长职务。

胡新堂2000年自主创业，重视产品研发，与洛阳耐火材料研究院合作研制开发国内低碳棕刚玉，填补行业空白。先后主持“高炉低碳无水炮泥”“智能化高炉内衬预制件”等项目，带领研发团队与武汉科技大学、安徽工业大学及宝钢耐材研究院进行产学研合作，荣获实用新型及发明专利40余项，参与《中国耐火材料高性能无水炮泥》团体标准的研讨。

【后藤善治】

后藤善治，1966年出生于日本山口县，1991年在爱媛大学大学院完成资源化学硕士课程，同年加入AGC集团。先后从事产品制造、开发、经营企划等工作，两次在华任职，其中1998—2001年任淄博旭硝子电熔材料有限公司总工程师，2019年11月至今任艾杰旭工业（陶瓷）宜兴有限公司总经理。

后藤善治以“为客户创造不可替代的价值”为方针，围绕这一方针，秉承质量第一的理念，通过技术创新、开拓市场，艾杰旭工业陶瓷（宜兴）有限公司在水泥窑用碱性烧结耐火材料的制造、销售及技术服务上形成自己独有的竞争力。坚守“没有安全，谈何生产”这一理念，以人为本，安全第一，减少职场隐患，创建让员工放心、家人安心的工作环境，2020年被丁蜀镇人民政府评为开放型经济优秀厂长（经理）。

后藤善治在注重自身提高的同时，调动员工的学习积极性，激发创造活力，促进职业文明程度、科学文化素养和技术技能等整体素质的提高，在他的带领下，公司上下形成了良好的学习氛围，并在2020年获得“宜兴市学习型企业”荣誉称号。

【许宝元】

许宝元，1965年出生，江苏宜兴人，高级工程师。先后担任榆林市永固商砼科技有限公司、大连晨光耐火材料有限公司等法定代表人，担任无锡禾丰光电科技有限公司、江苏中圣节能科技有限公司等高管，现为无锡市晨光耐火材料有限公司总经理，被特聘为南京航空航天大学硕士研究生兼职导师。

许宝元专业从事开发研制各种高温、高纯特种耐火制品，新型不定形高档耐火材料以及各种轻质隔热、保温耐火材料，重视产品科技开发，先后发表了《高刚玉莫来石制品在硫黄回收反应炉中的应用》《转化炉集合管衬里的改造》等5篇有关耐火材料方面的论文，并对30多项实用型专利进行指导。

许宝元坚守“质量第一、用户至上”的理念，坚持“人无我有、人有我优、人优我廉、人廉我新”的经营策略，发扬“自强不息、开拓进取、团结协作、务实创新”

的创业精神，始终以全新的面貌迎接新的挑战。

【钱利君】

钱利君，1972年出生，江苏宜兴人，工程师、二级建造师。现任宜兴市得力陶瓷科技有限公司董事长兼总经理。

钱利君重视产品科技开发，长期致力于垃圾焚烧炉用耐磨耐腐蚀耐火材料以及循环流化床锅炉用耐磨耐火材料的配套应用，先后主持“垃圾焚烧炉耐火材料的制备方法”“一种抗侵蚀莫来石砖”“一种刚玉浇注料的上料结构”的研制获国家发明，并对20多项实用型专利进行指导。

钱利君在注重科技创新、企业发展实践的同时，重视产业理论研究。

【许镏军】

许镏军，1962年出生，江苏宜兴人，工程师。先后担任江苏远舟集团副总经理兼总工程师，2005年至今任宜兴市东坡耐火有限公司董事长兼总经理。被授予“1991—1994年度宜兴市中青年专业技术拔尖人才”荣誉称号。

许镏军重视产品科技开发，主持完成多个“300t转炉和大型钢包”钢水精炼用耐火材料国产化技术开发工作。其中开发的大型钢包KST喷枪浇注料及其整体喷枪获得江苏省乡镇企业科技进步二等奖。

2007年以来，许镏军主持RH无铬化“不烧砖”项目技术开发，成功替代了超高温烧成的“高污染、高环境风险”的镁铬砖，形成了全套RH真空精炼炉用耐火材料的节能、环保、绿色制造技术，并获得授权“RH内衬用刚玉尖晶石质耐火材料及其制备方法”发明专利，是国家黑色冶金行业标准“RH精炼炉用无铬碱性砖”起草人之一。

【蒋国屏】

蒋国屏，1955年出生，江苏常州人。1973年上山下乡，恢复高考后考入大学，本科学历，高级工程师。先后担任国企江苏宜兴陶瓷集团研究所所长、中外合资华安电子电器有限公司总经理，主持完成了国家轻工部重点技改项目“热敏陶瓷材料及产品”。先后被评为无锡市优秀科技工作者、江苏省自学成才先进个人，1987年被聘为江苏省陶瓷职称评委会委员。

在总结近40年PTC热敏新材料研究和产品开发研究成果的基础上，自1988年获得第一件发明专利授权至今，蒋国屏亲自撰写、获得了涉及PTC热敏新材料在空调、家用电器和新能源汽车上应用的国家专利180余项，其中发明专利40余项。系列专利包括材料配方、工艺、产品结构、专用设备和终端电器产品。企业通过50余件专利维权胜诉的案例，赢得了市场，其中的一件维权案件在2019年最高人民法院公布的“2018年中国法院10大知识产权案件和50件典型知识产权案例”的“10大案件”中排名第二。

蒋国屏坚持持续的科技创新和自主研发，依靠自主知识产权，确立了企业在行业和客户中自主创新的领先地位，先后和格力、美的、TCL、海信、志高、银龙等空调和新能源汽车品牌的下游客户建立了战略性的合作关系。

【胡建坤】

胡建坤，1953年出生，江苏宜兴人，大专学历，高级经济师、工程师，宜兴市耐火材料协会副会长。1987—2009年4月任原扶风耐火材料厂现宜兴市耐火材料有限公司厂长、董事长、党支部书记。2012年7月任华东瑞泰科技有限公司董事长。

在任职期间，胡建坤主持开发的系列滑动水口砖、陶瓷滤砂管先后获发明、实用新型、外观设计专利13项，他本人被评为江苏省优秀专利（设计）人员。其开发的新产品也获国家、省、市重大科技成果奖，多次列入国家、省火炬计划。胡建坤多年来一直被评为市、街道、开发区优秀厂长、经理和优秀企业家、优秀支部书记，还被评为宜兴市示范党员、无锡市劳动模范。

【徐叶新】

徐叶新，1968年5月生，江苏宜兴人，2001年6月加入中国共产党。曾任宜兴市远东窑具厂、宜兴横井窑业有限公司副总经理，深耕耐火陶瓷行业多年，拥有敏锐的耐火陶瓷市场洞察力及前瞻性，至今已从事耐火陶瓷材料创新及制备工作20多年，拥有丰富的技术研发和企业管理经验，不断引进人才，曾多次被市局评为年度优秀实干企业家，为中国工业陶瓷的创新和发展做出了杰出贡献。

现任宜兴中村窑业有限公司总经理。公司于2021年7月收购了同行业的苏州大光耐火科技有限公司（台资企业），真正成为中国碳化硅棚板行业质量和产量行业的龙头企业。

于2014年创办了宜兴市华井科技有限公司，引进了日本籍氮化硅陶瓷材料专家，专业从事铝溶液铸造用氮化硅超级陶瓷产品的研发、制造和销售，华井公司所生产的氮化硅制品打破了国际技术壁垒，属于国家重点支持的高新技术领域产品，为我国发展高端智造业做出了贡献。

【顾建中】

顾建中，1969年出生，江苏宜兴人，中共党员。现任宜兴市隆昌耐火材料有限公司董事长兼总经理、中共宜兴市隆昌耐火材料有限公司支部书记、宜兴市丁蜀镇人大代表。

顾建中具有战略高度性和前瞻性，关注世界和中国发展形势，积极投身“一带一路”，与吉尔吉斯斯坦合作建设高山水泥厂，在伊拉克成立阿法克有限公司，开拓海外市场，创造优良效益。

顾建中注重公司内部管理和革新技术，在传统水泥耐材改进基础上，围绕技术进步与社会环境的变化，在垃圾焚烧、危废处理等领域，有针对性地研制开发适应不同工况的新产品，在激烈的市场竞争中占据一席之地。

20年来，顾建中励精图治，带领宜兴市隆昌耐火材料有限公司从名不见经传的小企业，成长为宜兴市耐火材料骨干企业、中国水泥行业百强供应商、中国水泥行业十大诚信供应商、中国水泥行业最具影响力供应商、无锡市“重合同守信用”企业、宜兴市守信示范企业，其个人多次获得“宜兴市优秀厂长（经理）”“宜兴市优秀党务工作者”等荣誉称号。

【张晶】

张晶，1953年出生，祖籍福建，工程师，1994年来宜兴。先后担任宜兴兴贝耐火材料制品有限公司分公司卡特姆公司、张泽耐火电瓷厂副董事长，2003年4月至今担任宜兴兴贝耐火材料制品有限公司、宜兴市兴贝耐火保温工程有限公司董事长兼总经理。

多年来，张晶重视新产品的研发和人才的培养，先后组织开发CFB锅炉用耐火材料国产化、危废转窑焚烧用耐火材料，带领团队积极参与各科大院校合作，培养众多耐材技术销售人才。先后主持研发“一种CFB锅炉水冷部位用耐磨耐火可塑料及其制备方法”“一种高强隔热轻质耐火砖”“一种CFB锅炉点火部位用高强耐火浇注料及其制备方法”材料并获得专利，同时还在其组织和参与下获得30多项实用新型专利。

张晶注重打造耐材品牌并成功入围CCTV《品质》栏目。他坚持在发展中去创新，在创新中去实践，不断提升，积极进取，开拓新的品质。

【徐达】

徐达，1987年出生，江苏宜兴人，高中毕业于宜兴中学，后出国深造，毕业于加拿大西蒙菲莎大学。现任无锡市亿洲耐火材料有限公司副总经理。

徐达重视产品质量，努力创新科技开发。无锡亿洲耐火材料有限公司的“乙烯装置裂解炉侧壁附墙燃烧器陶瓷喷头”项目获得中华人民共和国国家科学技术委员会颁发的三等国家发明奖，“特种非金属燃烧器喷头研制”获四等江苏省科学技术进步奖。徐达对多项实用型专利和发明进行指导，目前已获得30项实用新型专利。

徐达在注重科技创新、企业发展实践的同时，重视产业理论研究，坚持“质量第一、用户至上”的原则，热忱为耐火材料贡献力量。

【姚伯洪】

姚伯洪，1960年出生于江苏宜兴。曾任张泽耐火材料厂生产科主任、技术科主任、中共宜兴市丁蜀镇北塘村党总支书记，现任无锡远能耐火材料有限公司、无锡远能耐火工程有限公司董事长兼总经理。多次荣获“优秀党组织书记”“江苏省诚信施工企业家”“慈善助学企业家”等称号。

自1995年担任村党总支书记以来，常年致力于实现“以企带农、共同致富”这一目标，抗洪、抗疫时期，姚伯洪的身影更是时常出现在一线。每年年末，他都会将自己作为村干部的个人全年收入回馈给村里用于乡村建设。这一慈乌反哺之举，收获了村民们的一致好评。

姚伯洪在企业管理上秉承着“以人为本、务实创新”这一发展理念，大力培养技术骨干，从而实现“基础理论创新、工艺技术突破”。作为企业领军人物，他时刻把握行业动态，第一时间进行先进工艺设备研究与更进。近年来，所获“一种低导热硅莫砖及其制备方法”“一种高强耐碱渗透可塑浇注料及其制备方法”等发明专利接连在中大型项目上取得成功应用。姚伯洪所带领的研发团队，凭借其新型产品“低成本、低能耗、高效率”的工艺特性开创了焚烧发电领域的技术先河。

【钱晶】

钱晶，1986年出生，江苏宜兴人，毕业于澳大利亚昆士兰大学。2010年，担任宜兴市诺明耐火材料有限公司副总经理。2012年至今，任江苏诺明高温材料股份有限公司总经理兼党支部书记、宜兴市第十四届人大代表，并兼任中国硅酸盐学会耐火材料分会理事、宜兴市新庄街道商会副会长。

钱晶重视产品科技开发，先后主持“一种镁铝尖晶石砖的制备方法”“一种高分散性$MgO-MgAl_2O_4-ZrO_2$材料的制备方法”“干熄焦用耐火材料”“一种双套筒式石灰窑拱桥翻身砖加工方法”“一种干熄焦干熄室出口部拱预组装加工方法”“一种铝-尖晶石-镁砂复合耐火材料及其制备方法及应用”“干熄焦用莫来石-碳化硅耐火材料及制备”“一种Al_4SiC_4结合Al_2O_3-SiC材料的制备方法”的研制获国家发明专利。作为主要起草人，2013年主持制定《干熄焦炉用耐火制品》《石灰窑用高纯莫来石砖》《石灰窑用镁铝尖晶石砖》行业标准的起草获得通过；2020年主持制定《干熄炉用复合碳化硅砖》《干熄炉用高强耐磨砖》《石灰回转窑用镁铝尖晶石-镁橄榄石复合砖》团体标准的起草获得通过。

钱晶在注重科技创新、企业发展实践的同时，重视产业理论的研究，2021年出席了由中国硅酸盐学会举办的第八届国际耐火材料学术会议。

三、2010—2021年部分发明专利情况

	授权入库日	发明名称	代理机构名称	专利权人名称
8X	20200200	一种烟气脱硝用催化活性陶瓷棉制备方法	宜兴市天宇知识产权事务所(普通合伙)	江苏省陶瓷研究所有限公司
51	20200300	一种矿热炉专用铬泥及制备方法	宜兴市天宇知识产权事务所(普通合伙)	江苏江能新材料科技有限公司
14	20200700	一种脱硝催化剂的制备方法	无锡市天宇知识产权代理事务所(普通合伙)	中耐控股集团有限公司
1X	20200700	一种带AlN和Si过渡片陶瓷外壳封装结构	南京瑞弘专利商标事务所(普通合伙)	江苏省宜兴电子器件总厂有限公司
72	20200700	一种莫来石包裹型耐火材料	南京苏高专利商标事务所(普通合伙)	宜兴市丁山耐火器材有限公司
14	20200800	一种热敏陶瓷发热器的发热体	南京苏高专利商标事务所(普通合伙)	无锡国威陶瓷电器有限公司
8X	20200800	一种热敏陶瓷发热器	南京苏高专利商标事务所(普通合伙)	无锡国威陶瓷电器有限公司
94	20200800	一种热敏陶瓷发热器的制备工艺	南京苏高专利商标事务所(普通合伙)	无锡国威陶瓷电器有限公司
00	20180508	陶瓷容器用立体赤栗磨砂艺术釉制备方法	无锡大扬专利事务所(普通合伙)	江苏宜翔陶瓷科技有限公司
08	20131211	一种坚甲可塑料及其制备方法	南京苏高专利商标事务所(普通合伙)	宜兴市炉顶密封工程有限公司
6X	20190830	大型浇注烧结炉门砖之高温陶瓷釉及其制备方法	南京苏高专利商标事务所(普通合伙)	宜兴市丁山耐火器材有限公司
33	20140716	一种可以在露天使用的耐火涂料	无锡华源专利商标事务所(普通合伙)	宜兴天霸非金属材料有限公司
23	20141126	一种防静电陶瓷材料及其制备方法	湖南兆弘专利事务所(普通合伙)	江苏宜翔陶瓷科技有限公司
82	20130807	一种玻璃用金色釉颜料以及在玻璃酒瓶上施金色釉的方法	无锡市天宇知识产权代理事务所(普通合伙)	江苏拜富科技股份有限公司
65	20140730	苯乙烯蒸汽过热炉炉顶密封结构	南京天华专利代理有限责任公司	宜兴摩根热陶瓷有限公司
99	20141210	一种泡沫陶瓷生产用陶瓷围条及其制备方法	南京苏高专利商标事务所(普通合伙)	一方科技发展有限公司
38	20150624	莫来石高强耐火浇注料	南京天华专利代理有限责任公司	江苏顺星耐火科技有限公司
51	20160817	一种中间包浇注料	北京品源专利代理有限公司	无锡市宜刚耐火材料有限公司
92	20151223	高耐磨硅莫红砖及其制备工艺	南京天华专利代理有限责任公司	江苏顺星耐火科技有限公司
56	20140625	延迟焦化抗焦增收剂的制备方法	南京天华专利代理有限责任公司	江苏汉光实业股份有限公司
66	20161012	一种利用工业含铬污泥生产三氧化二铬的工艺方法		杨全坤
90	20160323	烟囱耐腐蚀结构及其制备方法	无锡市天宇知识产权代理事务所(普通合伙)	江苏威航节能科技有限公司
00	20160302	一种氮化硅复相结合碳化硅砖及其制备方法	江苏圣典律师事务所	宜兴市钰玺窑业有限公司
33	20160420	一种用于炼油化工加热炉使用的高温节能涂料及其制备方法	江苏圣典律师事务所	宜兴汉光高新石化有限公司
6X	20130206	喷煤管头部预制件	无锡市天宇知识产权代理事务所(普通合伙)	宜兴市泰科耐火材料有限公司
	20080116	衬塑离心泵蜗形流道成型方法	无锡市天宇知识产权代理事务所(普通合伙)	宜兴市宙斯泵业有限公司
79	20181030	一种木丝水泥板生产制作方法及其装置	北京联瑞联丰知识产权代理事务所(普通合伙)	无锡泛亚环保科技有限公司
51	20130313	抗热震性薄壁堇青石蜂窝陶瓷及其制备方法	无锡华源专利商标事务所(普通合伙)	江苏省宜兴非金属化工机械厂有限公司
59	20130313	SiC/环氧树脂复合材料以及使用其制造泵构件的方法	无锡华源专利商标事务所(普通合伙)	江苏省宜兴非金属化工机械厂有限公司
29	20120725	下一代全IP无线传感器网络移动切换的实现方法	无锡市天宇知识产权代理事务所(普通合伙)	无锡亦乐智慧农林有限公司
3X	20130717	一种低导热硅莫砖及其制备方法	江苏圣典律师事务所	无锡远能耐火材料有限公司
70	20150701	一种陶瓷催化剂载体封孔料的制备方法	南京苏高专利商标事务所(普通合伙)	宜兴王子制陶有限公司
09	20141001	铜熔炼炉用半再结合镁铬砖及其制备方法	无锡大扬专利事务所(普通合伙)	宜兴新威利成耐火材料有限公司
10	20170222	一种高强度小尺寸研磨球的制作方法	无锡市天宇知识产权代理事务所(普通合伙)	江苏金石研磨有限公司
1	20150311	一种高强耐磨抗侵砖及其制造方法	南京天华专利代理有限责任公司	江苏江能新材料科技有限公司
9	20180615	一种制备多元协同掺杂钛酸锶钡制备高性能陶瓷电容器材料的方法	无锡市天宇知识产权代理事务所(普通合伙)	江苏省陶瓷研究所有限公司
0	20190201	一种高强度轻质耐火骨料	深圳科湾知识产权代理事务所(普通合伙)	无锡市宜刚耐火材料有限公司
7	20160511	电子封装外壳密封检测用夹具	无锡大扬专利事务所(普通合伙)	宜兴市吉泰电子有限公司
7	20160824	一种亚微米氧化铝超细粉体串级研磨制备方法	无锡市天宇知识产权代理事务所(普通合伙)	江苏金石研磨有限公司
4	20140226	一种烟气过滤管及其制造方法	无锡华源专利商标事务所(普通合伙)	江苏省宜兴非金属化工机械厂有限公司
6	20130130	莫来石晶种诱导生产高抗热震性隔热材料的方法	南京天华专利代理有限责任公司	宜兴摩根热陶瓷有限公司

续表

申请号	授权入库日	发
2008100232802	20110330	一种正温度系数热敏陶瓷发
2015100741041	20180522	一种AZC格子砖及其制法与
2016102037230	20180703	一种干熄焦炉斜道区用耐磨
2015101624187	20170111	热敏陶瓷发热器组合件及其
2014102437412	20160316	全陶瓷无污染超微粉碎加工
2015104073326	20170322	大型耐高温双喷式陶瓷气流
2013100309449	20150325	中密度莫来石碳化硅浇注料
2016109343222	20190507	全陶瓷齿轮辊式粉碎机
2016108724903	20190816	一种具有三维网络结构的 制备方法
2007100235172	20090311	高温耐磨涂料及其制造方法
2012100947568	20140917	一种结晶釉及其制备方法和
2012100361161	20140226	高吸水率烟气脱硝蜂窝陶瓷
2015100729092	20170419	一种耐崩裂零膨胀熔融石英
2012104628468	20141022	一种耐高温轻质绝热浇注料
2013106920402	20150422	一种新型复相的NTC热敏电
2011102857773	20140101	电熔莫来石砖及其制备方法
200610146649X	20090715	衬塑离心泵蜗形流道加工装
2017101722935	20190129	一种制备石墨烯的物理方法
2011104571963	20130807	一种红泥陶瓷餐具及其制备
200910024810X	20100929	一种硅酸锆的制备方法
2012104025047	20131023	一种陶瓷研磨球滚动成型用
2012103882048	20131218	可逆性耐温防腐胶及其制备
2008100209971	20120725	一种耐磨浇注料及其制造方
2014103332051	20160504	一种高发光效率小粒度磷酸
201110347072X	20131113	钢纤维增强型的水泥窑维修
2016101420413	20180904	一种陶瓷载体的植皮方法
2014102980625	20170215	一种焊接、键合和密封同步
201610998320X	20190920	一种新型具有催化功能的陶
2012105124637	20151223	高耐磨硅莫砖及其制备方法
201410187326X	20160914	无污染陶瓷粉碎、分散、球
2016105938972	20181009	一种热敏陶瓷基片成型方法
2010105750858	20120905	一种提高KR搅拌器使用寿
2013105237729	20160224	平板型陶瓷装饰板
2016108724956	20190816	一种高孔隙率多孔陶瓷管的
2013106997086	20150527	制备超细氧化钇的多功能反
2015101828201	20170301	一种利用含铬废液制备陶瓷
2014103307717	20151125	一种全抛釉陶瓷制品及其制
2013102183568	20151014	一种陶瓷球表面收光改性系
2011101456709	20130123	一种具有外皮的蜂窝陶瓷的
2011101784883	20130116	一种超级电容器用复合型活
2013107012700	20150715	稀土废气处理系统

	专利权人名称
普通合伙）	江苏省陶瓷研究所有限公司
普通合伙）	江苏省陶瓷研究所有限公司
普通合伙）	中一节能耐磨技术宜兴有限公司
	江苏富陶科陶瓷有限公司
	宜兴市炉顶密封工程有限公司
伙）	一方科技发展有限公司
	宜兴市宏业保温工程有限公司
伙）	江苏省宜兴非金属化工机械厂有限公司
伙）	宜兴市瑞华工业炉科技有限公司
普通合伙）	一方科技发展有限公司
伙）	宜兴市炉顶密封工程有限公司
普通合伙）	江苏金石研磨有限公司
	江苏华窑光宇科技有限公司
伙）	江苏省宜兴电子器件总厂有限公司
普通合伙）	宜兴市得力陶瓷科技有限公司
伙）	谢振华
普通合伙）	宜兴市国强炉业有限公司
普通合伙）	江苏省陶瓷研究所有限公司
普通合伙）	一方科技发展有限公司
普通合伙）	江苏省陶瓷研究所有限公司
伙）	宜兴市丁山耐火器材有限公司
	宜兴市吉泰电子有限公司
普通合伙）	宜兴市国强炉业有限公司
伙）	江苏省宜兴非金属化工机械厂有限公司
普通合伙）	江苏省陶瓷研究所有限公司
伙）	江苏省宜兴电子器件总厂有限公司
	宜兴市吉泰电子有限公司
普通合伙）	江苏省陶瓷研究所有限公司
普通合伙）	江苏拜富科技股份有限公司
伙）	江苏省宜兴电子器件总厂有限公司
伙）	江苏省宜兴电子器件总厂有限公司
伙）	宜兴王子制陶有限公司
普通合伙）	江苏拜富科技股份有限公司
普通合伙）	江苏拜富科技股份有限公司
伙）	宜兴王子制陶有限公司
普通合伙）	宜兴市丁山耐火器材有限公司
伙）	江苏中正耐火材料有限公司
伙）	江苏省宜兴非金属化工机械厂有限公司
伙）	江苏省宜兴非金属化工机械厂有限公司
普通合伙）	一方科技发展有限公司
普通合伙）	江苏省陶瓷研究所有限公司
普通合伙）	无锡国威陶瓷电器有限公司

续表

申请号	授权入库日	发明名称	代理机构名称	
2017104585145	20201100	一种铝熔炼炉用定形耐火材料的制备方法	江苏圣典律师事务所	江苏国
201710457328X	20201100	一种铝熔炼炉用浇注料的制备方法	江苏圣典律师事务所	江苏国
2018102344280	20201100	一种陶瓷粉体、应用该粉体的导丝轮及其制备方法	宁波市鄞州盛飞专利代理事务所（特殊普通合伙）	宜兴市
2018109331559	20201200	超细缝隙陶瓷网板的制造方法	南京苏高专利商标事务所（普通合伙）	宜兴精

四、2010—2021年省级以上部分科技项目立项情况

序号	项目名称	企业名称	项目类别	起止日期
1	集成电路陶瓷焊盘阵列外壳（CLGA）开发	江苏省宜兴电子器件总厂	2010年省级工业支撑	2010年5月至201
2	高温高压煤气干法除尘系统及装置	江苏省宜兴非金属化工机械厂有限公司	2010年省级工业支撑	2010年5月至20
3	高温洁净煤用改性陶瓷过滤膜管的研制	江苏省陶瓷研究所有限公司	2010年省级工业支撑	2010年5月至20
4	精密铸造废弃型砂综合利用关键技术及其应用研究	江苏省陶瓷研究所有限公司	2013年省级工业支撑	2013年4月至2
5	新能源汽车电池用高稳定低电阻率高精宽幅镍基材料带、箔研发	江苏远航精密合金科技股份有限公司	2013年省级工业支撑	2013年4月至2
6	满足柴油车欧IV标准的POC堇青石蜂窝陶瓷载体	宜兴王子制陶有限公司	2014年省级 科技企业上市培育	2014年6月至2
7	用于工业废水处理及回用的新型MBR平板膜元件及组件研发	江苏沛尔膜业股份有限公司	2014年省级 科技企业上市培育	2014年6月至2
8	隔热砖抗剥落性能检测方法的研究	宜兴摩根热陶瓷有限公司	2014年省级 标准类项目	2014年6月至2
9	含铬废弃物在陶瓷色料中的综合利用技术	江苏拜富科技有限公司	2015年省级 开发应用（后补助项目）	2015年6月至2
10	绿色高效废旧轮胎热解永续利用技术开发及应用	无锡市瑞尔精密机械有限公司	2015年省级 开发应用（后补助项目）	2015年6月至2
11	超大功率直流输变电6英寸钼圆表面PVD镀合金层的关键技术研究	宜兴市科兴合金材料有限公司	竞争项目	2016年6月至2
12	耐高温硅基氧化物陶瓷气凝胶的关键制备关键技术研发	江苏脒诺甫纳米材料有限公司2004	竞争项目	2019年6月至2

五、部分省级工程技术研究中心

序号	项目名称	项目承担单位	是否
1	江苏省新型陶瓷材料工程技术研究中心	江苏省陶瓷研究所有限公司	[illegible]
2	江苏省超临界循环流化床锅炉耐火材料工程技术研究中心	无锡市宜刚耐火材料有限公司	[illegible]
3	江苏省非金属材料工程技术研究中心	江苏省宜兴非金属化工机械厂有限公司	[illegible]
4	江苏省刚玉莫来石砖工程技术研究中心	江苏伊索科技有限公司	[illegible]
5	江苏省高技术陶瓷粉体工程技术研究中心	江苏拜富科技有限公司	[illegible]
6	江苏省高性能绝热材料工程技术研究中心	宜兴摩根热陶瓷有限公司	[illegible]
7	江苏省（新嘉理）节能环保幕墙及材料工程技术研究中心	江苏新嘉理生态环境材料股份有限公司	[illegible]
8	江苏省（宙斯）耐腐耐磨泵工程技术研究中心	宜兴市宙斯泵业有限公司	[illegible]
9	江苏省超细研磨工程技术研究中心	江苏金石研磨有限公司	[illegible]
10	江苏省纳米陶瓷粉体材料工程技术研究中心	江苏脒诺甫纳米材料有限公司	[illegible]

申请号
2016109983
2017102191
2017109954
2018116064
2017102652
2016112428
2016112428
2016112428
2015110071
2010101584
2017103982
2012104626
2013105118
2011104530
2012103427
2012104073
2013105299
2014106193
2012105132
2012105315
2015105641
2014101930
2014100041
2014104671
2011100445
11341815
2015103600
2011102857
2011102857
2009102644
2012100577
2013104331
2013102422
2014108024
2013102175
2016101490
2015106878
2014103213
2014105668
2012100523
2011100291

明名称	代理机构名称	专利权人名称
热元件	南京苏高专利商标事务所（普通合伙）	无锡国威陶瓷电器有限公司
利用该格子砖布置的蓄热室	南京苏高专利商标事务所（普通合伙）	江苏中正耐火材料有限公司
陶瓷复相导流板	无锡市天宇知识产权代理事务所（普通合伙）	宜兴市钰玺窑业有限公司
发热器和安装支架	南京苏高专利商标事务所（普通合伙）	无锡国威陶瓷电器有限公司
震动磨	南京苏高专利商标事务所（普通合伙）	宜兴精新粉体设备科技有限公司
粉碎机	无锡华源专利商标事务所（普通合伙）	江苏省宜兴非金属化工机械厂有限公司
		宜兴兴贝耐火材料制品有限公司
	南京苏高专利商标事务所（普通合伙）	宜兴精新粉体设备科技有限公司
硅酸铝多孔陶瓷材料的流延成型	无锡市天宇知识产权代理事务所（普通合伙）	江苏省陶瓷研究所有限公司
	无锡市天宇知识产权代理事务所（普通合伙）	宜兴市国强炉业有限公司
使用方法	无锡市天宇知识产权代理事务所（普通合伙）	江苏拜富科技股份有限公司
载体及其制备方法	无锡华源专利商标事务所（普通合伙）	江苏省宜兴非金属化工机械厂有限公司
硅砖及其制备方法	南京苏高专利商标事务所（普通合伙）	江苏中正耐火材料有限公司
	无锡华源专利商标事务所（普通合伙）	宜兴天霸非金属材料有限公司
材料及其制备方法	无锡市天宇知识产权代理事务所（普通合伙）	江苏省陶瓷研究所有限公司
	无锡华源专利商标事务所（普通合伙）	江苏省宜兴非金属化工机械厂有限公司
置	无锡市天宇知识产权代理事务所（普通合伙）	宜兴市宙斯泵业有限公司
	南京思拓知识产权代理事务所（普通合伙）	马思杰
方法	无锡市天宇知识产权代理事务所（普通合伙）	江苏拜富科技股份有限公司
		江苏脒诺甫纳米材料有限公司
合浆水及制备方法	无锡市天宇知识产权代理事务所（普通合伙）	江苏金石研磨有限公司
方法	无锡大扬专利事务所（普通合伙）	江苏国豪耐火科技有限公司
法	南京苏高专利商标事务所（普通合伙）	无锡远能耐火材料有限公司
镧铈铽稀土产品的制备方法	无锡市天宇知识产权代理事务所（普通合伙）	宜兴新威利成稀土有限公司
用浇注料	无锡市天宇知识产权代理事务所（普通合伙）	宜兴市泰科耐火材料有限公司
	无锡华源专利商标事务所（普通合伙）	江苏省宜兴非金属化工机械厂有限公司
完成的封装结构和封装工艺	南京瑞弘专利商标事务所（普通合伙）	江苏省宜兴电子器件总厂有限公司
瓷膜管及其制备方法	无锡市天宇知识产权代理事务所（普通合伙）	江苏省陶瓷研究所有限公司
	南京天华专利代理有限责任公司	江苏顺星耐火科技有限公司
型化一体机装置	南京苏高专利商标事务所（普通合伙）	宜兴精新粉体设备科技有限公司
	无锡市天宇知识产权代理事务所（普通合伙）	江苏省陶瓷研究所有限公司
命的制作方法	南京苏高专利商标事务所（普通合伙）	宜兴市瑞华工业炉科技有限公司
	南京天华专利代理有限责任公司	江苏富陶科陶瓷有限公司
缠绕制备方法	无锡市天宇知识产权代理事务所（普通合伙）	江苏省陶瓷研究所有限公司
应釜及其方法	无锡大扬专利事务所（普通合伙）	宜兴新威利成稀土有限公司
色釉料的方法	无锡市天宇知识产权代理事务所（普通合伙）	江苏拜富科技股份有限公司
备方法	湖北武汉永嘉专利代理有限公司	江苏拜富科技有限公司
统	无锡市天宇知识产权代理事务所（普通合伙）	江苏金石研磨有限公司
制备方法	南京苏高专利商标事务所（普通合伙）	宜兴王子制陶有限公司
性炭电极材料	南京天华专利代理有限责任公司	马俊武
	无锡大扬专利事务所（普通合伙）	宜兴新威利成稀土有限公司

续表

申请号	授权入库日	发明名称	代理机构名称
2009102133736	20120418	大型玻璃基板涂膜装置用复合陶瓷载置体及制备方法	无锡市天宇知识产权代理事务所（普
2014105231977	20160608	一种含锆莫来石-高硅氧玻璃复相材料及其制备方法	武汉科皓知识产权代理事务所（特殊
2016104382822	20180817	一种陶瓷双闸板进料阀	无锡市天宇知识产权代理事务所（普
2013105238238	20160309	玻璃幕墙用陶瓷连接件	南京天华专利代理有限责任公司
2016104990762	20180914	生物质锅炉抗渣涂料	无锡大扬专利事务所（普通合伙）
2014100817385	20160217	一种墙体建筑材料及其制备方法	南京苏高专利商标事务所（普通合
2012101524857	20140702	耐磨防腐胶泥	无锡大扬专利事务所（普通合伙）
2015100573690	20160413	智能陶瓷过滤机	无锡华源专利商标事务所（普通合
2010105753150	20140402	一种提高KR搅拌器使用寿命的生产方法	南京苏高专利商标事务所（普通合
201410406981X	20180123	一种抗渗发泡陶瓷板	无锡市天宇知识产权代理事务所（普
2010101584280	20130116	一种干熄焦炉的维修方法	南京苏高专利商标事务所（普通合
2012102719424	20131023	低温烧结硅酸锆研磨球及制备方法	无锡市天宇知识产权代理事务所（普
2011103210972	20140604	碳化硅抗结皮防堵浇注料及其制备方法	
2014100970760	20170104	一种集成电路倒扣焊气密性封装结构	南京瑞弘专利商标事务所（普通合
2014101628145	20160824	一种树脂结合制品高温造粒机及其高温造粒方法	无锡市天宇知识产权代理事务所（普
201010157842X	20120530	铝壳电池底部极或盖板的转换焊接导电金属片的加工方法	无锡盛阳专利商标事务所（普通合
2010100182533	20130417	高温耐磨修补涂料及其制备方法	无锡市天宇知识产权代理事务所（普
2012102578873	20131218	一种碳化硅-堇青石复相陶瓷窑具及其制备方法	无锡市天宇知识产权代理事务所（普
2014104069839	20180731	一种轻质玻化陶瓷砖用叉车力臂	无锡市天宇知识产权代理事务所（普
2010105048352	20130313	一种多孔陶瓷过滤管用的陶瓷膜及其改性制备方法	无锡市天宇知识产权代理事务所（普
2011101750463	20131016	一种焦炉用熔融石英质浇注釉面砖及其制备方法	南京苏高专利商标事务所（普通合
2014103207367	20151216	电子元件封装金属外壳焊接夹具	无锡大扬专利事务所（普通合伙）
2008102430117	20110907	高温耐磨涂料及其制备方法	无锡市天宇知识产权代理事务所（普
2013102007142	20150204	一种薄壁蜂窝陶挤出模的制造方法	无锡华源专利商标事务所（普通合
2012103998082	20140219	晶粒与分相前驱晶花釉及其制造方法	无锡市天宇知识产权代理事务所（普
2010101895218	20120321	一种陶瓷小外形外壳的外引线与陶瓷基座的结合工艺	南京瑞弘专利商标事务所（普通合
2014103207371	20160511	电子封装外壳引线焊接方法	无锡大扬专利事务所（普通合伙）
2015101301443	20170208	一种前驱体浸渍工艺制备氧化铈陶瓷纤维板的方法	无锡市天宇知识产权代理事务所（普
2011104537017	20131009	一种无金金红色剂及其制备方法	无锡市天宇知识产权代理事务所（普
201310077799X	20160420	一种陶瓷外壳生产中的孔壁金属化工艺	南京瑞弘专利商标事务所（普通合
201210569264X	20150729	一种陶瓷DIP封装外壳钎焊返修方法	南京瑞弘专利商标事务所（普通合
2013104330275	20150429	一种陶瓷催化剂载体外皮的制备方法	南京苏高专利商标事务所（普通合
2010100182548	20121010	一种低温熔块成品釉及其制备方法	无锡市天宇知识产权代理事务所（普
2010100182552	20121010	深色微晶玻璃熔块及深色微晶玻璃陶瓷复合板制备方法	无锡市天宇知识产权代理事务所（普
2012102292819	20131106	一种制备薄壁低膨胀高抗热震性堇青石蜂窝体的方法	南京苏高专利商标事务所（普通合
2008100250232	20110831	干熄焦设备用应力缓冲型耐火材料及其制造方法	无锡市天宇知识产权代理事务所（普
2015100741253	20180123	一种70Z锆砖及其制法与利用该锆砖布置的蓄热室	南京苏高专利商标事务所（普通合
2016101417552	20180814	一种柴油机用大规格堇青石蜂窝陶瓷载体	无锡华源专利商标事务所（普通合
2016101481205	20171017	可反复涂覆的薄壁大规格蜂窝陶瓷载体模具的制造方法	无锡华源专利商标事务所（普通合
2014104069877	20180123	一种复合轻质玻化发泡陶瓷板	无锡市天宇知识产权代理事务所（普
2016101479898	20190816	一种高温烟气过滤用陶瓷膜及其制备的方法	无锡市天宇知识产权代理事务所（普
2017104792963	20201000	一种PTC发热器件的固化成型设备	无锡市天宇知识产权代理事务所（普